中華書局

第三波改革

新範式

教育

鄭燕祥　著

序言（港澳版）

　　自新世紀初，全球進入劇變的時代。知識技術突飛猛進、資訊廣泛流傳、生產力超高增長，再加上全球化、市場競爭的推波助瀾，浩浩蕩蕩，成為巨大的改革潮流，衝擊現有的教育制度，在理念、營運及實踐上，都要求根本性的轉變、範式轉變（paradigm shift），追求教育的新範式，以擁抱未來（鄭燕祥，2006）。

　　這不是一個原理或一種方法的改變，而是整套教育思維及實踐，在學習、教學、辦學上有系統性的改變（systemic changes），不單是教育結構技術的改變（structural-technical changes），也是教育文化信念的改變（cultural changes）。過去二三十年，世界各地揭起了翻天覆地的教育改革趨勢，從過去第一波的內部過程改革、第二波的市場競爭帶動，以至邁向第三波的教育新範式，強調全球化、本地化及個別化的未來主導。

　　面對新時代挑戰，各地教育決策者及實踐者，雖滿懷美意推動改革，但多昧於教育的範式轉變及第三波理念，不知何去何從，迷失方向，教改終陷入困境，遭受挫敗。在上世紀末，聯合國科文教組織（UNESCO）的亞太教育創新及發展中心（Asia-Pacific Centre for Educational Innovation and Development）已預知未來教改方向的重要性，在 1999 年邀請我為他們的國際教育會議作主題演講，揭示新世紀教育的可能願景和方向，特別是課程與教學的未來變革。後來我再接受不同的國際會議邀請，進一步論述我提出的教育新範式及變革理論，例如教改三波範式（paradigms of 1st, 2nd and 3rd wave reforms in education）、情境多元思維（contextualized multiple thinking）、多元創造力（multiple creativity）、教育三重化（globalization, localization and individualization in education）等。

　　這些理論頗為創新，具前瞻性，有系統地回應教育不同領域的改革需要，例如教師教育、學校效能、教育科技應用、學習轉型、教法創新、課程

重構等方面的變革，以迎接未來。很榮幸，過去二十年，我的理論和研究得到不少國家地區的熱烈回應，邀請我為教改顧問或變革論壇主講者，超過百次，而在國際發表的相關學術論文，超過二百篇。

現在回想起來，我在教育新範式及第三波變革理論的創新、發展、應用、深化，以至積累，是一個漫長的學術發展過程，由 1999 年 UNESCO 的邀請至現在，達二十年。在這過程的不同階段，我有不少機會對新世紀教育改革，再三全面觀察、研究和思考。深切明白目前的教改，是一種教育範式的轉變，由第一、第二波邁向第三波的教育。若不明白其中的複雜性、無法掌握第三波教育理念及發展方向，那麼愈大規模的改革，就是愈大的災禍，後患無窮。

有見及此，在新世紀初，我曾發表了《教育領導與改革：新範式》（鄭燕祥，2003）、《教育範式轉變：效能保證》（鄭燕祥，2006）及 *A New Paradigm for re-engineering education: Globalization, localization and individualization*（Cheng, 2005）三本書，已是十多年前的事，需要更新，配合時宜。目前，世界各地的教改形勢和研究工作，都有快速發展，而我在教育新範式及變革理論，亦有進一步的開創和研究成果，推陳出新，有需要盡快發表出來，供政策制定者、教育工作者及社會人士參考，有助突破目前教改範式轉變的困境，邁向新的第三波教育。

這本新書《教育新範式：第三波改革》（*New paradigm in education: The 3rd wave reforms*）的出版目的，正好是我在教育新範式及變革的最新總結成果，一方面建基於前三本書的研究基礎，另一方面涵蓋過去十多年的新發展，為讀者提供一個較完整的最新理論框架，思考和實踐教育新範式及第三波改革。

各位讀者，我很高興告訴您，這本書主要內容的英文版，已由國際著名出版社 Routledge 以 *Paradigm shift in education: Towards the 3rd wave of effectiveness* 為書名，在 2019 年 2 月出版，現已世界性發行，讓各地教育改革有最新前沿理論的參考（Cheng, 2019）。

這本書分三部，共有十章。第一部有五章，分別論述教育範式轉變的理論及相關的應用，包括主要課題，如邁向教育第三波、教育三重化、情境多

元思維、綜合學習與創造力、自我學習與生態系統等。第二部重點在教師作為教改的重要角色，有兩章，包括多元教師效能及教學效能的研究。第三部的焦點，在教育政策的制定和實踐如何影響教改及範式轉變的成敗；有三章，課題包含教育政策的經濟分析和綜合分析，以及教改的多元矛盾。

　　本書提出的教育新範式及相關理念，對學生情境多元思維及創造力的發展、教育三重化、自主學習、學習生態系統設計、學校管理改革、多元教師效能、政策制定及分析、教學實踐和效能評估，都應有嶄新的參考價值。希望本書的主要讀者包括教師、教育領袖、學者、研究生、決策者、專業培訓者，以及所有關心教育發展的人士，在教育的實踐、研究及發展工作上，因範式的轉變而有所突破，讓學生有最大的學習機會，奔向美好的未來。

　　今次，承蒙著名的中華書局（香港）有限公司協助，出版本書的繁體中文版，在香港和澳門地區發行，我實在非常興奮和高興。相信這本書會和前三本書一樣，得到廣大教育工作者的積極迴響，希望對目前的教育改革有些推動作用。感謝他們，特別是黎耀強先生的幫忙！

　　我希望藉此機會多謝莫慕貞教授、張永明博士、徐國棟博士及伍國雄博士分別對本書第五、七、八及九章一些原材料的合著貢獻。我感激不少國際組織和國家邀請我作顧問及主題演講，這對我的研究工作有莫大鼓勵和增益。我特別要感謝香港教育大學張仁良校長和 Allan Walker 教授對我學術工作的支持。

　　最後，懇請讀者愛護指正，謝謝。祝願各位教育工作者事業成功，讓每一位學生都有美好的未來。

鄭燕祥

目錄

第一部　範式轉變

第三部　教改政策

第八章　教育政策的經濟分析

第九章　教育政策的綜合分析

第十章　教改的多元矛盾

第一部

範式轉變

第一章
邁向教育第三波

　　近世全球化、市場競爭、科技創新、經濟轉型，以及不斷增長的多元社會需求，對教育產生了強烈的衝擊，世界各地相應進行了廣泛的教育改革。自從上世紀 80 年代以來，全球教育改革經歷了三次波浪，以不同範式（paradigm）來釐定教育本質、目標及內涵，從而對整個教育系統、營運及效果，產生了不同的深遠影響（Cheng, 2005a）。不幸的是，不少教育工作者、研究者及政策制定者，都忽視這三波改革在政策、實踐及研究上的範式差異（paradigm gaps），或以錯配的範式來推行教改，以至很多滿懷美好原意的改革，最終挫敗，未能達成原定目標（Cheng, 2007; Davidson, 2014; Irez & Han, 2011; Keyser & Broadbear, 2010）。

　　本章目的在提供全球觀點，說明這些範式如何根本地塑造教育的主要特性，以及其相關的政策、實踐及研究課題。為迎接本地及全球的挑戰，本章進一步主張，教育變革應由傳統的第一、第二波範式轉移至新的第三波範式，從而產生無限學習機會，讓學生掌握多元思維能力及創造力，在 21 世紀終身持續發展（Longworth, 2013; Noweski et al., 2012）。這樣的教育轉變，可創造出無數新領域、新啟示及新機會，給教育工作者去發展為學生及社會未來的第三波教育。

教改三波

　　自 80 年代，世界各地進行了不少教育改革運動，包括高效能教育運動（effective education movements）、高質素教育運動（quality education movements）及世界級教育運動（world class education movements）。每一波的改革運動，根據其範式的理念，來構想教育的本質，及制定相關的新措施，以在操作、機構及系統等不同層面上，實踐教育變革（Cheng, 2005a）。

當由一波轉移至另一波改革，教學、學習及領導的構想和實踐，就產生範式轉變（Abbas, Bharat & Rai, 2013; Beetham & Sharpe, 2013; Cheng, 2011, 2014; Cheng & Mok, 2008; Kiprop & Verma, 2013）。根據這些改革波浪，可提出一個架構，將教育論述分為三大範式：第一波內在教育範式（the 1st wave paradigm of internal education）、第二波外在教育範式（the 2nd wave paradigm of interface education），以及第三波未來教育範式（the 3rd wave paradigm of future education）。

這些教育範式的理念互不相同，包括在以下方面：社會環境假設、改革運動、效能理念（學校效能／教師效能）、教育機構角色、學習本質、教學本質、領導本質、課堂特性、資訊溝通科技（information and communication technology, ICT）應用及教研角色（表 1.1）。

表 1.1　教育三範式

焦點	第一波範式	第二波範式	第三波範式
社會環境假設	* 工業型社會 * 相對穩定及可測的 * 教育供應由中央人力規劃	* 商業消費型社會 * 不穩定、大量不確定性和競爭 * 由競爭及市場帶動教育供應	* 終身學習及多元發展型社會 * 全球化及科技進步推動社會促變 * 由全球化、本地化及個別化，帶動教育供應及內涵
改革運動	**高效能教育運動** 改進教育機構的內部過程及表現，以提高達成教育目標的水平	**高質素教育運動** 保證機構提供的教育服務的質素及問責，能滿足多元持份者的期望及需求	**世界級教育運動** 確保教育的適切性及世界級標準，助長學生及社會的多元持續發展，奔向全球化的未來
效能理念 學校效能 教師效能	**內在效能** 在學習、教學及院校活動中，達成傳授知識、技能及價值的目標和任務的水平／程度 * 目標模式 * 過程模式 * 無失效模式	**外界效能** 教育服務（包括教育過程及成果）或／及向公眾問責，能滿足持份者的程度 * 資源模式 * 滿意模式 * 認受模式	**未來效能** 教育能適切學生及社會的未來多元持續發展的程度 * 三重化模式 * CMI 模式 * 持續學習模式

（續上表）

焦點	第一波範式	第二波範式	第三波範式
教育機構角色	**傳授角色** 在穩定社會中，由教師依課程向學生傳授已訂的知識、技能及文化價值	**服務角色** 在競爭市場中，提供教育服務，滿足持份者，並表現問責	**助長角色** 在全球化變動環境中，助長學生及社會的未來多元持續發展
學習本質	**受訓者** 學生由教師接受知識、技能及文化價值的過程	**顧客／持份者** 學生由教育機構和教師接受服務的過程	**自發的 CMI 學習者** 學生發展情境多元智能（CMI）及其他 21 世紀能力的過程
教學本質	**傳授者** 向學生傳授已計劃的知識、技能及文化價值的過程	**服務者** 向持份者提供教育服務並滿足其期望的過程	**助長者** 助長學生及社會建設多元持續能力、奔向未來的過程
領導本質	**內在領導** 帶動內在改進，以達成既定目標 ＊ 教學領導 ＊ 課程領導 ＊ 結構領導 ＊ 人際領導 ＊ 微政治領導	**外界領導** 帶動爭取教育市場上的勝利，並滿足持份者期望 ＊ 策略領導 ＊ 環境領導 ＊ 公關領導 ＊ 品牌領導	**未來領導** 帶動學生、教師、機構及社會的多元持續發展 ＊ 三重化領導 ＊ 多層學習領導 ＊ 持續發展領導 ＊ 範式轉變領導
課堂特性	**場地為限課堂** 教和學的活動，有明確物理的、社交的界限	**競爭性課堂** 提供教學服務，活動有市場競爭性，場地可能有限	**世界級學習生態系統** 「課堂」是開放、彈性、全球網絡化的生態系統，提供無限學習機會
ICT 應用	**改進工具** 用以改進將知識及技巧由教師傳授至學生的效能和效率	**競爭工具** 用以提升教育服務的競爭力及質素，滿足主要持份者，並表現問責	**創新科技** 創造無限學習機會，讓學生可以學習全球化、本地化及個別化，並發展多元持續能力，邁向未來
教研角色	**內在教育研究** 提供了解內在教育因素及相關過程的知識基礎，並用以指引政策、推行及實踐的改革，提升內在效能	**外界教育研究** 提供知識基礎，以了解內外持份者的期望、教育服務如何適應變動中的需求及建立有競爭力的質素	**未來教育研究** 提供知識基礎，以了解出現中的教育新範式，從而協助範式轉變及推行第三波教育

修改自 Cheng（2015, 2019）

第一波範式

自上世紀 80 年代，第一波的高效能教育運動在世界各地出現，包括英國、美國、澳洲、歐洲及亞洲各地（Townsend et al., 2007）。第一波學校改革重點，在於追求學校或教師的內在效能（internal effectiveness），關注提高及改善校內的各種操作及營運，尤其是教與學的方法、過程及環境，以求達成已訂的教育目標及課程宗旨（Cheng, 2011）。例如在亞洲地區的香港、印度、南韓、新加坡、台灣、馬來西亞及中國內地，有許多教育新改革，目標在改革學校管理、教師質素、課程設計、教學方法、評估方式、資源運用及教學環境（Cheng, 2005c; Ghani, 2013; Gopinathan & Ho, 2000; Kim, 2000; MacBeath, 2007）。

在第一波，教改多假設社會是工業型社會（industrial society），有相對穩定及可測的環境，故此，教育供應可由中央作人力規劃（manpower planning），應付工業社會的人力需求。教育機構扮演傳授角色，在穩定社會中，由教師依課程向學生傳授已訂的知識、技能及文化價值。第一波範式假設學生是受訓者，而學習過程是學生由教師接受知識、技能及文化價值的受訓過程。

沿此思路，教師的角色是知識傳授者，教師效能是一種內在教師效能（internal teacher effectiveness），指由教學及其他相關活動，達成知識傳遞之既訂目標的程度。因教師是推行教育的主要執行者，其表現往往決定教育或學校效能的高低（McKinsey, 2007），故此，過去有很強的研究傳統，聚焦在教師內在效能的探究（Bakx, Baartman, & van Schilt-Mol, 2013; Darling-Hammond, 2010, 2013; Hill, Kapitula, & Umland, 2010; Heck, 2009; Sawchuk, 2011）。根據 Cheng（2014），內在的學校效能或教師效能的評估，可用目標模式（goal model）、過程模式（process model）及無失效模式（absence of problem model）（見第六章）。

許多第一波的改革，都是由政府主導自上而下。校長的主要領導工作，是要帶動學校內在過程及結構的改進，例如通過學校管理和教育實踐的改革，以達成教育目標、提高學校效能。這是一種內在領導（internal leadership）。領導的好壞，影響整個教育機構的改革成敗至大，故此，在

政策、實踐及研究上，教育的領導廣受關注（Caldwell, 1989; MacBeath & Cheng, 2008）。第一波領導的研究和實踐，往往以不同概念來進行，包括教學領導（instructional leadership）、課程領導（curriculum leadership）、結構領導（structural leadership）、人際領導（human leadership）和微政治領導（micro political leadership）（Cheng, 2003, 2011; Henderson, 1989; Lee & Dimmock, 1999; Smith & Andrew, 1989）。

課堂特性影響教與學的過程及果效，也是政策和研究的關注重點（Helding & Fraser, 2013; McDonagh et al., 2013; Spada, 2013）。在第一波，課堂的教學活動是受場地所限，有明確物理的、社交的限制。課堂效能是一個綜合的概念，表示達成以學生學習經驗及成果為目標的程度（Cheng & Mok, 2008）。過去，有不少文獻研究第一波課堂的複雜性和效能（Creemers, 1994; Creemers & Kyriakides, 2006; Frazer, 2012）。

隨着科技的急速發展，使用資訊科技 ICT 以提升效能的革新，不斷增加（Webb & Reynolds, 2013; Wastiau et al., 2013）。在第一波，ICT 被看作改進的工具，用以提升傳送的效能和效率，更好地將知識及技巧由教師傳授至學生（Cheng, 2006）。世界各地已實行大量 ICT 相關的新措施，用以改善教學和管理的環境及過程，加強知識傳送的果效（Fu, 2013; Kampylis et al., 2013; Redecker & Johannessen, 2013）。

在第一波，教育研究的角色，在提供了解內在教育因素及相關過程（例如學習、教學、管理的知識基礎〔knowledge base〕），並用以指引教育政策、推行及實踐的改革，提升內在效能。常見的策略性關注問題，有如下的例子：

* 現行教育在不同層面或領域上的內在效能是怎樣的？應如何改善？
* 由教師向學生傳授知識和技能的實踐過程，應如何變革才最高效能？
* 根據已訂的課程內容及進度，學生的學習進展是否良好？在公開考試的表現如何改進？
* 怎樣應用 ICT，優化學習、教學及管理中的知識傳遞過程？

第一波範式有本身的傳統特色，也有限制性。這範式在實踐及政策的構想上，過分內在取向，未能充分考慮外界環境、市場競爭及持份者的複雜性、

多元性及分異性，對教育各方面的影響。有關改革的新措施，往往聚焦於內在的傳授操作或技術方面（例如教學設施、課程傳授），卻忽略學生的自主終身學習、21世紀能力，對他們未來發展的影響，又低估外界環境及多元持份者，對學校教育和營運的衝擊（Lauriala, 2013; Longworth, 2013; Mahony & Hextall, 2000; Voogt, 2013）。故此，過去多年，第一波改革的成就有限。

內在效能保證

第一波學校效能的討論，主要集中在教育內部過程，尤其是課堂上的教與學的效能。此時的**教育效能**（education effectiveness），主要根據學生的學業成就來評價，看是否完成預定的教育目標（Cheng, 1997a）；完成預定教育目標的程度愈高，就表明教育效能愈高。**效能保證**（effectiveness assurance），主要在保證與教學有關的校內環境和過程，能達成既定的學校目標。如圖1.1所示的結構因素，可提供一個整體架構，探討如何保證學校的內部效能（Cheng, 1998; Medley, 1982）。

圖1.1　學校內在效能的結構

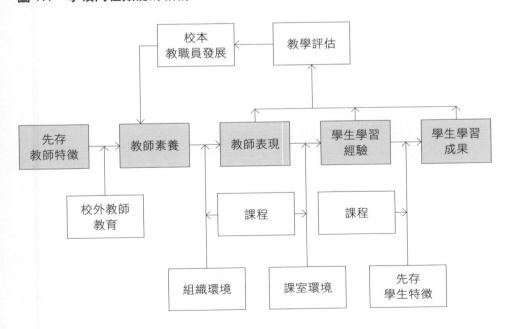

這圖闡釋了內部關鍵因素，如何影響學生學習過程和成果，特別是假定了下列關係存在於各因素之間：（1）學生學習成果（learning outcomes）是課程、學生學習體驗及其先存特性相互作用的產物；（2）學生學習經驗（learning experience）是受教師行為、課程特性和課堂環境影響；（3）教師表現（teacher performance）是由教師素養、課程特性和學校組織環境的相互作用決定的；（4）外部的教師教育、校本教職員發展和教師的先存特性，會影響教師素養（teacher competence）；（5）教學評估（teaching evaluation）收集資料以了解教師表現、學生學習經驗和學習成果，進而發展教師素養，使他們表現更佳（詳見第七章）。

第一波教改，常用的保證學校內在效能的方法有兩種：**因素法**（the component approach）和**關係法**（the relationship approach）。因素法，主要通過提高效能結構中某幾個因素的質量來保證學生學業成績（e.g. Blömeke et al., 2013）。例如提高學校管理，改善課堂環境、教學環境及學習環境，改進課程，改革評估方法等。近年一些教改強調基準（benchmarking）理念的使用（Bogan & English, 1994），以確保個別因素的質素達至一定水平，作為保證教學效能的辦法。例如為了提高學生的英語水平，近年香港英語教師被要求達至一定的英語水平，須參加英語基準試（Coniam, Falvey, Bodycott, Crew, & Sze, 2000）。因素法的缺陷，主要表現在忽視了各因素之間的相互聯繫，而將某一部分過分地、簡單化地強調其唯一重要性，疏忽其他因素的配合；於是，一個因素的提高並不能保證其他因素的同時提高。所以運用因素法通常無法達到預定的效果。故此，Creemers, Kyriakides, and Antoniou（2013）催促教師效能研究者，將焦點由簡單的教師個人特性研究，轉移到高效教學實踐方面，以理解不同因素的複雜影響。

關係法，主要着眼於改善各因素之間的關係。該方法認為因素間的良好關係及配合，有助於提高學生學習成績及成果，改善因素間的關係是保證內在效能的關鍵。例如加強學校的組織環境及人事安排，配合不同教師的素養發展及發揮，這樣才有機會提高教師在課堂上的表現。又例如，如圖 1.1 所示，若要提升學生學習成果及學習經驗，就要考慮教師表現、課程設計、課堂環境，以及先存的學生特徵等因素的個別貢獻及整體影響（參見第七章）。

第一波改革有三種模式，可用於保證學校和教師的內部效能：目標模

式（goal model）、過程模式（process model）及無失效模式（absence of problem model）（Cheng, 1996, 2003c; Cheng & Tam 1997）（見表 1.2）。

表 1.2　第一波的效能保證模式

	效能保證概念	校長角色	對學校管理的啟示	對教師發展的啟示
目標模式	* 確保能達到預定的組織目標，學校表現符合期望	* 目標達成帶引者 * 目標監察者	* 在學校計劃中，發展出清晰的學校使命及可達到的目標 * 清晰界定教師工作的角色、職責、目標及表現水平 * 評估和監察師生完成指派的工作及目標	* 具有制定個人或小組計劃的識見及能力 * 具有完成計劃及指定任務的能力
過程模式	* 確保順利的內部過程和豐碩的學習成果	* 過程管理者 * 過程工程師	* 建構有效的學校運作過程，讓教師和學生有更佳表現 * 幫助教職員擁有課程發展、教學工作、人際關係、團隊協作及決策參與的專業才能 * 監察和評估教師教學及工作過程，利用回饋作出改進及發展	* 了解暢順的、健康的工作過程標準及其對教育產出的作用 * 具備改進並保障教學及工作過程順利健康進行的能力
無失效模式	* 確保組織中不存在問題和弊病	* 監督者 * 難題解決者	* 利用評估制度，可提供清晰及時的回饋資料，讓師生辨認問題、作出改進 * 在教師間發展開放的學校文化，減少自衛機制，鼓勵及早察覺和克服工作上的問題及缺點	* 察覺並能夠認清在執行任務過程中，個人或小組所表現出的弱點、不足及出現的問題或失誤 * 具有避免潛在問題、失誤的出現，並進行改進的能力

　　目標模式：根據目標模式，學校若能完成所訂目標，則謂之有效能。由於教育環境不斷改變，學校目標也就不是靜止的，需要不斷澄清、發展及建立。所以，學校校長及其他領袖須擔當目標發展者（goal developer）、目標達成帶引者（goal leader）、目標監察者，以及學校計劃促進者的角色。他們幫助學校人士發展合適的學校使命及目標，以適應校內外人士的需要及學

校的特性。他們引導學校成員努力達成學校目標，監察目標達成的程度。當然，他們至少在一段指定時間內，需要協助學校作出計劃，確保學校目標有合適優先次序，清楚列明學校產出，並有為人接受的效能指標。學校管理者應為教師個人及小組制定明確的目標，界定清晰的角色、任務及職責，以促使他們了解並遵從執行任務的要求及標準，並且組織一些行之有效的教職員發展的活動，來發展教師才幹和效能。例如幫助教師掌握所需的專業知識、能力、態度，以完成指定任務及制定個人與小組的發展計劃。

過程模式：對於這個模式來說，學校內部過程的性質及質素好壞，往往決定了教育輸出的質素及學校目標可達到的程度。學校內部運作若順暢健全，便是有效能保證。所以，學校校長是過程工程師（process engineer）及促進者：他們建構學校的過程，包括學校管理過程、教學的活動過程；他們又能促進成員之間有效的溝通、參與、協調及社交互動。對教師發展的啟示，是幫助教師了解到暢順的、健康的工作過程標準及對教育產出的作用，具備改進並保障教學及工作過程順利健康進行的能力。教學過程得失往往主宰了學生學習經驗的優劣，故此，如何保證教學過程的質素，是非常重要的課題。

無失效模式：根據這模式概念，甚麼是有效能，往往難於界定。故此應採用逆向的想法，若學校內部沒有問題和弊病的特徵，便是有效能保證。在管理上，這是非常傳統的理念，「不求有功，但求無過」，也是一種底線模式（baseline model）。學校領導者角色應該是監督（supervisor）、弊病偵察者（dysfunction detector）及問題解決者（problem shooter）；他們須監督學校活動，找出弱點、矛盾衝突、弊病、困難及缺點，又幫助成員消除及解決問題。對教師發展的啟示，是在執行任務過程中，幫助教師察覺或認清個人或小組所表現出的弱點或失誤，避免潛在問題、失誤的出現，並進行改進的能力。

增值理論：第一波改革，是基於內部效能的增值理論（theory of value-added in internal effectiveness），認為學校內部教學過程的改進愈多，學校效能的增值就愈大。如圖 1.2 所示，學校內部過程包括各種不同的因素，若在 T1 到 T2 這段時間內，各因素及其中間的關係得到改善的部分愈多，則達成預定的學校目標愈多，相應效能增值的面積就會隨之而增加。根據這個理論，運用上述的因素法和關係法或採取以上三個模式，只要能改善學校內部的部分或全部，都能為學校內部效能增值。

圖 1.2　**學校內部效能的增值**

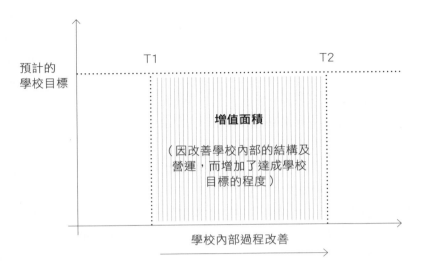

增值面積

（因改善學校內部的結構及
營運，而增加了達成學校
目標的程度）

第二波範式

　　第一波期間，世界各地進行了無數的改革和實踐。但不幸的是，這些改革並不能滿足公眾對教育急劇增長的需要和多元多變的期望，人們開始懷疑這些改革在多大程度上能滿足家長、學生、僱主等人的不同需要和期望。加上學校教育多為公帑經營，社會不同持份者自然關注以下問題：教育質素是否物有所值？學校如何保證教育質素，對公眾負責？如何使教育實踐、教育成果與當地社區緊密相連？如何透過市場競爭機制，讓家長有充分選擇，得到最滿意的教育服務？這些挑戰都與社區關係及持份者滿意密切相關，這意味着學校效能保證不僅涉及到學校內部過程的特質，而且直接與外部市場競爭、持份者的期望和需要有關。

　　90 年代，工商業界成功運用新的管理概念，推動經濟擴展。受此影響，教育界掀起了範式轉變，由第一波邁向第二波改革，其中許多變革強調教育質素（education quality）、學校持份者（例如家長、社區人士、政策領導等）滿意、公眾問責（accountability）及市場競爭，來推動學校追求外界效能（e.g. Goertz & Duffy, 2001; Headington, 2000; Heller, 2001; Mahony &

Hextall, 2000）。

例如在亞洲的香港、印度、新加坡、馬來西亞、台灣及中國內地，都有一股改革趨勢，邁向高質素教育運動或高競爭力學校運動（competitive schools movements），強調質素保證、學校監察和評審（school monitoring and review）、家長選擇（parental choice）、學生券（student coupons）、市場化（marketization）、家長社區參與學校管治，以及表現為本撥款等（Cheng, 2011; Cheng & Townsend, 2000; Mukhopadhyay, 2001; Pang et al., 2003）。

第二波範式，假設社會環境是商業消費型社會，隨着外在環境變化，服務供求有大量不穩定性和不確定性，市場競爭無法避免。教育機構的角色，是提供教育服務，滿足持份者的期望和需要，包括學生、家長、僱主、制定政策者、其他社區人士等。這波追求外界效能（interface effectiveness），教育效能的重要標準是滿足持份者的多重需求、保證教育對公眾的問責。學習是學生作為顧客接受服務、而擁有競爭力的過程。而學校和教師是教育服務提供者，學校或教師效能是學校及社區的持份者對其服務感到滿意及問責的程度。根據 Cheng（2014），外界的學校效能或教師效能的評估，有三種模式：資源模式（resource model）、滿意模式（satisfaction model）及問責／認受模式（legitimacy model）。相對第一波，第二波教師效能的研究，應是較為新鮮、少見而有限。基於第二波改革大幅擴展了學校及教師的工作內涵和目標，包括大量非教學工作，如持份者接觸、問責報告、市場及品牌推廣等，故此，相關的效能研究，應面對大量新的課題和挑戰。

第二波的學校領導是一種外界領導（interface leadership），主要是帶動學校成員爭取教育市場上的勝利，並滿足持份者期望。其角色包含向公眾承擔問責、教育服務增值、提升教育供應的市場競爭力，並保證教學及管理符合持份者的期望。在快速變動的環境中，如何管理好教育機構與外界的關係，是教育領袖的重要挑戰。第二波常用的領導理念，與第一波完全不同，包括策略領導（strategic leadership）、環境／社區領導（environment / community leadership）、公關領導（public relations leadership）及品牌領導（brand leadership）（Aaker & Joachimsthaler, 2000; Caldwell, 1989; Cheng, 2003; Davies, 2006; Goldring & Rallis, 1993）。

第二波課堂也多是場地為限，但與第一波的不同，重點在提供令持份者滿意的教學服務，進行的活動有內外市場競爭力。在內，課堂服務要對學生及家長有吸引力，滿足他們的需要，不單是傳授知識。在外，課堂服務的質素及聲譽，有助其教育機構在社區中建立競爭力及問責實據。課堂效能的準則，多是持份者為主、顧客需要為本及市場取向的，但是第二波課堂的特性研究還是很少，理解不多，未來應將有很大的發展潛力（Cheng & Mok, 2008）。

隨着全球高科技的興起，在學校服務應用 ICT，成為重要競爭工具，用以提升教育服務在市場的吸引力，滿足主要持份者的新期望，並可在質素保證、學校監察和評估方面，多利用 ICT 加強對表現問責（e.g. Law, 2013; Srivathsan et al., 2013）。可見，教育 ICT 已漸成為第二波改革及研究的新領域。第二波的教育研究，可提供知識基礎，以了解內外持份者的期望、教育服務如何適應變動中的用家需求，並提供有市場競爭力的服務質素。一些常見研究課題的例子，可參考如下：

* 目前教育供應及服務的質素怎樣？可否滿足持份者的需要？怎樣可以提升？
* 教育機構應如何定位，以保持其服務在市場上的競爭力？
* 如何讓教學表現及學習成果滿足持份者的期望？
* 如何應用質素保證及報告的不同工具，確保其服務向公眾問責？
* 如何增強外來資源及網絡支持，以提升教育供應的質素？
* 如何應用 ICT，以加強服務的市場競爭力及問責性？

第二波改革也有限制性。所用的政策措施和改變，未必直接或明確與學生的自主積極性、持續學習及多元發展有密切關係。往往因市場帶動、競爭取向，服務活動的內容過程，偏離應有的教育的意義及核心價值。有時，在改革推行中，學校競爭、市場存亡及公共關係，看來較學生的學習為重要。由於強調在市場上持份者的不同短期需求，第二波改革對學生及社會長遠發展的適切性及啟示，可能相對有限。

外界效能保證

學校自評外評（school self-evaluation and external evaluation）、質量審查（quality inspection）、質素指標（indicators）和基準（benchmarks）的運用、學校持份者的滿意度調查、對社區的問責報告、家長和社區介入學校運作等，都是教改用於確保對學校外界效能的典型方法（Cheng, 1997b; Glickman, 2001; Headington, 2000; Jackson & Lund, 2000; Leithwood, Aitken & Jantzi, 2001; MacBeath, 1999 & 2000; Smith, Armstrong, & Brown, 1999; Sunstein, & Lovell, 2000）。

第二波改革所用的學校效能保證模式，共有三種：資源模式（resource model）、滿意模式（satisfaction model）和認受模式（legitimacy model）（如表 1.3 所示）。主要從外部資源輸入、學校持份者滿意程度、當地社區的認受性、不斷適應外部改變這幾方面，追求學校的外界效能保證（interface effectiveness assurance）。

資源模式： 學校的營運包括改善內部達成教育目標，都需要寶貴的時間資源、人力資源（例如優質師生）及物質資源（例如設施、薪金、教學材料等）。這模式假設學校能夠獲得珍貴的資源輸入愈多，則愈有機會發揮得更有效能。所以，獲得資源輸入的多少就是學校效能保證的成敗。學校校長及其他領袖在保證效能的主要角色，是資源開發者（resource developer）、資源分配者及管理者。他們要清楚了解學校資源輸入與教育輸出的聯繫，又能決定甚麼資源對學校存亡及發展最具關鍵性；他們盡全力開發及運用外來難得的資源，並恰當地分配去支持有效的內在運作，生產高質素學校成果。這模式對教師發展的啟示是幫助教師認識到資源和支援對於教學及工作過程的重要性，能有效率地管理、調配及利用資源；並在執行任務的過程中，自己能夠從內部或外部渠道，獲得更多資源支援其教學工作的實踐和改進。

滿意模式： 既然家長及其他學校持份者（例如僱主、社會領袖）是學校教育服務或成果的接受者，他們對學校滿意與否應是考慮學校效能的關鍵，也是在市場上競爭成功的要素。故此，這模式認為，若學校能使所有重要持份者對學校表現滿意，就可以保證這學校是有效能的。學校校長要擔當社交領袖（social leader）及社交滿足者（social satisfier）角色，幫助主要持份者

表 1.3　第二波改革的效能保證模式

	效能保證的概念	校長角色	對學校管理的啟示	對教師發展的啟示
資源模式	確保學校能獲得必要的資源輸入	* 資源開發者 * 資源管理者	* 更有效從外界社區獲得學校運作所需的資源輸入 * 在學生來源上，更有吸引力 * 有效管理及利用不同資源，如時間資源、物質資源及人力資源	* 認識到資源和支援對於高效教學及工作過程的重要性 * 能有效能及有效率地管理、調配及利用資源 * 在執行任務過程中，能夠從內部或外部渠道獲得更多資源並贏得支援
滿意模式	確保所有重要學校持份者滿意	* 社交領袖	* 有系統地知道校內外重要人士對學校的期望及要求 * 幫助教師得到所需知識、態度及能力，以滿足重要人士的需要 * 與不同重要人士溝通，讓他們充分了解學校的成果	* 具有確定學校重要人士需要與期望的意識及能力 * 認識到這些多方面需要及期望的意義 * 具有滿足這些多方面需要的能力
認受模式	確保學校獲得良好的地位和聲譽、表現問責	* 環境領袖 * 公關管理者	* 建立良好社區關係及網路，成為學校的夥伴及盟友，鞏固學校的聲譽及地位 * 在政策及管理上，確立清晰的問責制度，讓社會人士對學校有信心	* 認識到聲譽及問責性對於教師效能的意義 * 具有提高個人與小組聲譽的能力，並能面對問責，承擔責任 * 在執行任務過程中表現出高度的專業精神

交流他們的看法、了解他們的需要、宣揚學校的強項，為學校訂立適當目標，以滿足他們的需要及期望。若不同持份者之間的要求有嚴重衝突，學校領袖就須協助他們解決問題、定出學校的優次順序，以及維持良好社交關係。這模式對教師發展的啟示，是幫助教師具有意識及能力，以確定學校內外持份者對教育的多方面的需要與期望，並盡力滿足他們。

　　認受模式：目前教育界邁向市場化，不少學校要面對競爭及淘汰，學校在社區的認受性及聲望愈來愈重要。這模式假設，若學校能夠成功獲得公眾的認受性或在市場活動上有較高的形象和品牌，就可以保證這學校是較有效能的。所以，學校校長要擔當的角色往往是公關經理（public relations manager）、環境領導（environmental leader）及學校問責建立者

（accountability builder），他們須管理學校的外在環境，與校外有關人士建立良好關係，推銷學校的強項及對社會的貢獻，建立學校的公眾形象，及確保學校對公眾的問責。對教師發展的啟示，是幫助教師認識專業聲譽及問責性對於教師效能的意義，具有提高個人與小組聲譽的能力，並能面對專業問責，承擔責任，在執行任務過程中表現出高度的專業精神。

第三波範式

自新世紀之始，全球化資訊化的快速發展、經濟轉型帶來的巨大衝擊，使教育界不得不反思如何改革課程內容和教學技術，以準備年輕人有能力應付新時代的需要，進入終身學習及多元發展的社會。世界各地不少社會領袖、政策制定者、學者及教育家紛紛提出教與學的範式轉移（Davidson, 2014; Noweski et al., 2012; Yorke, 2011）。雖然第一、第二波的教育改革，追求內在效能和外界效能，在一定程度上能作出內部改善，滿足大多數家長及學校持份者的當前需要，但是，如果教育的目標、內容、實踐及成果對學生及社會的未來發展（future development）的需求沒有幫助，那麼學校對於新一代而言仍是低效能的。所以，這些人士要求對教育的目標、內容、實踐及管理，進行基本性的變革，以保證學生所學的緊貼未來（Abbas, 2013; Beetham & Sharpe, 2013; Longworth, 2013; Ramirez & Chan-Tiberghein, 2003）。

在第三波，未來發展是討論學校效能的一個關鍵因素，這意味着除了在內部和外部的效能以外，我們應根據教育對**未來的適切性**（relevance to the future），提倡學校效能應着眼於未來發展。學校的未來效能，即學校能幫助個人和社會迎接未來發展需要的程度。愈能幫助未來發展的，就是愈有效能的學校。由於全球化及國際競爭的巨大影響，新一波教育改革往往由世界級教育運動所帶動。教育表現高低，多由世界級標準（world class standards）及全球可比性（global comparability）來量度，用以確定學生的未來在充滿挑戰及競爭的時代，仍可持續發展。

在某程度上，那些研究學生學習成績或能力表現的國際項目如PISA、PIRLS、TIMSS 等，正代表這方面的世界性努力，以建立國際基準

（benchmarking）來理解新一波的教育效能（Kamens & McNeely, 2010; Mullis et al., 2012; Provasnik et al., 2012; Ünlü et al., 2014）。

第三波範式，包含情境多元智能（Contextualized Multiple Intelligences, CMI）（包括科技智能、政治智能、社會智能、經濟智能、文化智能、學習智能），教育的全球化（globalization）、本地化（localization）及個別化（individualization）（Baker & Begg, 2003; Cheng, 2005a; Maclean, 2003）等。許多教改新措施追求新的教育目標，培育學生的 CMI 或 21 世紀能力以多元持續發展，強調終身學習，助長全球網絡化能力及國際視野，以及教育上廣泛應用 ICT（Finegold & Notabartolo, 2010; Kaufman, 2013; Noweski et al., 2012; Salas-Pilco, 2013）（見第二、三章）。

在第三波，學生作為自主積極的 CMI 學習者，而學習就是發展他們 CMI 或 21 世紀能力的過程。教師角色是助長者（facilitator），教學是協助學生多元持續發展的過程。教師效能代表一種教師未來效能，貢獻學生及社會的能力建設，以面向未來發展。根據 Cheng（2014），第三波效能的量度及研究，將以教育三重化（Triplization，即教育的全球化、本地化及個別化的整合）、CMI 及持續學習等為基礎。目前已出現學習範式由第一、第二波，轉向第三波的 CMI－三重化學習範式，學習過程將整合全球化、本地化及個別化的特性，創造無限的機會，以發展學生的 CMI 或 21 世紀能力，呼應未來世界的多元發展（Cheng, 2005a, b）（CMI－三重化，詳見第二、三章）。

教育個別化，讓學習的方法（特別得資訊科技的支持）及內容，可配合不同學生的特性，優化他們的學習動機、潛能及創造力的發展（Bernat & Mueller, 2013）。教育本地化，涵蓋廣泛活動，讓學生的學習和發展在心智社交的成長體驗上，得到本地文化及社區資源的支持、關心和滋潤，也回應本地的多元發展及未來需要。教育全球化，包括辦學、教學及學習得到最大的全球聯繫，以及來自世界各地的支持、學術資源及新創意。活動例子有網上學習交流平台、國際訪問、沉浸學習計劃（immersion programmes）、國際交換計劃、教與學的國際夥伴計劃、視像會議（video-conferencing）的互動及分享，以及與全球有關的新課程內容等。如何利用創新的活動及安排，優化全球化學習的機會和效果，已成教育的新趨勢（Kampylis et al., 2013; Wastiau et al., 2013; Webb & Reynolds, 2013）。

與第一、第二波不同，在第三波教育新範式，ICT 應用成為重要創新科技（innovative technology），重新定義教育目標及處境，助長學生的三重化學習及 CMI 發展，原因有四：（1）將場地為限的學習處境，轉變為學習無邊界；（2）教學參與者從過去內在有限的師生，轉變為無一定限制的本地或全球的同輩、專家及老師；（3）溝通及回饋的速度、方式及性質，更加互動，有效率、有效能；及（4）產生、管理、分享及使用的知識，更有創意、有效用，滿足學習過程不同需要（Cheng, 2006; Rajasingham, 2011）。

得助於資訊科技，第三波課堂變得非傳統，是一個無界限、開放、彈性、全球及本地網絡化的學習生態系統（learning ecosystem），提供無限的世界級學習（world class learning）機會。經由創新項目及不同網絡的安排，學生有機會向世界各地的世界級教師、學生、學者及教材學習。目前，如何應用 ICT 發展 e- 學習環境及創新教學，已成為快速擴張的改革及研究領域（Fu, 2013; Özyurt et al., 2013; Ray et al., 2012; Redecker & Johannessen, 2013; Wastiau et al., 2013; Webb & Reynolds, 2013）。

在第三波，學校領導是一種未來領導（future leadership），帶動學生、教師、機構及社會發展教育的願景，引領學習、教學及管理的範式轉變，並在學校不同層面助長終身學習、多元持續發展、全球網絡化及在教育上應用 ICT，邁向未來。由於教育範式的轉變，教育領導也有相應新的角色及理念出現，包括三重化領導（triplization leadership）、多層學習領導（multi-level learning leadership）、持續發展領導（sustainable development leadership）及範式轉變領導（paradigm shift leadership）（Cheng, 2011; MacBeath & Cheng, 2008）。

第三波的教育研究，是一種未來教育研究，目的在發展新的知識基礎，以了解新出現的教育範式（特別是 CMI－三重化範式）的理念、實踐及影響；提供有關實證資料，以助第三波教育的政策制定、推行及實踐；以及探討如何協助由第一、第二波範式轉變為第三波範式的教育。常見的研究課題或政策關注點，有下例子：

* 現行教育與學生和社會在全球化時代的未來發展，有何關係？
* 如何將學習、教學及辦學由現行的場地為限模式，轉變為三重化模式？

* 如何用 ICT、國際網絡及教學的範式轉變，將學生的學習機會變為無限？
* 學生的自主學習如何可以發展而持續終身？
* 學生如何改善自己的能力，進行全球化、本地化及個別化的自我學習？
* 學生如何有效持續發展自己的 CMI？
* 如何從全球及本地獲取不同的知性資源（intellectual resources），以支持學生的世界級學習？

雖然，第三波改革具前瞻性，與未來發展緊密相關，但在推行時也有其困難。由傳統觀點來說，第三波的改革在理念上可能過於前衛，與現實處境相距太遠，故此，變革的設計及執行將要面對第一波或第二波現存模式的限制，例如現有的思考方式、操作辦法，以至持份者的期望等，都影響第三波的推行。因第三波是新興的改革，當要構想及推動範式轉變，變革推行者（change agent）未必有足夠的相關經驗、知識及研究文獻來支持。看來，世界各地改革者及學者，尚需時間來探索第三代改革成功的因素及機制。

未來效能保證

在新世紀高科技、多元社會背景下的人，是多元的人（multiple person）：科技人、經濟人、社會人、政治人、文化人和學習人。無論是個人或社會都需要在科技、經濟、社會、政治、文化和學習方面得到多元的未來發展，終身學習（life-long learning）和學習型組織（learning organization）是維持個人和社會持續發展的必要條件。

在這種背景下，作者倡導的一種教育範式轉變，從傳統「場所為限」的範式（traditional site-bounded paradigm）轉向教育的 CMI 發展、全球化、本土化和個人化的「CMI－三重化範式」（CMI-Triplization Paradigm）（詳見第二、三章）。這新範式對於重建教育過程，形成新的課程和教學方法，創造終身學習環境，以及發展學生的 CMI（包括科技智能、政治智能、社會智能、經濟智能、文化智能、學習智能）是必要的。

在第三波的教改，學校要追求未來效能的保證，那麼教育就要進行範式

轉變，邁向 CMI－三重化範式，讓個人和社會都得到多元而可持續的未來發展（multiple and sustainable future development）。學習作為學校的核心活動，其範式轉變自然帶動了學校效能保證的相應範式轉變，也帶來了關於效能保證的全新概念，例如主要關注下列問題：

* 學生學習、教師教學和辦學能有多好的三重化（全球化、本地化及個人化）？
* 幫助學生應用 ICT 環境、網路、創新教學，而學習的機會有多大增長？
* 對學生的自我學習有多好的協助，而變成終身學習？
* 培養學生發展三重化自學的能力方面，做得有多好？
* 培養學生持續發展自己的多元智能以迎接未來挑戰方面，做得有多好？

結論

　　教改三波，可提供一個分類架構（typology），以掌握及理解在國際情境中，過去數十年不同教改的重要特性及範式（Cheng, 2005a, Ch. 2）。在不同發展階段的國家或地區有不同歷史背景及環境限制，他們的教改進展和特性可能不同，邁向相異的改革波浪。例如有些發展中國家缺乏資源，又受社會限制，仍會掙扎在第一波的問題，謀求提升內在效能，集中在內在過程的改進，以傳遞知識和技術，服務現有的低端工業。有些國家則沿着第一及第二波改革，追求內在效能及外界效能，除改進內在過程外，也有新措施確保教育質素，以滿足持份者（Cheng & Townsend, 2000）。

　　為追求未來效能、強調新學習範式，有些已發展國家早於 90 年代已開始進行一些第三波的教改新措施。一般來說，在一些國家已有第一、二波改革，他們會有較強的需要進行範式改變，邁向第三波改革，以裝備學生去應對全球化大變動的未來。當然，有些國家的教改在一定程度上已涵蓋三波，他們會面對較複雜的課題，同時涉及內在、外界及未來效能。三波間的關係，不一定是直線的：由第一到第二，然後第二到第三。例如一個國家的教改可以由第一波直接邁向第三波，不一定要經第二波階段。雖然不少國家或地區仍在第一、第二波變革中掙扎，但無論如何範式轉向第三波將是國際教

改趨勢。這三波架構有助構想相關的策略，以進行教改的研究或政策的制定及執行。

　　如前所述，第一波的效能保證是以增值理論為基礎的，這主要靠改進學校的教、學和管理等內部過程來完成預定目標。如圖 1.3 所示，區域 A 是 T1-T2 時間段內由於內部過程的改善而增加的效能價值。如果學校的預定目標與內外主要持份者的需要和期望一致，則內部效能保證與外界效能保證也可一致，即內部改進所獲得的效能增值，同樣使外界效能增值。但如果預定目標與主要持份者的目標並不一致，則內部效能的增值就不能保證外界效能同樣也增值。

圖 1.3　學校效能的增值與創值

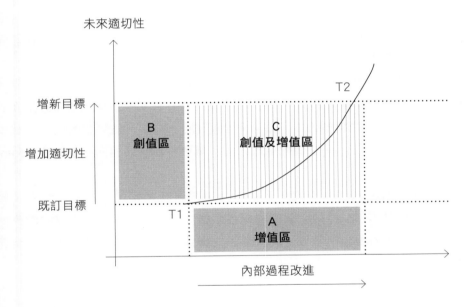

　　如果學校能在 T1-T2 時間段內，提高教育對未來的適切性或達成新增的目標，這樣可以在教育效能上，創造出新價值（如圖中 B 區域所示的「創值」〔value-created〕區），這便是創值理論（theory of value created）。第三波效能的保證，就以這個理論為基礎，通過提高教育對未來的適切性，以創造新的價值。如果改進的目標能滿足或超越學校持份者的期望，那麼學校在未

來效能裏創造的價值，對外界效能同樣有創值作用；但是，如果新增（或提升）的學校目標與持份者的期望不一致，那麼在外界效能裏就不能有創值作用。如果一間學校能同時改進內部過程、增加教育的未來適切性，那麼在學校效能方面，就可同時有附加的增值和創值（如圖 1.3 中的 C 區域）。

通過以上討論，可以看到三波教育改革，實質上代表着追求學校效能的不同範式，在所用的效能理念、效能保證的準則及模式、實踐和管理，以及增值或創值理論等方面，都是不同的。

儘管內部效能、外界效能和未來效能基於不同的範式，有各自的強項和關注點，但它們有助我們建構一個全面的學校效能框架。我們可以相信，如果一所學校能保證內部改善、滿足外界的需要，又能適應未來發展，那麼就可以說它有全面效能保證（total effectiveness assurance）。

在進行教育改革時，不應只關注內部和外界的效能，還要關注面向未來的效能，才能達到全面效能保證。考慮到時間和資源的限制，期望學校能同時或在短期內或在任何時候，都能是內部、外界和未來的效能最大化是不現實的。但是根據動態觀念，學校可以在不同時段內動態地提高內部、外界和未來的效能（如圖 1.4 所示）。在早期階段（T1-T2），學校無法保證全面的效能提高，但它們如果持續不斷地學習和發展，追求三種類型的效能，那麼在後一階段（T3-T4），它們的整體效能，就會不斷提高邁向全面效能（total effectiveness）。

最後，希望本章所論的三波範式及相關的範式轉移，能為研究者、教育工作者及政策領袖提供一個新的綜合架構，探究及理解當前複雜的教改課題，開發全新的理念和領域，創造無限的機會給學生、教師及辦學者，發展美好的未來。

圖 1.4　動態方式追求全面效能最大化

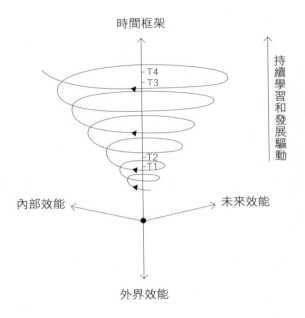

註：本章主要譯改自作者的 Cheng（2019），部分資料新修訂自鄭燕祥（2006）及 Cheng（2005a）。

參考文獻

*

鄭燕祥（2006）。《教育範式轉變：效能保證》。台北：高等教育出版社。

Aaker, D. A. & Joachimsthaler, E. (2000). *Brand leadership*. The Free Press.

Abbas, Z., Bharat, A., & Rai, A. K. (2013). Paradigm shift from informative learning to transformative learning: A preliminary study. *International Journal of Innovative Research and Development*. 2 (12), 167-172.

Bakx, A., Baartman, L., & van Schilt-Mol, T. (2013). Development and evaluation of a summative assessment program for senior teacher competence. *Studies in Educational Evaluation*. http://www.sciencedirect.com/science/article/pii/S0191491X13000667

Beetham, H., & Sharpe, R. (eds.) (2013). *Rethinking pedagogy for a digital age: Designing for 21st century learning*. Routledge.

Bernat, C., & Mueller, R. J. (2013). *Individualized Learning with Technology: Meeting the Needs of High School Students* (pp. 1-204). Rowman & Littlefield Education.

Blömeke, S., Suhl, U., Kaiser, G., & Döhrmann, M. (2012). Family background, entry selectivity and opportunities to learn: What matters in primary teacher education? An international comparison of fifteen countries. *Teaching and Teacher Education*, 28(1), 44-55.

Caldwell, B. J. (1989). Strategic leadership, resource management and effective school reform. *Journal of Educational Administration*. 36(5), 445-461.

Cheng, Y. C. (1997a). Monitoring school effectiveness: Conceptual and practical dilemmas in developing a framework. Eugene, OR: ERIC (Educational Resources Information Center) (No. EA 028359). Clearinghouse on Educational Management. (USA). (In H. Meng, Y. Zhou, & Y. Fang (eds.), *School based indicators of effectiveness: Experiences and practices in APEC members* (pp. 197-206). Guangxi Normal University Press.)

Cheng, Y. C. (1997b). A framework of indicators of education quality in Hong Kong primary schools: Development and application. Eugene, OR: ERIC (Educational Resources Information Center) (No. EA 028358). Clearinghouse on Educational Management. (USA). (In H. Meng, Y. Zhou, & Y. Fang (eds.), *School based indicators of effectiveness: Experiences and practices in APEC members* (pp. 207-250). Guangxi Normal University Press.)

Cheng, Y. C. (1998). The pursuit of a new knowledge base for teacher education and development in the new century. *Asia-Pacific Journal of Teacher Education and Development*, 1(1), 1-16.

Cheng, Y. C. (2003). School leadership and three waves of education reforms. *Cambridge Journal of Education,* 33(3), 417-439.

Cheng, Y. C. (2005a). *New paradigm for re-engineering education: Globalization, localization and individualization*. Springer.

Cheng, Y. C. (2005b). Multiple thinking and multiple creativity in action learning. *Journal of Education Research,* 134(June), 76-105.

Cheng, Y. C. (2005c). Globalization and educational reforms in Hong Kong: Paradigm shift. In J. Zaida, K. Freeman, M. Geo-JaJa, S. Majhanovich, V. Rust, & R. Zajda (eds.), *The international handbook on globalization and education policy research*. (ch. 11, pp. 165-187). Springer.

Cheng, Y. C. (2006). New paradigm of learning and teaching in a networked environment: Implications for ICT literacy. In L. W. H. Tan & R. Subramaniam (eds.), *Handbook of research on literacy in technology at the K-12 level* (pp. 1-20). Idea Group.

Cheng, Y. C. (2007). Future developments of educational research in the Asia-Pacific Region: Paradigm shifts, reforms and practice. *Educational Research for Policy and Practice*. 6:71-85.

Cheng, Y. C. (2011). Towards the 3rd wave school leadership. *Revista de Investigacion Educativa, 29*(2), 253-275.

Cheng, Y. C. (2014). Measuring teacher effectiveness: *Multiple conceptualizations and practical dilemmas*. In Oonseng Tan & Woonchia Liu (eds.), *Teacher effectiveness: Capacity building in a complex learning era* (pp. 17-50). Cengage Publishers.

Cheng, Y. C. (2015). Paradigm shift in education: Towards the third wave research. In L. Hill and F. Levine (eds.), *World Education Research Yearbook 2014* (pp. 5-29). Routledge.

Cheng, Y. C. (2019). *Paradigm shift in education: Towards the 3rd wave of effectiveness*. Routledge.

Cheng, Y. C. & Mok, M. M. C. (2008). What effective classroom: Towards a paradigm shift. *School Effectiveness and School Improvement*. 19(4), 365-385.

Cheng, Y. C. & Tam, W. M. (1997). Multi-models of quality in education. Quality Assurance in Education, 5(1), 22-31.

Cheng, Y. C., & Townsend, T. (2000). Educational change and development in the Asia-Pacific region: Trends and issues. In T. Townsend & Y. C. Cheng (eds.), *Educational change and development in the Asia-Pacific region: Challenges for the future* (pp. 317-344). Swets & Zeitlinger.

Coniam, D., Falvey, P., Bodycott, P., Crew, V., & Sze, P. M. M. (2000). *Establishing English language benchmarks for primary teachers of English language: A report to ACTEQ*. Advisory Committee of Teacher Education and Qualification.

Creemers, B. P. M. (1994). *The effective classroom*. Cassell.

Creemers, B. P. M., & Kyriakides, L. (2006). Critical analysis of the current approaches to modeling educational effectiveness: The importance of establishing a dynamic model. *School Effectiveness and School Improvement*, 17(3), 347-366.

Creemers, B., Kyriakides, L., & Antoniou, P. (2013). Establishing the field of teacher effectiveness research: Moving from investigating personal characteristics of teachers to understanding effective teaching practices. In *Teacher Professional Development for Improving Quality of Teaching* (pp. 65-79). Springer.

Darling-Hammond, L. (2010). *Evaluating teacher effectiveness: How teacher performance assessments can measure and improve teaching*. Center for American Progress.

Darling-Hammond, L. (2013). *Getting teacher evaluation right: What really matters for effectiveness and improvement*. Teachers College Press.

Davidson, C. N. (2014). Why higher education demands a paradigm shift. *Public Culture, 26*(172), 3-11.

Davies, B. (2006). *Leading the strategically focused school: Success and sustainability*, Paul Chapman.

Finegold, D., & Notabartolo, A. S. (2010). 21st century competencies and their impact: An interdisciplinary literature review. *Transforming the US workforce development system: Lessons from research and practice.* http://www.hewlett.org/uploads/21st_Century_Competencies_Impact.pdf

Fraser, B. J. (2012). *Classroom environment*. Routledge.

Fu, J. (2013). Complexity of ICT in education: A critical literature review and its implications. *International Journal of Education and Development using ICT, 9*(1), 112-125.

Ghani, M. F. A. (2013). Development of effective school model for Malaysian school. *International Journal of Academic Research, 5*(5), 131-142.

Glickman, C. D. (2001). Holding sacred ground: The impact of standardization. *Educational Leadership, 58*(4), 46-51.

Goertz, M. E., & Duffy, M. C. (2001). *Assessment and accountability systems in the 50 States, 1999-2000.* CPRE Research Report Series. Retrieved from https://repository.upenn.edu/cpre_researchreports/13

Goldring, E. B., & Rallis, S. F. (1993, April). *Principals as environmental leaders: The external link for facilitating change.* Paper presented at the annual meeting of the American Educational Research Association, Atlanta, USA.

Gopinathan, S., & Ho, W. K. (2000). Educational change and development in Singapore. In T. Townsend & Y. C. Cheng (eds.), *Educational change and development in the Asia-Pacific region: Challenges for the future* (pp. 163-184). Swets & Zeitlinger.

Headington, R. (2000). *Monitoring, assessment, recording, reporting and accountability: Meeting the standards.* David Fulton.

Heck, R. H. (2009). Teacher effectiveness and student achievement: Investigating a multilevel cross-classified model. *Journal of Educational Administration, 47*(2), 227-249.

Helding, K. A., & Fraser, B. J. (2013). Effectiveness of National Board Certified (NBC) teachers in terms of classroom environment, attitudes and achievement among secondary science students. *Learning Environments Research, 16*(1), 1-21.

Heller, D. E. (ed.) (2001). *The states and public higher education policy: Affordable, access, and accountability.* John Hopkins University Press.

Henderson, J. (1989). *Transformative curriculum leadership*, Routledge.

Hill, H. C., Kapitula, L., & Umland, K. (2010). A validity argument approach to evaluating teacher value-added scores. *American Educational Research Journal, 48*(3), 794-831.

Irez, S., & Han, Ç. (2011). Educational reforms as paradigm shifts: Utilizing Kuhnian lenses for a better understanding of the meaning of, and resistance to, educational change. *International Journal of Environmental and Science Education, 6*(3), 251-266.

Jackson, N., & Lund, H. S. (eds.) (2000). *Benchmarking for higher education.* Society for

Research into Higher Education & Open University Press.

Kamens, D. H., & McNeely, C. L. (2010). Globalization and the growth of international educational testing and national assessment. *Comparative Education Review*, 54(1), 5-25.

Kampylis, P., Law, N., Punie, Y., Bocconi, S., Han, S., Looi, C. K., & Miyake, N. (2013). *ICT-enabled innovation for learning in Europe and Asia. Exploring conditions for sustainability, scalability and impact at system level* (No. JRC83503). Institute for Prospective and Technological Studies, Joint Research Centre. http://ftp.jrc.es/EURdoc/JRC83503.pdf

Kaufman, K. J. (2013). 21 Ways to 21st century skills: Why students need them and ideas for practical implementation. *Kappa Delta Pi Record*, 49(2), 78-83.

Keyser, B. B., & Broadbear, J. T. (2010). The paradigm shift toward teaching for thinking: Perspectives, barriers, solutions and accountability. In J. M. Black, S. Furney, H. M. Graf, & A. M. Nolte (eds.), *Philosophical Foundations of Health Education* (pp. 109-118). Jossey-Bass.

Kim, Y. H. (2000). Recent changes and developments in Korean school education. In T. Townsend & Y. C. Cheng (eds.), *Educational change and development in the Asia-Pacific region: Challenges for the future* (pp. 83-106). Swets & Zeitlinger.

Kiprop, J. M., & Verma, N. (2013). Teacher education and globalization: Implications and concerns in the 21st century. *Educational Quest-An International Journal of Education and Applied Social Sciences*, 4(1), 13-18.

Lauriala, A. (2013). Changes in research paradigms and their Impact on teachers and teacher education: A Finnish case. *Advances in Research on Teaching*, 19, 569-595.

Law, D. C. (2013). Towards the development of a web-based multi-level monitoring system for quality assurance in post-secondary education of Hong Kong. *International Journal of Innovation and Learning*, 13(2), 166-182.

Lee, J. C. K. & Dimmock, C. (1999). Curriculum leadership and management in secondary schools" A Hong Kong case study. *School Leadership and Management*, 19(4), 455-481.

Leithwood, K. A., Aitken, R., & Jantzi, D. (2001). *Making schools smarter: A system for monitoring school and district progress*. Corwin Press.

Longworth, N. (2013). *Lifelong learning in action: Transforming education in the 21st century*. Routledge.

MacBeath, J. E. C. (1999). *Schools must speak for themselves: The case for school self-evaluation*. Routledge.

MacBeath, J. E. C. (2000). *Self-evaluation in European schools: A story of change*. London: Routledge.

MacBeath, J. (2007). Improving school effectiveness: Retrospective and prospective. In T. Townsend, B. Avalos, B. Caldwell, Y. C. Cheng, B. Fleisch, L. Moos, L. Stoll, S. Stringfield, K. Sundell, W. M. Tam, N. Taylor, & C. Teddlie (eds.), *International handbook on school effectiveness and improvement* (pp. 57-74). Springer.

MacBeath, J. & Cheng, Y. C. (2008) (eds.). *Leadership for learning: International perspectives*. Sense Publishers.

Maclean, R. (2003). Secondary education reform in the Asia-Pacific region. In J. P. Keeves & R. Watanabe (eds.), *International handbook of educational research in the Asia-Pacific region* (pp. 73-92). Kluwer Academic Publishers.

Mahony, P., & Hextall, I. (2000). *Reconstructing teaching: Standards, performance and accountability*. Routledge.

McDonagh, C., Roche, M., Sullivan, B., & Glenn, M. (2013). *Enhancing practice through classroom research: A teacher's guide to professional development*. Routledge.

McKinsey & Co. (2007). *How the world's best-performing school systems come out on top*. www.mckinsey.com/clientservice/socialsector/resources/pdf/Worlds_School_systems_final.pdf

Medley, D. M. (1982). Teacher effectiveness. In H. E. Mitzel et al. (eds.), *Encyclopedia of educational research* (5th ed., pp. 1894-1903). Free Press.

Mukhopadhyay, M. (2001). *Total quality management in education*. New Delhi: National Institute of Educational Planning and Administration.

Mullis, I. V., Martin, M. O., Foy, P., & Drucker, K. T. (2012). *PIRLS 2011 international results in reading*. International Association for the Evaluation of Educational Achievement. ERIC Number: ED544362

Noweski, C., Scheer, A., Büttner, N., von Thienen, J., Erdmann, J., & Meinel, C. (2012). Towards a paradigm shift in education practice: Developing twenty-first century skills with design thinking. In *Design Thinking Research* (pp. 71-94). Springer.

Özyurt, Ö., Özyurt, H., Baki, A., & Güven, B. (2013). Integration into mathematics classrooms of an adaptive and intelligent individualized e-learning environment: Implementation and evaluation of UZWEBMAT. *Computers in Human Behavior*, 29(3), 726-738.

Pang, I., Isawa, E., Kim, A., Knipprath, H., Mel, M. A., & Palmer, T. (2003). Family and community participation in education. In J. P. Keeves & R. Watanabe (eds.), *International handbook of educational research in the Asia-Pacific region* (pp. 1063-1080). Kluwer Academic Publishers.

Provasnik, S., Kastberg, D., Ferraro, D., Lemanski, N., Roey, S., & Jenkins, F. (2012). Highlights from TIMSS 2011: Mathematics and science achievement of US fourth-and eighth-grade students in an international context. NCES 2013-009. *National Center for Education Statistics*. ERIC Number: ED537756

Rajasingham, L. (2011). Will mobile learning bring a paradigm shift in higher education? *Education Research International*, *2011*. http://dx.doi.org/10.1155/2011/528495

Ramirez, F. O., & Chan-Tiberghein, J. (2003). Globalisation and education in Asia. In J. P. Keeves & R. Watanabe (eds.), *International handbook of educational research in the Asia-Pacific region* (pp. 1095-1106). Kluwer.

Ray, W. C., Muñiz-Solari, O., Klein, P., & Solem, M. (2012). Effective Online Practices for International Learning Collaborations. *Review of International Geographical Education Online*, 2(1), 25-44.

Redecker, C., & Johannessen, Ø. (2013). Changing Assessment—Towards a new assessment paradigm using ICT. *European Journal of Education*, 48(1), 79-96.

Salas-Pilco, S. Z. (2013). Evolution of the framework for 21st century competencies.

Knowledge Management & e-Learning: An International Journal (KM&EL), 5(1), 10-24.

Sawchuk, S. (2011). *What studies say about teacher effectiveness*. EWA Research Brief. Retrieved from: https://www.ewa.org/report/what-studies-say-about-effectiveness-teachers

Smith, W. F. & Andrew, R. C. (1989). *Instructional leadership: How principals make a difference*. Association for Supervision and Curriculum Development.

Smith, H., Armstrong, M., & Brown, S. (eds.) (1999). *Benchmarking and threshold standards in higher education*. Kogan Page.

Spada, N. (2013). Classroom research. *The encyclopedia of applied linguistics*. Wiley Online Library. Retrieved from: https://onlinelibrary.wiley.com/doi/abs/10.1002/9781405198431.wbeal0136

Srivathsan, K., Joshi, V., Parashar, S., Rajan, S., & Kannur, C. V. (2013). Introducing TALEEM — A system of ICT supported course management for quality education in CBSE schools. http://pcfpapers.colfinder.org/handle/5678/211

Sunstein, B. S., & Lovell, J. H. (eds.) (2000). *The portfolio standard: How students can show us what they know and are able to do*. Heinemann.

Townsend, T., Avalos, B., Caldwell, B., Cheng, Y. C., Fleisch, B., Moos, L., Stoll, L., Stringfield, S., Sundell, K., Tam, W. M., Taylor, N., & Teddlie, C. (eds.) (2007). *International handbook on school effectiveness and improvement*. Springer.

Ünlü, A., Kasper, D., Trendtel, M., & Schurig, M. (2014). The OECD's Programme for International Student Assessment (PISA) Study: A review of its basic psychometric concepts. In M. Spiliopoulou, B. Schmidt-Thiene & R. Janning (eds.), *Data Analysis, Machine Learning and Knowledge Discovery* (pp. 417-425). Springer.

Voogt, J., Erstad, O., Dede, C., & Mishra, P. (2013). Challenges to learning and schooling in the digital networked world of the 21st century. *Journal of Computer Assisted Learning*, 29(5), 403-413.

Wastiau, P., Blamire, R., Kearney, C., Quittre, V., Van de Gaer, E., & Monseur, C. (2013). The Use of ICT in Education: a survey of schools in Europe. *European Journal of Education*, 48(1), 11-27.

Webb, M., & Reynolds, N. (2013). Current and future research issues for ICT in education. *Journal of Computer Assisted Learning*, 29(1), 106-108.

Yorke, M. (2011). Work-engaged learning: towards a paradigm shift in assessment. *Quality in Higher Education*, 17(1), 117-130.

第二章
教育三重化

　　自二三十年前，世界各地已有無數的教育改革及學校重整運動，經歷三波，以不同範式推動教育各領域的變革，追求不同的教育效能，包括內在效能、外界效能及未來效能（參見第一章）。特別是面對全球化及競爭的挑戰，各地的政策制定者和教育工作者需思考如何改革課程及教學法，裝備年輕人有 21 世紀持續發展能力，應付新時代的需要（Longworth, 2013; Noweski et al., 2012）。可是，環境實在轉變得太快，急劇全球化，前景充滿未知之數，教育工作者被無數新奇但矛盾的意念困擾，迷失方向，而不少意願良好的教改，在全球化的新時代推行，但成效始終有限（Cheng, 2018；Irez & Han, 2011）。

　　第一章已論述第一至第三波教改的範式特性，並指出若要在新世紀教改成功，教育範式應轉變，邁向第三波的「CMI－三重化教育範式」，讓學生的學習三重化（包括全球化、本地化及個別化），有無限機會學習多元持續發展的能力，特別是情境多元智能（Contextualized Multiple Intelligence, CMI），邁向未來。本書將進一步詳細分析這新範式的基本理念及其在不同領域的應用，目的在提供一個全面的架構，以幫助教育相關者整體地理解第三波教育範式及其對未來教育的啟示和影響，有助第三波教改的政策制定及實踐，並創新課程、學習、教學及辦學的方式。由於內容廣泛，會分為第二至第五章來分析。本章將集中討論教育三重化的理念和應用，第三章詳細分析CMI 的特質及其發展的教育方式，第四章探討綜合學習與創造力的發展，而第五章則提出學生自我學習的生態系統理論，呼應第三波教育範式的改革和實踐。

教育三重化

　　自新世紀始，科技快速發展，網絡全面擴展，全球化急速影響世界每個角落（Brown, 1999; Zajda, 2018）。不同的觀察者會指出不同種類的全球化，而大部分焦點集中在經濟、科技及文化方面。從宏觀角度來看，新世紀的全球化屬於多元全球化（multiple globalization），包括科技全球化（technological globalization）、經濟全球化（economic globalization）、社會全球化（social globalization）、政治全球化（political globalization）、文化全球化（cultural globalization）及學習全球化（learning globalization）。面對各方面的改革和轉變帶來的挑戰，其中學習全球化亦顯得愈來愈重要，反映了如何學習及發展，受到全球關注，互相聯網並廣泛分享由世界各地所獲的知識、經驗和技術，促成個人、社區和世界的全面發展（Zajda, 2018）。

　　教育如何回應全球化的潮流及挑戰，已成為近年教育政策制定關注的問題（Gupta, 2018; Sungwon, 2017; Verger, Altinyelken, & Novelli, 2018; Verger, Fontdevila, & Zancajo, 2016; Zajda, 2015, 2018）。現有的教改政策討論，多強調全球化的影響，並盡力使教育制度、課程及教學法做好準備，適應全球化。可惜，往往忽略了本地化及個別化的重要性，或將三者放在矛盾的位置。其實，這三個過程同樣重要，缺一不可。忽略本地化，教育將不能適切本地的需要，得不到社區支持及相關的助力（Chou, 2016; Li & Grieshaber, 2018; Mundy, Green, Lingard, & Verger, 2016）。忽略個別化，即使如何努力進行改革，也不能配合學生的需要，推動他們有效地學習（Ander, Guryan, & Ludwig, 2016; Stables, 2017）。換言之，沒有個別化及本地化，就不能提升學校成員及社區的貢獻、主動性、想像力及創意，也無從對全球化過程作出貢獻。所以，全球化、本地化和個別化都是目前教育改革及發展必須全面兼顧的。整體來說，這些過程可看作一個「三重化過程」（triplization = triple+izations），可用以討論教育改革，並說明提高學生CMI 或 21 世紀能力所需的新課程、新教學法及辦學環境應是怎樣的。

　　三重化對第三波教育的啟示，可列於表 2.1，並分述如下：

表 2.1　三重化理念及啟示

三重化	理念及特徵	對第三波教育的啟示
全球化	在世界不同的地域及社會間，不同價值、知識、科技及行為規範的交流、轉移、採用及發展 特徵例子： * 全球網絡 * 科技、經濟、社會、政治、文化及學習等方面的全球化活動 * 互聯網的全球伸延 * 國際聯盟及競爭 * 國際合作與交流 * 地球村 * 國際標準及基準的應用	使辦學、教學及學習獲得最大的全球適切性及來自世界各地的支持、智力資源及推動力 例如： * 網上學習 * 國際訪問 / 沉浸式學習計劃 / 國際交換計劃 * 在不同層面上，教學及學習的國際夥伴 * 跨地域的視像會議的互動與分享 * 與科技、經濟、社會、政治、文化及學習等方面全球化有關的課程內容
本地化	與本地相關的價值、知識、科技及行為規範的轉移、採用及發展 特徵例子： * 本地網絡 * 科技、經濟、社會、政治、文化及學習等方面的本地化 * 權力下放至本地或機構層面 * 本土文化 * 社區需要及期望 * 本地參與、合作及支持 * 本地適切性及認受性 * 校本需要及特徵 * 本土社會規範及習俗	盡量擴大辦學、教學及學習的本地適切性、社區支持及主動性 例如： * 社區參與 * 家長參與 * 家校合作 * 學校問責 * 校本管理 * 校本課程 * 社區體驗課程 * 與科技、經濟、社會、政治、文化及學習本地化有關的課程內容
個別化	外在價值、知識、科技及行為規範的轉移、採用及發展，以切合個別特性及需要 特徵例子： * 個別化服務 * 科技、經濟、社會、政治、文化及學習等方面的個體潛能發展 * 個人的主動性及創意 * 個人的自我實現 * 自我管理及自我控制 * 個體的特殊需要	使辦學、教學及學習有最大的個人動機、主動性及創意 例如： * 個別化教育課程 * 個別化學習目標、方法及進度 * 自我終身學習、自我實現及自我激勵 * 自我管理的學生及教師 * 照顧特殊需要 * 情境多元智能的發展

全球化是指在世界各地間，價值、知識、科技及行為規範的交流（exchange）、轉移（transfer）、調適（adaptation）及發展（development），從而影響到社會、社區、機構或個人的過程。與全球化有關的典型現象及特徵，包括全球網絡增長（例如互聯網、環球電子通訊及國際交通網絡），全球的科技、經濟、社會、政治、文化和學習各方面的轉移及交流，國際聯盟及競爭，國際合作交換計劃，地球村，多元文化整合，以及國際標準及基準的應用（Hall, 2018; Hall, & Fess, 2017; Sharma, & Joshi, 2019）。因應不同觀點，全球化的過程也有用不同的字彙或概念去描述全球跨地域的現象，例如標準化（standardization）、規範化（normalization）、滲透（diffusion）、社化（socialization）、政治化（politicization）、分享（sharing）、文化移植（cultural transplant）、多元文化主義（multiculturalism）、殖民主義（colonization）、混種化（hybridization）及聯網（networking）等（Brown, 1999; Jackson, 2016; Pieterse, 1995; Waters, 1995）。

　　對教育全球化的啟示，應可包括辦學、教學及學習得到最大的全球聯繫，以及來自世界各地的支持、學術資源及推動力（Daun, 1997; Jackson, 2016）。網上學習（web-based learning），互聯網學習，國際訪問，沉浸式學習計劃，國際交換計劃，在小組及個人層面上教與學的國際夥伴，國家、社區、機構及個人間視像會議（video-conferencing）的互動及分享，以及與科技、經濟、社會、政治、文化及學習全球化有關的新課程內容等，都是教育全球化或國際化的活動例子。

　　本地化指的是與本地相關的價值、知識、科技及行為規範的交流、轉移、調適及發展的過程。本地化有兩類含意：其一，表示盡量採取相關的外在價值、新事物及規範，以切合本地社會、社區及前線層面的需要。其二，也可表示提高與本地有關的價值、規範、關注、貢獻及參與，並進一步鼓勵本地的開創及實踐。以下是本地化一些特徵及例子：發展本地網絡，引入本土有關的科技、經濟、社會、政治、文化及學習的新事物，權力下放到社區或機構層面，鼓勵土著文化，切合社區需要及期望，擴大社區人士的參與、協作及支持，提升對本地的適切性及認受性，關注校本需要和特徵，並重視本地的社會規範及風俗（Chou, 2016; Li & Grieshaber, 2018; Mundy, Green, Lingard, & Verger, 2016）。

本地化對第三波教育改革的啟示，包括在辦學、教學及學習上盡量切合本地所需，擴大本地不同人士的支持，獲得更多地區物質及人力的資源，增強教育實踐的成效。實踐本地化的例子，包括社區及家長參與學校教育，實行家校合作、學校問責保證（accountability assurance）、校本管理、校本課程及社區相關課程，並發展與科技、經濟、社會、政治、文化及學習等方面本地化有關的新課程等（Castro, et al. 2015; Eggleston, 2018; Fiore, 2016; Lewallen, et al., 2015; Muller, & Kerbow, 2018）。

個別化所指是在交流、轉移、調適及發展外來的價值、知識、科技及行為規範時，能切合個別人士或特定群體的需要和特性的過程。根據有關人類動機及需要的理論，可見個別化的程度向來對人類行為，無論是工作或學習的積極性和動機，都非常重要（e.g. Alderfer, 1972; Manz, 1986; Manz & Sims, 1990; Maslow, 1970）。推動個別化的一些例子，包括提供個別化服務，強調人的潛能，提升人的主動性及創意，鼓勵自我實現、自我管理及自我控制，以及關注個體的特殊需要等。個別化對教育的主要啟示，包括實施個別化教育項目，設計及使用個別化的學習目標、方法及進度表，鼓勵學生（甚至教師）自我學習、自我實現及自我推動，照顧個別的差異，發展學生個別的多元智能，讓學習及工作充滿動機，發揮主動性及創意（Ander, Guryan, & Ludwig, 2016; Lockspeiser & Kaul, 2016; Stables, 2017; Özyurt & Özyurt, 2015）。

根據以上三重化的概念，學生、教師及學校的表現，可謂全球化（globalized）、本地化（localized）及個別化（individualized）。簡言之，就是三重化（triplized）了。當然，在他們本身全球化、本地化及個別化的同時，他們也可對教育全球化、本地化及個別化作出貢獻。

如第一章所述，第三波的教育新範式將是 CMI－三重化範式，我們可以辦學、教學及學習的全球化、本地化、個別化及 CMI 等概念為基礎。新範式假設世界的未來、人性、個人及社會的發展、教育目標、學生與學習、教師與教學，以及學校與辦學，如表 2.2 至表 2.6 所示，跟傳統場地為限的第一、第二波範式截然不同。

世界、人性及發展

表 2.2 就新舊範式作出比較，傳統範式認為世界的全球化非常有限，主要在經濟及社會方面。世界上不同地方的人民，即使不是互相隔離，也只在有限的範圍內，主要在經濟方面有些聯繫。世界各地各族間的關係是嚴重的競爭及衝突，遠超過他們之間的合作與分享。各地民眾只有有限、鬆散而薄弱的互動。整體來說，國際關係只賴有限的國際合作及交流，鬆散的扣着（Beare & Slaughter, 1993; Naisbitt, 1984）。

在這樣的情境下，人的本質只是工業或商業社會的經濟人或社會人。個人或社會追求狹窄片面的發展，主要集中在經濟或社群方面。學校教育成為職業教育，需為社會某階段某些發展提供所需的人力（Lester, 2015）。所以，人們是否需要終身學習，或社會是否為學習型社會，不是那麼重要。作為工業社會或商業社會，學校教育強調一些與社會當時發展階段有關的智能或知識。個人方面，具備某些局限的知識或技能，滿足社會某發展階段所需就可以了。

新範式假設世界處於多元全球化的境況，包括科技、經濟、政治、社會、文化及學習等各方面的全球化。並且，各地全球化的互動愈來愈多，迅速發展趨向成為地球村（global village）；地球每一角落可透過互聯網、各類互動科技（interactive technologies）、通訊及交通，快速地聯繫起來。世界各國及地域間，將有愈來愈多的共同關注及分享。再者，國家民族間的互動將會是頻繁密集、無界限、多維度及多層面的；透過國際合作、交換及交流，他們將更加彼此依賴，息息相關（Albrow, 1990; Hanna, 2016; Naisbitt & Aburdence, 1991）。

新範式假設新世紀社會的人是多元人（multiple person），身處於資訊、高科技及多元文化的地球村，集科技人（technological person）、經濟人（economic person）、社會人（social person）、政治人（political person）、文化人（cultural person）及學習人（learning person）的特性於一身。無論個人或社會在科技、經濟、社會、政治、文化及學習等各方面均可多元發展。在多變的新時代，有持續個人及社會的多元發展，個人須終身學習（life-long learning），而社會則須成為學習社會（learning society）或知識社會（knowledge-based society）（Drucker, 1993; Popkewitz, Olsson,

& Petersson, 2017）。從 CMI 理論角度看，社會必須朝向成為多元智能的社會（multiple intelligence society）或多元機智城市（smarter city）（Hanna, 2016），能提供支持多元發展的必須知識、智能基礎及推動力。個人方面則必須朝向成為多元智能的市民（multiple intelligence citizen），對多元智能社會的發展作出貢獻。

表 2.2　世界、人性、個人及社會發展

新 CMI －三重化範式 （第三波）	傳統場地為限範式 （第一、二波）
世界的假設	
* **多元全球化**：包括科技、經濟、社會、政治、文化及學習等方面	* **有限全球化**：以經濟及社會方面為主
* **地球村**：世界各地透過互聯網及資訊科技、通訊及交通而快速聯繫；將有愈來愈多的共同關注及分享	* **多種族**：世界各地只在一些範疇有鬆散的聯繫，彼此間競爭衝突多於分享及合作
* **無限互動**：國家民族之間有無限、多元及多層面的互動，快而頻繁	* **有限互動**：國家民族間互動有限，鬆散不牢
* **互相依賴**：國際合作，交換及交流愈來愈多	* **聯繫鬆散**：有限的國際合作及交流
人性的假設	
* **多元人**：是在信息、高科技及多元文化地球村的科技人、經濟人、社會人、政治人、文化人及學習人	* **經濟人或社會人**：主要是工業或商業社會的經濟人或社會人
個人發展及社會的假設	
* **多元發展**：在科技、經濟、社會、政治、文化及學習等方面的發展	* **狹窄發展**：主要集中經濟、社會或政治等方面的發展
* **終身學習及學習型社會**：以維持個人及社會的科技、經濟、社會、政治、文化及學習方面的發展	* **學校或職業教育**：提供社會某階段某些發展所需的人力；不覺得終身學習或學習社會很重要
* **邁向多元智能社會**：可提供支持多元發展所需之知識基礎及動力	* **工業、商業社會**：強調一些與該階段社會發展有關之智能
* **邁向多元智能個體**：有助發展多元智能社會	* **知識有限的個體**：擁有知識或技能，為適應社會某階段發展所需

環境及教育目標

如表 2.3 比較所示，傳統範式假設教育環境主要特徵是依附本地社區的需要。環境轉變是慢的，不明朗因素及複雜性屬於中度。學校及教育制度有

清晰而肯定的界限。教師的教學及學生的學習甚少與外界「真實世界」有互動和接觸，學生是在畢業或離開學校後才接觸到「真實世界」。教育改革往往是有限而片面的，主要為回應公眾的問責與關注。教育目標在於使學生獲得所需的知識和技能，在本地社會謀生或支持社會某階段的發展，多數與經濟及社會方面發展有關。

基於對新世界及其發展的信念，新範式假設教育環境無可避免是三重化，包括教育制度不同層面及不同方面的全球化、本地化及個別化。在新世紀，教育環境急速改變，日益複雜，且充滿混亂及不明朗因素，學校與外界的界限變得模糊，逐漸消失。在資訊科技及網絡的支持下，學生和教師在授課與學習時，經常而密集地與外界「真實世界」互動，往來接觸（Wastiau et al., 2013; Webb & Reynolds, 2013）。由於教育環境改變，各式各樣的本地及全球挑戰相繼出現，持續的教育改革及發展將是無可避免的。在此情境下，教育目標乃在支持學生成為具 CMI 的市民，終身學習，富有創意，為建立 CMI 社會及 CMI 地球村作出貢獻。

表 2.3　教育環境與教育目標

新 CMI－三重化範式 （第三波）	傳統場地為限範式 （第一、第二波）
對教育環境的假設	
* **三重化**：邁向全球化、本地化及個別化是教育環境特徵	* **本地需要**：滿足本地社區需要是教育環境主要特徵
* **轉變快**：複雜、充滿未知數及快速轉變	* **轉變慢**：中度不明朗及緩慢轉變
* **界限正消失**：學校與外界的界限不明顯、正在消失；學生和教師在教與學中，常與「真實世界」互動接觸	* **清晰界限**：學校與外界界限仍肯定；學生畢業或離校後始進入「真實世界」
* **持續發展**：因各種本地和全球挑戰而需持續的教育改革及發展	* **有限改革**：為公眾問責和本地關注而作出有限及表面的教育改革
對教育目標的假設	
* **培養多元智能的市民**：支持學生成為 CMI 市民，能終身學習及以創意幫助建立 CMI 社會和 CMI 地球村	* **裝備知識技能的市民**：學生以所需知識及技能，賴以謀生，或支持某階段社會的發展，尤其在經濟及社會方面

學生及學習

學習的傳統範式：依傳統的想法，學生及其學習是現存知識和人力結構的複製（reproduction）及延續（perpetuation）過程的一部分，目的是維繫社會目前的建制及運作，尤其在社會及經濟方面（Blackledge & Hunt, 1985; Hinchliffe, 1987; McMahon, 1987）。所以，學生及學習被視為一個滿足社會所需的「複製」過程並不出奇，學生及學習的特性與新範式明顯不同（見表 2.4）。

傳統範式的學校教育，學生是教師的門生或徒弟，接受標準的教育課程、同一方法及同一進度的教導，不會照顧學生之間的差異，個別化課程是不可行的。學習過程就是吸收某類型的知識，而學生就是他們老師的學生，知識是從老師那裏學過來的。學習就是守規、接受及社化過程，所以必須在學習過程中加以嚴密的監管及控制。學習重點是如何獲取一些知識和技能，學習動機往往被視為努力賺取外在獎賞及避免受罰。

傳統範式裏，所有學習活動都是學校為限、教師為本的。學生從少數教師及他們準備的材料學習，所以教師是知識及學習的主要來源。在學習過程中學生各自學習、各自負責自己的成績，同學間鮮有機會彼此支持、彼此學習。學習經驗主要是學校經驗，與急速改變的本地及國際社會脫節。畢業往往表示學習的完結。

學習的新範式：在新範式裏，學生的學習須個別化、本地化及全球化三者並重，缺一不可。學生是教育的中心，學習過程中的價值觀、知識、科技及規範的轉移及發展，須能切合他們的個人特性及需要，並使他們的潛能——尤其在 CMI 方面——得到最大發展。所以，要讓學生以適合他們的不同形式學習。為不同學生設計個別化及量身訂造的課程（包括目標、內容、方法及進度表）是必須的，在資訊科技幫助下，應也是可行的（Ander, Guryan, & Ludwig, 2016; Stables, 2017）。

個別化的學習，給予學生適當的指引及設施，使他們自我推動及自我學習，而學習就是學生自我實現、探索、體驗及反思的過程。由於信息及知識的積累速度飛快，而其內容往往又瞬即過時，教育單為傳授知識技能是行不通了，因為現時學生已可以輕易借助資訊科技及互聯網，獲取最新資料及知

表 2.4　學生及學習

新 CMI －三重化範式 （第三波）	傳統場地為限範式 （第一、二波）
個別化的學生及學習：	**複製的學生及學習：**
* **中心**：學生是教育的中心	* **門生**：學生是教師的門生
* **個別化課程**：學生各有潛能、各有特徵，不同學生可以不同方式學習；個別化及量身訂造課程是必須及可行的	* **標準課程**：學生以同一方法及同一進度學習，能力差異不被着重；個別化課程似不可行
* **自我學習**：學生獲得適當指導及幫助而自我推動及自我學習	* **吸收知識**：學生是他們老師的「學生」，向老師學習，吸取知識
* **自我實現過程**：學習是自我實現、發現、體驗及反思的過程；需有系統的幫助及支持	* **接受過程**：學習是紀律、接受及社化過程；須嚴密監管及控制
* **如何學習**：學習焦點是學習如何學習、思考及創造	* **如何獲取**：學習重點是如何獲取一些知識及技能
* **自我回報**：學習是樂趣及自我回報	* **外在回報**：學習是努力得到外在回報及避免受罰
本地化及全球化的學生及學習：	**學校為限的學生及學習：**
* **多源學習**：藉學習生態系統，學生學習有多方來源，由校內至校外，由本地至全球	* **教師為本的學習**：教師是知識及學習的主要來源
* **網絡學習**：藉小組及網絡學習，彼此分享及激發，可維持學習氣氛及加倍學習效能	* **分開學習**：學生被安排分開學習，各自負責，鮮有機會彼此支持及學習
* **終身及隨時隨地**：學校教育不是學習的全部，只是開始；隨時隨地都在學習，並且是終身學習	* **定期的、校內的**：學習只在學校在設定時段進行；畢業被視為學習的終結
* **無限機會**：學生透過互聯網、網上學習、視像會議、跨文化分享及各類互動及多媒體資料，接觸本地及全球，大大增加學習的機會	* **有限機會**：學生從教師指定的教科書及相關資料學習標準的課程
* **世界級學習**：學習對象包括世界各地的世界級教師、專家、同輩及學習資料	* **學校為限的學習**：學生的學習對象是校內少數的教師及其準備的資料
* **本地及國際視野**：參與不同的本地及國際學習課程，獲得學校以外的相關視野及經驗	* **學校經驗為主**：與外面急速轉變的本地及全球社會隔離

識（Fu, 2013; Kampylis et al., 2013; Redecker & Johannessen, 2013）。所以，新範式強調學習焦點是學習如何學習、思考及創造。而且，若要維持終身學習，學習必須有樂趣及自我回報。

　　本地化及全球化的學習，就是幫助學生及其學習，使在學習涉及的價值、知識、科技及規範的轉移和發展的過程中，得到本地及全球的優質資源、支持及網絡，因而在學習過程得到最大的發展機會。藉着本地化及全球化，學習的來源是多方面的，包括校內校外、本地或全球，並不局限於學校

少數教師。參與本地及國際學習計劃，有助學生接觸學校以外的社區以至世界各地，獲取廣泛的經驗。

學習方式方面，將以學習生態系統（包括網絡化人際及 IT 環境）為基礎（詳見第五章），學習多源多元。學習小組及網絡成為主要的學習推動力，能夠透過彼此的分享及激發，維持學習氣氛及加倍學習效能。將來，每一個學生均可與世界不同角落的其他學生結成終身學習夥伴，一起分享他們的學習經驗。相信這是指日可待的。我們希望學習是可隨時隨地進行，並且是終身的。學校教育只是終身學習的開始或準備。學習的機會是無限的，學生藉學習生態系統，例如互聯網、網上學習、視像會議、跨文化分享及不同類型的互動和多媒體資料，獲取本地經驗，並與全球接觸，取得最大的學習機會。學生可藉此向世界各地的世界級教師、專家、同輩及學習資料學習（Fu, 2013; Kasemsap, 2016）。這種學習是世界級學習。

教師及教學

教學的傳統範式：正如傳統場地為限的學習範式一樣，教師及教學一向被視為現存知識和人力結構的複製及延續過程的一部分，以維持現存社會的營運和延續。如表 2.5 所示，傳統範式的教師與教學特徵與新範式截然不同。分述如下：

教師是教學的中心，他們具備一些技術知識、社交技巧及專業能力，傳授知識給學生。雖然教師各具不同潛質及個人特性，他們還是得以標準形式及方法教學，確保學生獲得標準知識和能力。教師的主要工作是傳授一些他們所知的知識及技能。所以，教學一向是一個紀律、傳授、訓練及社化的過程。而且，人們多認為教學就是努力幫助學生，在考試裏達到某些外在的標準。

傳統範式裏，教師及其教學限於校內，學校是教學主要場地，而教師就是知識的主要來源。教師各自負責所分配的工作，獨力承擔教學結果。教師間少有彼此支持及學習的機會。教學的限制在於必須依據標準課程，教授學校指定的教科書及相關材料，教師及教學常常與瞬息萬變的本地及國際現實

環境脫節。所以，傳統範式裏，教師受學校限制，教師間合作性低，幾乎不需任何廣闊視野或全球識見，當然不足以為學生發展世界級教育。

教學的新範式：新範式中，教師及教學需要三重化，即個別化、本地化及全球化（表 2.5）。教師在教學過程中，可以根據本身的長處充分發揮，使學生學得最好最多。教學是激發、幫助及維持學生自我學習和自我實現的過程。所以，教師的角色就是支持學生學習的幫助者或顧問。教學重點就是引起學生思考、行動及學習的好奇心和動機；同時，也與學生分享學習過程及結果的喜悅。對教師本身而言，教學也是終身學習的過程，包括持續的探索發現、驗證、自我實現、反思及專業發展。教師本身須成為 CMI 教師，作為學生發展 CMI 的榜樣。教師各具不同潛質、不同特性，各人可以不同方式進行教學，使教學取得最大效益。

透過本地化及全球化的教育生態系統（education ecosystem）（包括網絡化人際及 IT 環境）（第五章），可引入本地及全球的教育資源、支持及網絡，使教師的教學和其他工作得到最大的發揮機會，對學生的學習作出最大貢獻（Kiprop & Verma, 2013）。引入的教學資源可以多元化，例如自學課程及課程套、網上學習、校外專家及社區體驗課程（experiential programs），校內校外、本地及全球均可。教師透過本地及全球的網絡接觸、視像會議、跨文化交流及形形色色的互動和多元媒體資料，可以獲得最大機會提高教學效能（Education and Manpower Bureau, 1998）。

當學生能在教師的幫助下，有機會用世界各地的世界級教學材料，並向世界級專家、同輩及教師學習，教師的教學就可成為世界級教學（world class teaching）。藉着參與本地及國際合作計劃，教師可以超越學校，獲得學校以外的區域性及全球性的認識、經驗及視野。而且，他們的教學也會成為一種網絡教學（networked teaching）。教師可將本地及全球認識的同行專家，連成專業合作小組及網絡，維繫一個新的專業文化，透過彼此的分享及激發，使教學效能倍增。所以，藉着本地化及全球化，教師可成為世界級教師（world class teacher）。每一個教師也可與世界其他地方的教師，結成終身夥伴教師，持續分享及討論他們專業實踐的經驗及意見。有見教師角色在教改的重要性，亞太區各地在過去二十多年，已開始教師教育的改革（Cheng, 2019）。

表 2.5 教師及教學

新 CMI －三重化範式 （第三波）	傳統場地為限範式 （第一、二波）
個別化的教師及教學	**複製的教師及教學**
* **協助者**：教師處於協助或輔導地位，支持學生學習	* **中心**：教師是教育的中心
* **多元智能教師**：以身作則，自己具 CMI，幫助學生發展 CMI	* **專才教師**：擁有一些科技、社交及傳授知識的專業能力
* **個別化教學方式**：教師各有潛能，各有特質，各人可以不同方式作出最大貢獻	* **標準教學方式**：不論教師個別潛質，教師必須以標準方式及規格授課，確保學生接收標準知識
* **引起好奇心**：教學重點在引起學生思考、行動及學習的好奇心和動機	* **傳遞知識**：教師主要工作是傳授知識及技能
* **協助過程**：教學是激發、協助及維持學生自我學習及自我實現的過程	* **傳遞過程**：教學是紀律、傳授、訓練及社化過程
* **分享喜悅**：教學是與學生分享學習過程及結果的喜悅	* **達到目標**：教學是努力達到考試的某些外在標準
* **終身學習**：教學是終身學習過程，包括持續發現、實驗、自我實現、反思，以及專業發展	* **先存知識的實踐**：教學是教師將已有知識實踐、應用或傳遞
本地化及全球化的教師及教學	**學校為限的教師及教學**
* **多源教學**：藉教育生態系統，校內、校外、本地及全球都有多樣的教學來源	* **學校以內**：學校是教學主要場所，而教師就是知識主要來源
* **網絡教學**：本地及全球網絡化的教學，維持新專業文化，並透過互相分享及激發加倍教學效果	* **各自教學**：教師各自教學，個人負責；少有機會互相支持及學習
* **世界級教學**：學生在教師協助下，可於任何時段向世界各地的世界級教師、專家、同輩及教學資料學習	* **受限制教學**：學生只在某時段在學校從少數的學校教師得到學習
* **無限機會**：教師可透過互聯網、視像會議、跨文化分享，以及各類互動及多元資料，獲得提高教學效能的最大機會	* **有限機會**：教師要教學校和教育署指定的教科書及有關材料
* **本地及全球視野**：參與本地及國際合作計劃，獲得學校以外相關的視野及經驗	* **學校經驗為主**：教師及其教學與急速發展的本地和全球社會脫節
* **世界級及網絡化教師**	* 受學校限制及獨自耕耘的教師

學校及辦學

　　辦學的傳統範式：傳統範式認為，學校是現存知識和社會架構複製及延續的地方，所以辦學就是一項複製的過程。表 2.6 的比較，列出傳統範式的學校及辦學的特徵，與新世紀範式的不同，在於其複製性及限制性。分述如下：

學校是教育中心地點，也是知識及資格的來源，傳遞一些知識及技能，並社化學生，使其納入現存的社會規範，並給予達到指定水平者一些資格（Bravenboer & Lester, 2016）。學校須以一些標準形式和規格來組織及管理，確保傳授給學生的是標準知識及規範；學校各有的不同特徵、背景、限制性及強項，不被重視。辦學的主要工作只是傳遞一些知識及技能，而教師就是這種傳遞工作的人員。所以，辦學也是紀律、傳授、訓練及社化的過程，使學生有資格滿足社會的人力需求（Lester, 2015）。無可避免，教師及學生努力應付考試，達到某些外在標準，這幾乎成為學校教育的全部。可以説，辦學是要確保有穩定的標準教學及學習結果，故此，學校營運要有科層架構，內在結構、政策及程序都要詳加設計。

　　特別是第一波的學校，很多像隔離的海島，所有的學校活動、教學及學習均受狹窄的方式所限。學校是獲得知識及資格的主要來源，家長及社區的角色只是教育成果的接受者。學校各自管理，各自承擔辦學結果；學校之間，即使位於同一社區，也很少彼此支持及學習。學校可提供標準的環境、課程、教科書及相關資料給教師和學生。表面看來，為教師及學生省了功夫，實際上是限制了教學和學習的機會。學校生活及其中活動，大多與急速變化的外在真實環境或本地社會脫節。基本上，學校與外間世界是相當隔離的。

　　辦學的新範式：配合教學與學習的範式轉變，辦學也要改變，邁向三重化，如表 2.6 所示。學校是協助及支持學生學習的地方，所以學校須具備 CMI 的環境，始能支持學生發展 CMI。學校各有所長、各有潛質、各有特色和限制；基於不同的強項和限制，不同學校可以不同方式開辦及管理他們的教育，務使最有利於學生的學習。辦學的焦點，在引起學生的好奇心及學習動機，從而發展多元智能式的思考、行動和學習。又使教師以同樣多元智能方式思考、行動及學習。辦學也是一個開放過程，激發、協助及維持師生的自我學習和自我實現；也提供機會讓師生間分享學習與教學的喜悦。面對新世紀的挑戰，並追求 CMI，學校本身應是持續學習及發展的機構，整個學校組織需要持續探索、實驗、實踐、反思及發展。這也是所謂組織學習（organizational learning）的歷程（Dixon, 2017; Namada, 2018）。

　　藉教育生態系統的發展，辦學的管理營運引入本地和全球的資源、支持及網絡，使學校獲得最大的發展機會，學生的學習及教師的教學獲得最大幫

表 2.6　學校及辦學

新 CMI －三重化範式 （第三波）	傳統場地為限範式 （第一、二波）
個別化的學校及辦學	**複製的學校及辦學**
* **協助場所**：學校是協助場所，支持學生的學習	* **中心**：學校是教育的中心地方
* **CMI 學校**：學校是 CMI 環境，幫助學生發展 CMI	* **知識及資格來源**：學校傳授學生知識技能，並社化他們，使其融入現存社會規範及獲得資格
* **個別化辦學方式**：學校各有不同強項、潛力及特性；可以不同方式進行及管理學校教育，使學生獲益最大	* **標準辦學方式**：雖然學校各有不同特色，學校以標準方式和規格來組織及管理，確保授予學生標準知識及規範
* **激發好奇心**：辦學重點在引起學生和教師的好奇心及動機，以 CMI 方法思考、行動及學習	* **傳授場所**：學校教育主要任務是傳授學生知識及技能，而教師就是傳授的人員
* **開放過程**：辦學是激發、協助及維持師生自我學習及自我實現的過程	* **獲得資格過程**：辦學是紀律、傳授、訓練、社化的過程，使學生獲得資格
* **分享樂趣**：學校教育是師生間分享學習與教學的樂趣	* **達到標準**：辦學就是使學生與教師努力達到考試的外在標準
* **學習組織**：學校是持續學習及發展的組織，包括機構持續探索、實驗、實現、反思及發展。	* **科層架構**：學校是穩定科層架構，擁有設計好的結構、政策及程序，確保教與學結果的水準
本地化及全球化學校及辦學	**受限的學校及辦學**
* **聯繫多方來源**：藉教育生態系統，提供教與學的來源是多方面的，從校內到校外，從本地到全球	* **隔離的學校**：學校幾乎是隔離的島，辦學、教學及學習均受限於狹窄的方式上
* **社區及家長參與**：家長及社區，包括社會服務、商工各界，積極參與學校教育，支持網絡化及多源的教與學	* **薄弱的社區聯繫**：學校是知識及資格的主要來源，不一定需要強的社區聯繫與家長參與；家長及社區只是教育結果的接受者
* **網絡化辦學**：學校教育的本地及全球網絡化，可提供大幅度的學習經驗，並使教師和學生有最大機會，受惠於各種的環境及文化	* **各自的辦學**：學校各自管理，各為自己的辦學結果負責。學校間鮮有機會彼此支持及學習
* **世界級辦學**：學校協助學生和教師在任何時段，接觸世界級的經驗	* **場地為限辦學**：學生及教師只在學校指定時段和場地，從事指定內容的學習和傳授
* **無限機會**：學校以本地及全球網絡，網上學習、視像會議、跨文化分享及各類互動多媒體資料，提高教師和學生教與學質素	* **有限機會**：學校提供標準環境、課程、教科書及相關資料給教師教學和學生學習
* **本地及國際視野**：學校提供本地及國際課程，讓學生和教師獲得學校以外的本地及全球視野	* **脫節的經驗**：學校生活和活動與急速轉變的本地及全球社區脫節
* **世界級及網絡化的學校**	* **受限制及分隔的學校**

助（第五章）。教與學的來源是多方面的，學校正規課程以外，有自學課程及教材套、網上學習、校外專家、社區經驗課程等，這些都可來自校內或校外、本地或全球。家長及社區，包括社會服務界、工商界，均活躍參與教育；學校與他們合作，形成有效的網絡，有利教育發展，開拓多元化學習途徑（Castro, et al., 2015; Fiore, 2016; Muller & Kerbow, 2018）。辦學的本地及全球網絡，可使學生及教師有更廣闊的經驗，並獲得最大機會，受惠於不同的環境與文化。學生和教師從地球不同角落獲得世界級的經驗，因而提高教育的質素。所以，學校在新世紀範式理念裏，是世界級及網絡化的學校（world class and networked school）。

課程及教學法

辦學、教學及學習的第三波改革，邁向新的 CMI－三重化範式，從而課程和教學法的概念、質素及內容，與傳統範式的也應截然不同（表 2.7）。

新課程特性：新課程目標是發展學生成為三重化終身自學，而具有 CMI 的市民，不單是滿足傳統社經發展的人力需求。傳統範式的課程設計，集中學科知識的內容及內容的傳授；課程結構主要基於學科知識結構及切合同年歲、同一標準內容及同樣編排的原則。所以，課程結構是直線、按部就班及以學科為本的，課程的個別化、本地化及全球化問題並非考慮之列。相反，新範式課程設計焦點在發展學生 CMI 及 21 世紀能力，達成他們本身學習與發展的三重化。所以，課程設計以 CMI 發展特性及使學生獲得最大的個別化、本地化及全球化學習機會為根據。由於受惠於資訊科技、全球網絡、對本地及全球的認知、實地經驗及虛擬真實的經歷，課程結構是混合式（hybrid）、綜合式（integrative）及交互式（interactive）的。

課程內容集合世界級的材料及設計，在不同的發展範疇，與世界發展有最大的適切性，所以是全球化的，也是世界級的。同時課程內容也與科技、經濟、社會、政治、文化及學習等各方面的全球化有關。至於是否學科為本（subject-based），反而不是那麼重要。課程也包括本地的資料、教材及關注的內容，確保有本地適切性及社區認受性（legitimacy），使學生有最大機會進行本地化的學習。增加本地適切性的做法，可包括實施學校為

本（school-based）課程及社區為本（community-based）課程（Eggleston, 2018; Lewallen, et al., 2015; Sabar, 1991）。課程設計是個別化的，學習目標、內容、方法及進度，以靈活性、可用性及可個別化為原則，以配合學生不同發展的需要，助長他們的自我學習及自我實現，盡量發揮潛能，成為 CMI－三重化學生（Ander, Guryan, & Ludwig, 2016; Lockspeiser & Kaul, 2016; Özyurt & Özyurt, 2015）。

新教學法特性：傳統教學法強調授予學生學科知識及技能，於是教學法主要為確保學習是有紀律的接受及社化過程，而學習過程中必須有嚴密監管。傳統學習提供的機會很有限，因為學習時段是固定的、場地是限制的，資訊科技卻是欠缺的。而且教學法與學生情境多元智能發展，並無清楚的聯繫，往往受制於學科知識的傳遞及考試的外在準則。相反，新 CMI－三重化教學法則具備與傳統教學法不同的特徵：

<u>協助學生終身自學</u>：新教學法確保學生學習是自我實現、探索、經驗、

表 2.7　**課程特性**

新 CMI－三重化範式 （第三波）	傳統場地限範式 （第一、二波）
新課程目標 * 發展學生成為 CMI 市民，富有創意，幫助形成 CMI 社會及 CMI 地球村	**傳統課程目標** * 以知識技能裝備學生，使其能在本地社會謀生，並滿足經濟及社會發展的人力需求
新課程特徵 * **CMI 為主課程**：課程設計以發展學生 CMI 為主 * **三重化課程結構**：以 CMI 發展的特徵及三重化學習為基礎；課程多為混合性、整合性及互動性，有資訊科技支持、網絡、本地及全球識見，還有實地經驗及虛擬真實的經歷 * **世界級及全球化課程**：集合教與學所用的世界級材料及設計，並在不同發展範疇取得最大的全球適切性及識見。內容有關科技、經濟、政治、文化及學習的全球化 * **本地化課程**：內容包括本地的資料教材及關注，確保有本地適切性；校本 / 社區為本課程是典型的實踐 * **個別化課程**：有靈活性、可剪裁及可個別化以切合個人發展所需，幫助學生發展潛能	**傳統課程特徵** * **學科為主課程**：課程設計以傳授學科知識為主 * **標準學科課程結構**：基於學科知識結構，需同一標準內容及同年歲同組；課程結構往往是直線、按部就班及以年歲為本的 * **學科為限的課程**：學科知識為主要課程內容，所有學生同一標準，並需對社會或社區某方面有用

享受及反思的過程。教師的激發及學生的本身動機與自我回報，對自學過程至為重要。

多源學習和教學：如前所述，學習和教學可以有多元化的來源。透過不同形式的夥伴合作，使其他學校、本地及海外組織和機構，以及社會服務界和工商界，都積極投入各類學生教育課程。

網絡化的學習和教學：學生學習是透過互聯網、電子傳媒、訪問計劃、本地及國際交換計劃和視像會議等廣泛進行。網絡化學習（networked learning）可提供涵蓋面廣的學習經驗，並使學生受惠於不同環境及文化的機會增至最大。全球化學習（globalized learning）有助學生從地球不同地方及各式各樣的環境獲得世界級經驗。所以，學生透過本地及全球網絡和接觸，有最大機會提高他們學習的質素。新範式又認為學校是世界級及網絡化的學習型組織（learning organization），正如上面所言，教師網絡化的教學（networked teaching）對學生學習的三重化和網絡化至為重要。

教學生態系統 / IT 環境：為實現學校教育的三重化，需建立一個全球性資訊科技（IT）教學環境，甚至高效的教學生態系統（learning and teaching ecosystem）（Fournier, Kop, & Molyneaux, 2019; García-Peñalvo, et al., 2017）給學生及教師。這環境須包括一些典型而重要的部分，例如以互聯網為基礎的全球性網絡、網上學習、互動性自學設施、多媒體設備及學習材料、教與學的專業支援組，以及本地及國際的視像會議設施等。這樣的環境為將師生提供無界限的學習和發展機會。

教學法基於五角理論：教學法也要以 CMI 發展的五角理論為根據（詳見第三章，圖 3.5），鼓勵學生學習時不同 CMI 的互動及轉移（例如從科技思維轉為經濟思維或社會思維）；而發展學生的學習智能（learning intelligence）就是教學的核心部分。應該幫助學生學習如何在三重化的情境下增進學習、思考及創造。教師本身須作為 CMI 的榜樣，幫助及激發學生在這些方面的自學。學校須成為 CMI 的教學環境，使學生浸淫其中，激發自我實現及發展 CMI。團隊 / 小組學習、開放式學習計劃、問題為本學習（problem-based learning）、個案研究，還有綜合式（integrative）及主題式（thematic）學習等，都是新教學法一些典型例子。

結論

　　我們在此以一個全新的 CMI－三重化範式，再思及重構我們的學校教育。

　　如果我們相信，世界將邁向多元全球化，並漸成為無界限互動的地球村，而新一代將會面對迅速改變及互動的大時代，需要成為具有情境多元智能的人。可見，社會的發展會是多元的，朝向成為一個 CMI 社會。學習、課程及教學法目的在幫助學生成為具 CMI 的市民，以創意建立在科技、經濟、社會、政治、文化及學習等方面，均有多元發展的 CMI 社會及 CMI 地球村。

　　我們期望新世紀的學校、教師及學生會經歷三重化，在辦學、教學及學習方面，會借助資訊科技及無界限的多元網絡，做到全球化、本地化及個別化。教育將有無限的機會和多元的全球及本地的來源，讓學生及教師終身不斷學習發展。新課程及教學法應該幫助三重化的學習，並使課程有互動、自我實現、探索、享受及自我回報的元素和歷程，並提供世界級的學習給學生。學生可在任何時段接觸世界各地的世界級教師、專家、同輩及學習材料進行學習，並接觸和認識本地、區域及全球，成為具有 CMI 的公民。我們相信，教師作為主要的教育工作者，在教育三重化整個過程中扮演十分重要的角色。他們會學習三重化自己，做一個 CMI－三重化的教師，幫助學校成為 CMI－三重化學校，並幫助學生成為 CMI－三重化的學生。同時，教師也協助把學校課程及教學法轉變為三重化及世界級的，以配合新世紀的需要。

　　最後，希望各位教育工作者在學習、教學及辦學的努力，得以夢想成真，實現 CMI－三重化的教育：

* 所有學生成為 CMI－三重化學生，可以完全享受終身自學及自我實現，並成為具 CMI 的市民。
* 所有教師成為 CMI－三重化教師，與學生分享三重化教學及學習的喜悅，並追求終身學習及專業發展。
* 所有學校成為 CMI－三重化學校，所有教育工作者及教師全心為學習、教學及辦學的三重化作出貢獻，並為本地以至世界各地學生的終身學習及發展，創造無限的機會。

註：本章部分資料重整更新自作者的 Cheng（2000）及鄭燕祥（2003）。

參考文獻

*

鄭燕祥（2003）。《教育領導與改革：新範式》。台北：高等教育出版社。

Albrow, M. (1990). Introducton. In M. Albrow & E. King (eds.), *Globalization, knowledge and society* (pp. 3-13). Sage.

Alderfer, C. P. (1972). *Existence, relatedness, and growth: Human needs in organizational settings*. Free Press.

Ander, R., Guryan, J., & Ludwig, J. (2016). Improving academic outcomes for disadvantaged students: Scaling up individualized tutorials. *Report prepared for the Brookings Institute*. Brookings Institute.

Beare, H. & Slaughter, R. (1993). *Education for the twenty-first century*. Routledge.

Blackledge, D. & Hunt, B. (1985). *Sociological interpretations of education*. Croom Helm.

Bravenboer, D., & Lester, S. (2016). Towards an integrated approach to the recognition of professional competence and academic learning. *Education + Training*, 58(4), 409-421.

Brown, T. (1999). Challenging globalization as discourse and phenomenon. *International Journal of Lifelong Education,* 18(1), 3-17.

Castro, M., Expósito-Casas, E., López-Martín, E., Lizasoain, L., Navarro-Asencio, E., & Gaviria, J. L. (2015). Parental involvement on student academic achievement: A meta-analysis. *Educational research review*, 14, 33-46.

Cheng, Y. C. (2019). Teacher education reform in the asia-pacific region. In *Oxford Research Encyclopedia of Education*. Oxford University Press. Retrieved from: http://dx.doi.org/10.1093/acrefore/9780190264093.013.256

Cheng, Y. C. (2000). A CMI-Triplization paradigm for reforming education in the new millennium. *International Journal of Educational Management*. 14(4), 156-174;

Cheng, Y. C. (2018). What impact systemic education reforms have made on key aspects of the education systems? In J. Zajda (ed.), *Globalization and education reforms: Paradigms and ideologies*. (Chapter 12, pp. 205-229). Springer.

Cheng, Y. C. (2020). Education reform phenomenon: A typology of multiple dilemmas. In G. R. Fan & T. Popkewitz (eds.), *The handbook of education policy studies: Values, governance, globalization, and methodology*, Vol. 1, Ch. 5. (Open access). Dordrecht, The Netherlands: Springer. https://www.springer.com/gp/book/9789811383465

Cheng, Y. C. (in press). Education reform phenomenon: A typology of multiple dilemmas. In G. R. Fan & T. Popkewitz (eds.), *The International Handbook of Education Policy Studies: The Education Policy and Reform in the Changing Society*. Springer.

Chou, C. P. (2016). A Chinese model of citizenship education in Taiwan: Under the influence of globalization, localization and cross-straitization. In Chou, C. P. & Spangler, J. (eds.), *Chinese Education Models in a Global Age* (pp. 163-175). Springer.

Daun, H. (1997). National forces, globalization and educational restructuring: some European response patterns. *Compare*, 27(1), 19-41.

Dixon, N. M. (2017). *The organizational learning cycle: How we can learn collectively.* Routledge.

Drucker, P. F. (1993). *Post-capitalist society.* Harper Business.

Education and Manpower Bureau (1998 November). *Information technology for learning in a new era: Five-year strategy 1998/99 to 2002/03.* Hong Kong: Government Printer.

Eggleston, J. (ed.) (2018). *School-based curriculum development in Britain: A collection of case studies.* Routledge.

Fiore, D. (2016). *School-community relations.* Routledge.

Fournier, H., Kop, R., & Molyneaux, H. (2019). New Personal Learning Ecosystems: A Decade of Research in Review. In *Emerging Technologies in Virtual Learning Environments* (pp. 1-19). IGI Global.

Fu, J. (2013). Complexity of ICT in education: A critical literature review and its implications. *International Journal of Education and Development using ICT, 9*(1), 112-125.

García-Peñalvo, F. J., Hernández-García, Á., Conde, M. Á., Fidalgo-Blanco, Á., Sein-Echaluce, M. L., Alier-Forment, M., ... & Iglesias-Pradas, S. (2017). Enhancing education for the knowledge society era with learning ecosystems. In Garcia-Peñalvo, F. J., & García-Holgado, *A. Open Source Solutions for Knowledge Management and Technological Ecosystems* (pp. 1-24). IGI Global.

Gupta, A. (2018). How neoliberal globalization is shaping early childhood education policies in India, China, Singapore, Sri Lanka and the Maldives. *Policy Futures in Education, 16*(1), 11-28.

Hall, T. D. (2018). Comparing globalizations: conclusions, questions, speculations. In T. D. Hall (ed.) *Comparing Globalizations* (pp. 181-184). Springer.

Hanna, N. K. (ed.) (2016). *Mastering Digital Transformation: Towards a Smarter Society, Economy, City and Nation.* Emerald Group Publishing.

Hinchliffe, K. (1987). Education and the labor market. In G. Psacharopoulos (ed.), *Economics of education: Research and studies* (pp. 315-323).Pergamon Press.

Irez, S., & Han, Ç. (2011). Educational reforms as paradigm shifts: Utilizing Kuhnian lenses for a better understanding of the meaning of, and resistance to, educational change. *International Journal of Environmental and Science Education, 6*(3), 251-266.

Jackson, L. (2016). Globalization and education. In *Oxford Research Encyclopedia of Education.* Oxford University Press. Retrieved from: https://oxfordre.com/education/view/10.1093/acrefore/9780190264093.001.0001/acrefore-9780190264093-e-52

Kampylis, P., Law, N., Punie, Y., Bocconi, S., Han, S., Looi, C. K., & Miyake, N. (2013). *ICT-enabled innovation for learning in Europe and Asia. Exploring conditions for sustainability, scalability and impact at system level* (No. JRC83503). Institute for Prospective and Technological Studies, Joint Research Centre. http://ftp.jrc.es/EURdoc/JRC83503.pdf

Kasemsap, K. (2016). Exploring the role of web-based learning in global education. In M. Raisinghani (ed.), *Revolutionizing education through web-based instruction* (pp. 202-224). IGI Global.

Kiprop, J. M., & Verma, N. (2013). Teacher education and globalization: Implications and concerns in the 21st century. *Educational Quest-An International Journal of Education and Applied Social Sciences*, 4(1), 13-18.

Lester, R. A. (2015). *Manpower planning in a free society*. Princeton University Press.

Lewallen, T. C., Hunt, H., Potts-Datema, W., Zaza, S., & Giles, W. (2015). The whole school, whole community, whole child model: A new approach for improving educational attainment and healthy development for students. *Journal of School Health*, 85(11), 729-739.

Li, M., & Grieshaber, S. (2018). Learning Stories as cross-national policy borrowing: The interplay of globalization and localization in preprimary education in Contemporary China. *Educational Philosophy and Theory*, 50(12), 1124-1132.

Lockspeiser, T. M., & Kaul, P. (2016). Using individualized learning plans to facilitate learner-centered teaching. *Journal of pediatric and adolescent gynecology*, 29(3), 214-217.

Longworth, N. (2013). *Lifelong learning in action: Transforming education in the 21st century*. Routledge.

Manz, C. C. (1986). Self-leadership: Toward an expanded self-influence processes in organizations. *Academy of Management Review*, 11, 585-600.

Manz, C. C., & Sims, H. P. (1990). *Super leadership*. Berkley Book.

Maslow, A. H. (1970). *Motivation and personality* (2nd ed.). Harper & Row.

McMahon, W. W. (1987). Consumption and other benefits of education. In G. Psacharopoulos (ed.), *Economics of education: Research and studies* (pp. 129-133). Pergamon Press.

Muller, C., & Kerbow, D. (2018). Parent involvement in the home, school, and community. In B. Schneider & J. S. Coleman (eds.), *Parents, their children, and schools* (pp. 13-42). Routledge.

Mundy, K., Green, A., Lingard, B., & Verger, A. (eds.) (2016). *Handbook of global education policy*. John Wiley & Sons.

Naisbitt, J. (1984). *Megatrends: Ten new directions transforming our lives*. MacDonald.

Naisbitt, J., & Aburdence, P. (1991). *Megatrends 2000*. Avon.

Namada, J. M. (2018). Organizational learning and competitive advantage. In Armando, M., Fermanda, R., George Leal, J. Jose Pocas, R., & Oscar, M. (eds.), *Handbook of Research on Knowledge Management for Contemporary Business Environments* (pp. 86-104). IGI Global.

Noweski, C., Scheer, A., Büttner, N., von Thienen, J., Erdmann, J., & Meinel, C. (2012). Towards a paradigm shift in education practice: Developing twenty-first century skills with design thinking. In *Design Thinking Research* (pp. 71-94). Springer.

Özyurt, Ö., & Özyurt, H. (2015). Learning style based individualized adaptive e-learning environments: Content analysis of the articles published from 2005 to 2014. *Computers in Human Behavior*, 52, 349-358.

Pieterse, J. N. (1995). Globalisation as hybridisation. In M. Featherstone, S. Lash, & R. Robertson (eds.), *Global modernities*. pp. 45-68. Sage.

Popkewitz, T. S., Olsson, U., & Petersson, K. (2017). The learning society, the unfinished cosmopolitan, and governing education, public health and crime prevention at the beginning of the twenty-first century. In Peters, M. A., & Tesar, M. (eds.), *Contesting Governing Ideologies* (Vol. 3) (pp. 68-87). Routledge.

Redecker, C., & Johannessen, Ø. (2013). Changing Assessment—Towards a new assessment paradigm using ICT. *European Journal of Education*, 48(1), 79-96.

Sabar, N. (1991). School-based curriculum development. In A. Lewy (ed.), *The international encyclopedia of curriculum* (pp. 367-371). Pergamon Press.

Sharma, A., & Joshi, A. (2019). Impact of Globalization on Education in India: Towards Global Standards or Cultural Imperialism?. In Chakrabarti, G., & Sen, C. (eds.), *The Globalization Conundrum – Dark Clouds behind the Silver Lining* (pp. 257-265). Springer.

Stables, A. (2017). *Education for Diversity: Making Differences: Making Differences*. Routledge.

Sungwon, Y. (2017). Globalization and language policy in South Korea. In Tsui, A. B., & Tollefson, J. W. (eds.), *Language policy, culture, and identity in Asian contexts* (pp. 37-54). Routledge.

Verger, A., Altinyelken, H. K., & Novelli, M. (eds.) (2018). *Global education policy and international development: New agendas, issues and policies*. Bloomsbury Publishing.

Verger, A., Fontdevila, C., & Zancajo, A. (2016). *The privatization of education: A political economy of global education reform*. Teachers College Press.

Wastiau, P., Blamire, R., Kearney, C., Quittre, V., Van de Gaer, E., & Monseur, C. (2013). The Use of ICT in Education: a survey of schools in Europe. *European Journal of Education*, 48(1), 11-27.

Waters, M. (1995). *Globalization*. Routledge.

Webb, M., & Reynolds, N. (2013). Current and future research issues for ICT in education. *Journal of Computer Assisted Learning*, 29(1), 106-108.

Zajda, J. (2018) (ed.). *Globalization and education reforms: Paradigms and ideologies*. Springer.

Zajda, J. (ed.) (2015). *Second international handbook on globalisation, education and policy research*. Springer.

第三章
情境多元思維

在全球化急變的新時代，現行各地的教育改革，多強調多元思維（multiple thinking）及創造力（creativity）的重要性，視為年輕人終身發展的關鍵能力。多元思維，一般指在充滿不確性及模糊性的情境下，以多元或不同觀點去擴闊思考及解難的能力。創造力指在學習或行動時，能跳出傳統或現有的框架或觀點來思考或做事，從而創出新價值（new values）的能力。多元思維及創造力，都是年輕人在 21 世紀生存及發展的競爭力利器（competitive edges）（Beetham & Sharpe, 2013; Finegold & Notabartolo, 2010; Longworth, 2013; Newton & Newton, 2014; Noweski et al., 2012）。

目前，國際的教改已有不少新措施，推動多元思維的教育。但可惜的是，人們在多元複雜發展的環境下，對如何在學習過程中提升多元思維，感覺混亂，不知所措。故此，需要找出一個理論或架構，來幫助理解在學習和行動的多元思維（Cheng, 2004, 2013; Sternberg, 1999）。如第一章指出，教育正經歷範式轉變，邁向第三波的 CMI－三重化範式。第二章已詳述三重化的特質和應用，本章則集中論述有關情境多元智能（Contextualized Multiple Intelligence, CMI）的情境多元思維（Contextualized Multiple Thinking, CMT），而第四章將討論與 CMT 有密切關係的創造力。

為何多元思維需要情境化（contextualized），特別要與本地或全球的多元發展緊密相關呢？ CMT 如何貢獻 CMI 及創造力的發展呢？ CMT 如何貢獻第三波的學習呢？本章將提出一個理論來理解 CMT 在學習及行動的本質，從而分析這些課題。希望這理論可提供新的理念、新的方向，從而有助開拓 CMT 發展及第三波學習的可能性及途徑，實現向 CMI－三重化範式的轉變。

多元人性及思維

人類發展的情境是多元、複雜的，包括科技、經濟、社會、政治、文化和學習等方面的發展（Cheng, 2000）。在這樣多元的情境下，人性的分類可相應情境化，分為科技人（technological person）、經濟人（economic person）、社會人（social person）、政治人（political person）、文化人（cultural person）和學習人（learning person），代表着 21 世紀人性的多元本質（Cheng, 2000）。不同型格的人，他們與情境互動的特性及在學習和行動中的思維理性基礎（rationality of thinking），可以是完全不同的。

思維是影響學生學習的目標、本質、過程及效果的主要元素。在學習或行動中涉及的思想，也可以有相應的情境化及多元化。學習過程中，CMT 的類型（typology）可以分為六種：科技思維（technological thinking）、經濟思維（economic thinking）、社會思維（social thinking）、政治思維（political thinking）、文化思維（cultural thinking）和學習思維（learning thinking）（Ang & Van Dyne, 2015; DeLue & Dale, 2016; Greifeneder, Bless, & Fiedler, 2017; Grossman, et al., 2015; Nigmatov & Nugumanova, 2015; Osafo, 2018; Peña, et al. 2015; Schug, Clark, & Harrison, 2016; Stuckart & Rogers, 2017）。不同 CMT 方式的人，會不同的思考取向。例如有些學生傾向是科技及經濟型的思想者，主要用科技及經濟的概念來思考；而另外一些學生傾向是社會或文化型思想者，用另類概念來思考。也可以一些學生是多元思想者，學習時會用多元觀點來全面思考所面對的問題。

在本章，學習有較廣闊的涵義，包含行動的部分，例如行動學習（action learning）、解難學習（problem-based learning）、體驗學習（experiental learning）、項目為本學習（project-based learning）、服務學習（service learning）、自我調校學習（self-regulated learning）、綜合學習（integrated learning）、群組學習（group learning）等（Joyce, Weil & Calhoun, 2003; Mok & Cheng, 2001; Webb & Reynolds, 2013）。所以，以後有關學習與思維的討論，將包括行動或行動學習（action learning）。

在 CMT 的類型中，每一類 CMT 都有自己的特性，為了更好的分析它們的特性，我們從思維的理性基礎（rationality）、意識形態（ideology）、行動

信念、成果信念、思維過程的特性、資訊的使用、知識的使用、情境智能及情境突顯性（salience of context）等角度出發，闡釋不同思維的類型，如表 3.1 所示。以下的討論，主要基於作者的 Cheng（2004; 2005a, b; 2013）。

表 3.1　CMT 的類型

特性	CMT 的類型					
	科技思維	經濟思維	社會思維	政治思維	文化思維	學習思維
理性基礎	科技理性	經濟理性	社會理性	政治理性	文化理性	適應理性
意識形態	方法效能 目標成果 科技建構 科技優化	效率 成本—收益 資源和財政管理 經濟最優化	社會關係 人性需要 社會滿意度	利益、權力和衝突 分享、商議和民主	共有價值、信仰、道德和傳統 協調、一致、共享意義	適應變化 持續提高和發展
主要關注點	可以利用何種方法和科技？ 如何更有效地達到目標？為甚麼？ 可以利用甚麼科技革新來重新設計行動過程？	需要甚麼資源和成本？能帶來甚麼收益？ 如何以最小的成本取得預期目標？為甚麼？ 如何發揮最大的邊際效益？	參與的相關者是誰？ 他們如何影響行動的目標、過程和結果？ 如何滿足他們的需求，使協同作用的增效最大？	涉及哪些不同的人士、利益和權力？ 如何使衝突和鬥爭最小化，或者通過協商、民主和其他對其進行管理？ 如何建立「雙贏」策略、聯盟和合作關係？	共有的價值、信仰和道德是怎樣的？ 它們如何影響行動的目標和特性？ 共同價值、信仰、道德如何在行動中發揮最大作用？	可用何種學習方式、思維模式和知識？ 思維模式與實踐現實，存在何種差距？ 如何使行動的目標和特性更適應變化？ 如何獲得新的思維模式和理解？
行動信念	運用科學知識和技術解決問題、取得成果	獲得並利用資源實施計劃、取得成果	建立社會網路和支援系統來激勵成員實施計劃	通過當事人之間的協商和鬥爭來處理、解決衝突	澄清模糊和不確定性，實現包括主要價值和信仰在內的願景	探索新的思維和方法來達到目標
成果信念	成果是利用好科技和方法之後的一種可預見的結果	成果是有計劃利用資源的結果	成果是社交活動的產物 社會滿意度也是成果	成果是不同利益團體協商、妥協和相互影響的結果	成果是內涵建構和文化實現的產物	成果就是新知識和新方法的發現和掌握、智力的提升

（續上表）

特性	CMT 的類型					
	科技思維	經濟思維	社會思維	政治思維	文化思維	學習思維
思維過程	科學推理、科技應變和方法考慮	成本和收益的經濟考慮	社會環境及其因果關係的研究	不同利益群體之間的微觀政治考慮考慮政治成本和成果之間的關係	尋找、澄清並建立價值、信仰、道德規範和道德觀之間的聯繫	總結、積累並駕馭行動和成果之間產生的新知識
所用的資訊	客觀資訊	關於行動和成果的經濟資訊	社會、情感和知覺的資訊	多方利益群體和支持者的資訊	關於道德規範、價值、信仰、社會規範和傳統的資訊	關於情境變化、思維模式、學習方式和行動反饋的資訊
所用的知識	科學和方法方面的知識	經濟和科學方面的知識	人類和社會學方面的知識	談判和衝突處理方面的知識	文化和價值方面的知識	學習和行動方面的知識
情境智能	科技智能	經濟智能	社會智能	政治智能	文化智能	學習智能
情境特顯性	行動目標非常清晰，需要立即完成	行動資源匱乏或特別強調經濟價值	行動成功與否主要依靠人際和社會因素	行動涉及多個利益群體，且資源貧乏，不足以支援目標實現	環境變幻莫測，行動的目標和特性不清楚	環境急變，適應變化非常重要

科技思維

創新科技產生巨大影響，改變全球人類生活的每個方面。人們大多相信，在全球化及新科技的時代，可使用科技開拓大量機會，增強學生的能力，去實現自己的夢想，達成未來的發展。故此，在教改要發展學生的科技思維或科技認知（technological literacy），已成為必需的部分（Fu, 2013; Kampylis et al., 2013; Nigmatov & Nugumanova, 2015; Stuckart & Rogers, 2017; Wastiau et al., 2013; Webb & Reynolds, 2013）。

科技思維的重要基礎是科技理性（technological rationality），強調通過客觀、科學的方法和組織，達到預期的目標和目的。在思考時，科技建構（technological engineering）、方法效能（methodological effectiveness）、技術優化（technical optimization）是貫穿整個行動或學習過程的關鍵觀念和

價值。在相當程度下，F. Taylor 的科學管理理論（Taylor, 1947; Villers, 1960）和 M. Weber 的科層理論（Weber, 1947）等古典管理理論，都是以科技理性或結構理性（structural rationality）為基礎的（Cheng, 2004, 2005b）。

在這種科技理性的取向下，學習者在行動或學習過程中，通常關心的重要問題是：

* 可以利用何種方法、程式、科技和組織，來達到預期的目標和目的？
* 改變結構、方法或科技，能否更有效地達成目標及任務？
* 可以利用甚麼科技革新來重新設計行動，提高做事的效能或效率？

根據科技思維，行動的基本目標是利用科學知識和技術解決存在的問題，達成預期目標。因此，通過正確利用科技和方法，就可以取得預期成果。如果成果有所偏差，就意味着行動的組織、程式和技術出現了誤差。

思維過程的作用，是尋找適當的科技和方法，去解決可能存在的困難、障礙和問題，完成相應的工作。通常需要研究科技的使用可能性，從中加以選擇，並從科技最優化的角度比較各種方法的長處和弱點。思維的特性主要是科學推理（scientific reasoning）、科技應變（technological imagination）和方法考慮（methodological consideration），客觀資訊和科學知識是非常重要而必要的。為了在行動或學習中成功運用科技思維，學習者應已有一些基本的科技知識和技巧。通過行動學習和科技思維的體驗，學習者可以積累和提高相關的科技智能（technological intelligence）（Channell, 2015; Cheng, 2005a; Reeve, 2015）。

行動特性和學習情境不同，科技思維的合適性也可能不同，不一定所有情境都是合適的（Klein & Bhagat, 2016; Reinsfield & Williams, 2017）。當行動目標和目的非常明確，得到了其他支持人士的普遍認可，並需要盡快完成時，科技思維就比其他類型的思維更合適、作用更突出。此時，主要關注點是如何運用適當的技術和方法，開展行動達成預定目標。但是，如果行動的目標比較模糊、不確定、有一定的爭議，且行動時間不緊急，那麼方法考慮和技術效能，就不是思維最主要的關注點。

經濟思維

在全球化時代，經濟成長及相關措施，往往被認為是國際競爭、個人和國家發展的驅動力（Burton-Jones, 1999; Ohame, 2000; Van den Berg, 2016）。因此，在個人和組織的所有行動和學習中，都非常強調經濟思維的重要性和必要性（Cavalcanti, 2002; Peña, et al. 2015; Schug, Clark, & Harrison, 2016）。在當前邁向第三波的教改中，如何提升學生的經濟思維，這個課題受到重視（Henning, 2016）。

經濟思維的功能是基於經濟理性（economic rationality），關注如何通過有效利用各種資源，來實現利益最大化、達到預期目標。效率（efficiency）、成本—收益（cost-benefit）、成本效益（cost-effectiveness）、資源和財政管理、經濟最優化（economic optimization）是經濟思維的關鍵價值（core values）和意識形態（ideology）（Levin, 1994a, b）。教育經濟和財政領域中，很多研究都利用經濟思維分析行動和現實中的問題（Owen, 1998; Solmon & Fagnano, 1994; Weber, 1998; Woodhall, 1992; Wyckoff, 2000）。經濟推理過程中，學習者關注的典型問題，如下所示：

* 行動實施需要甚麼資源和成本？透過這個過程可以得到甚麼利益？行動的成果是甚麼？
* 如何用最少的成本和資源達到預期目標？如何做？
* 通過甚麼革新，可以使邊際利益（marginal benefits）最大化？

行動的角色，是考慮從內外部取得各種資源，利用這些資源來組織和實施行動計劃，取得預定的成果和其他顯性、隱性的利益。成果和利益是恰當利用各種資源的結果。

從經濟視角出發，思維的作用是如何利用最少的資源和努力，來取得預定的成果和利益，或者如何利用既定的資源來取得最佳的結果。在過程中，計算潛在的增值（value added）和隱性成本，都是必要的（Cheng, 2004）。

在行動或學習中，經濟思維的作用主要是對成本、收益進行經濟計算，並配置資源。思維中需要有關投入、過程和產出的經濟資料資訊，以及有關

經濟、財政和資源管理方面的知識。當然，學生應具備一些基本經濟知識和技巧。同時，也要通過持續的經濟思維體驗，來積累和提高自己的經濟智能（economic intelligence）（Cheng, 2013）。

當資源比較貧乏且受限制，或要特別強調經濟價值和利益時，經濟思維的作用就非常突出而有力。由於資源有限，如何獲得、經營和運用資源來取得預期的目標，取得經濟利益，就不可避免地成為關注焦點，因此，經濟思維就成為非常重要而必要的一種思維方法了。

社會思維

個人的行動或學習都是在社會情境（social context）下發生的，因此，人的因素如人性需要和發展、社會關係、社會期望都對行動及學習的特性、目標和成果產生影響，促進其變化（Carter, 2017; Greifeneder, Bless & Fiedler, 2017）。關注社會關係和個人需求對個人行為和績效產生的影響，一直是重要的組織管理的研究傳統（Maslow, 1970; McGregory, 1960）。在教育領域，個人發展和社會關係也通常被認為是核心價值和目標（Crooke, 2016; Crooke, Winner & Olswang, 2016; Grossman et al., 2015）。

社會思維反映了人和社會因素在行動及學習中的價值和作用。社會理性（social rationality）是這種思維的基礎，強調社會關係和個人動機對順利完成行動取得目標的重要性和必要性。因此，社群互動、社會關係、社會滿意度、人性動機都是社會思維的主要價值和意識形態（Maslow, 1970; McGregor, 1960）。思維過程中，關注的問題有下列例子：

* 人際關係的主要持份者是誰？有甚麼社會聯繫？
* 社交關係如何影響行動或學習的目標、過程和成果？
* 如何滿足人性需要？如何最大發揮相關者的協同作用？

根據社會思維，行動的主要任務是建立社會網路，並利用這個網路支援行動的實施和目標的實現。在行動或學習中，有效利用社會網路和動員有關人士是成功的關鍵。增進社會滿意度、促進個人發展、改善同事之間的工作

關係也是行動學習的重要產物。

　　社會思維的特性主要是探索人際社會狀況及相互關係；個人發展和社會關係中的感知資訊（perpetual information）和知識是非常重要的，作為學習者應該有一些基本的社會知識和技巧，才可透過不斷學習，提升自己的社會智能（social intelligence）。近年，個人或組織領導者的情緒智能（emotional intelligence, EI，或稱為情緒商數〔emotional quotient, EQ〕）受到重視，以成功應對充滿挑戰的社會（Cherniss & Goleman, 2001; Goleman, 1995, 1998）。這也說明發展社會智能和社會思維的重要。

　　社會思維的應用是否合適，依賴於情境和行動的特性。當行動成敗與人際關係、社會動機及相關者期望密切相關，社會思維的作用將比其他幾項更為突出、有力。當然，如果一項行動的特性和成敗，不依賴於社會因素和人的動機，社會思維的作用將不那麼明顯。

政治思維

　　不同持份者和團體之間，期望與需求的差異日益增加。加上資源競爭及權力爭奪，政治因素及相關的矛盾對個人、組織、社區和國際社會的影響不斷加劇。要應付不同的政治衝突，人們日益關注政治思維在行動和學習中的發展和運用（DeLue & Dale, 2016; Pérez, 2016; Pfeffer, 1992）。

　　政治思維的基礎是政治理性（political rationality），關注在行動與學習過程中，相關者及團體的多元利益和需要的影響。通過政治手段如建立聯盟、協商、妥協、參與和民主過程，來解決及處理衝突和爭鬥，往往是行動取得成功的必要途徑。主要的意識形態是決策過程中的利益競爭、權力爭奪、成員或團體衝突、協商和妥協、決策參與及民主（Cheng, 2005b; DeLue & Dale, 2016; Freeden, 2015; Kotter, 1985; Pfeffer, 1992）。政治思維關注的問題，例子如下：

* 　過程中存在哪些不同的相關者？他們之間有甚麼不同的利益和權力？
* 　如何通過建立聯盟、參與、協商、民主或其他策略使衝突和爭鬥最小化？

* 如何利用「雙贏」策略、聯盟和夥伴關係來消除政治障礙、推進行動、使目標成就最大化？

複雜情境下的行動涉及各種不同相關人士，因此，不同群組或團體間不可避免的需要協商、解決爭鬥和處理衝突。廣義來說，行動是談判、妥協和相互影響的結果。行動的設計包括努力尋找不同政治力量之間的平衡，以妥協去尋找達至「雙贏」的可能性，並在支持者之間建立聯盟。

整體而言，政治思維的作用是全面考慮有關人士和團體之間的微觀政治（micro-politics）的影響，計算政治成本，權衡不同政治策略的後果。有關不同人員間衝突的資訊，以及協商和衝突管理的知識是非常必要的。學習者還應具備一些基本的政治知識及技巧，通過持續的行動學習和運用政治思維的經驗，行動者可進一步發展其本身的政治智能（political intelligence）。

在實踐上，政治思維在一定程度上受到情境的制約。如果過程中涉及代表不同利益、彼此競爭的人員，且在現有資源不足以滿足各種期望的現實之下，那麼政治思維的作用非常明顯。換句話說，如果各種人員非常團結，已有資源足以滿足各種需要、開展行動，那麼政治思維的作用將不會十分突出。一般來說，教育事業較為安穩而少競爭，政治思維在教育領域的作用，通常沒有在商業界那麼明顯。

文化思維

來自內外環境的挑戰，往往是模糊、不確定、快速變化的，衝擊個體或組織的行為及表現。面對挑戰，人們應如何對自己的價值和信仰，保持一致信心？這是重要的文化思維問題，深層地影響學生的行動和學習，成為教改要關注的課題（Ang & Van Dyne, 2015; Ang, Rockstuhl, & Tan, 2015; Chao, Takeuchi, & Farh, 2017; Osafo, 2017; Schein, 1999）。

文化思維的基礎是文化理性（cultural rationality），假設行動的特性、目標和效能主要由行動者或學習者的價值、信仰、道德和傳統決定（Cheng, 2000; Schein, 1999）。涉及的意識形態，包括價值、信仰和道德的分享、不同成員的整合團結，以及行動中的道德。文化思維在行動學習中所關注的問

題包括以下幾點：

* 學習者或行動者認同的價值、信仰和道德是甚麼？
* 它們如何影響行動和學習的目標、特性和結果？
* 如何透過協調、一致及共享意義，將價值、信仰和道德的作用發揮至最大？

　　行動的目標是澄清情境中的模糊性和不確定性，使學習者和相關人士形成共享的意義和願景（包括價值和信仰）。從文化意義上來說，行動的結果是學習者和相關人士在模糊情境中，形成一種內涵建構（meaning making）或文化實現（cultural actualization）的象徵產物（symbolic product）（Bolman & Deal, 1997）。

　　文化思維的作用，是尋找隱藏在不同行動後面的文化意義，並研究、澄清和發現行動中的共同價值、信仰、道德的內涵。思維過程中使用的資訊和知識，主要是共同認可的文化要素。學習者應該已經擁有一些基本的文化概念和知識，這樣才能在行動和學習中成功運用文化思維。通過持續運用文化思維的經驗，學習者可以進一步積累和提高自己的文化智能（cultural intelligence）。

　　當環境充滿不確定性、行動目標模糊時，文化思維的作用將十分明顯，因為這可以幫助學習者澄清行動所要追求的遠景、價值和信仰。但如果環境明確、行動方向清楚，那就不需要進一步澄清行動的內涵意義，那麼文化思維的作用將不是那麼急迫和重要。

學習思維

　　回應快速變化的環境帶來的巨大挑戰，人們的學習和適應變得非常重要。在世界各地的教改中，終身學習（lifelong learning）及學習型社會（learning society）的追求，已經變為核心的變革課題，強調「學會如何學」（learning how to learn）或「學習能力」（learning ability）。這樣的發展，說明學習智能（learning intelligence）及學習思維（learning thinking）為何愈來愈受重視（Beetham & Sharpe, 2013; Finegold & Notabartolo, 2010;

Longworth, 2013; Marsick, Bitterman & van der Veen, 2000; Newton & Newton, 2014; Noweski et al., 2012）。

學習思維或稱適應思維（adaptive thinking）的功能，是基於適應理性（adaptive rationality），即強調持續學習、成功適應環境的變化，是在 21 世紀長期發展及生存的關鍵。沿着學習理性的思路，持續發展和改進學生的操作及認知能力（operational and cognitive ability），到達更高的水平，是學習思維的重要價值或意識形態（Beetham & Sharpe, 2013; Finegold & Notabartolo, 2010; Jarvis, 2001）。學習思維關注的主要問題，有以下例子：

* 有何種學習方式、思維模式和知識，可以有效應用？
* 已有的思維及學習模式和目前的實際現實（practical realities）之間，存在着甚麼差距？
* 如何調整行動的目標和特性，以適應現實情境的改變？
* 在行動中，如何獲得新的思維模式和新的理解？

這思維強調學習的價值，而行動的基本目標是發現新思維、新知識和新方法，以取得最佳的成果。因此，行動的成果代表發現新的知識和新的方法，以改進行動實踐，並提高學生理解能力及處理環境變化的智能。

行動設計，包括反思以前的行動經驗，如學習模式的長處和弱點、學習和實踐、情境的特徵；探尋新的行動模式，以便於在下一個循環中，更有效地學習，獲得更深刻的理解。

在行動中，學習思維的特性是總結、積累及管理在行動、學習和結果中產生的新知識（Davenport & Prusak, 2000）。思維中運用的資訊和知識，主要是有關情境變化、思維模式、學習方式和行動反饋。為了獲得成功的學習思維，學生應該擁有一定的基本學習知識和技巧，來實踐行動和學習。從持續的學習循環獲得的思維體驗，將有助學生不斷發展學習智能（Cheng, 2013）。

若環境急變，而適應變化的能力成為學生和機構未來存亡的關鍵因素，那麼學習思維就變得非常突出和重要。因此，在教改中，終身學習、知識管理（knowledge management）等學習思維的理念或相關措施，受到愈來愈多人的重視，就毫不奇怪了。

情境多元智能

智能和思維是主宰人類行動和學習中的關鍵因素（Anderson, 1999; Baron, 2000; Kirby & Goodpaster, 2002; Sternberg, 1999）。情境多元思維為重新理解多元智能（multiple intelligence）提供了一個新的架構。由以上討論可知，思維是學習者或行動者的一個內在認知發展過程，智能是學習者的內部或內化了的思維能力（thinking ability）。在行動或學習中的思維體驗，可以內化成學習者的技術（techniques）、概念（concepts）、知識（knowledge）、心智模式（mindset）、思維程式（schemes，Piaget, 1962）、思維綱要（schemata，Schmidt, 1975）、想像（images，Denis, 1991）、技能系列（repertoires，Schön, 1987）或應用的理論（theories-in-use，Argyris & Schön, 1974）。

與 CMT 的類型對應，情境化了的多元智能（CMI）可以劃分成以下幾類：科技智能、經濟智能、社會智能、政治智能、文化智能和學習智能。

受不同原因的影響，如教育情境、個人先天特性、家庭背景、社區文化等，不同人的 CMI 強項不同。一些人的科技智能或經濟智能比較強，其他人則可能在社會智能或文化智能更好。由於社會和全球的情境是如此複雜、多變、多樣、不確定和充滿挑戰，我們有理由期待新一代至少具備 CMI 中的幾項，能在新紀元這個複雜情境下用多元思維進行學習或行動（Cheng, 2013）。

思維層次

當前，專業實踐強調組織學習（organizational learning）和知識管理（knowledge management），其中主要概念如資料（data）、資訊（information）、知識（knowledge）及智能（intelligence），對個體或組織取得長期效能、持續發展非常重要（Davenport & Prusak, 2000; Dierkes, 2001; Sydanmaanlakka, 2002）。如何處理資料、資訊和知識，以提升學習或行動中 CMI 和 CMT？如何提升思維和學習層次，成為「深度思維」（deep thinking）或「深度學習」（deep learning）？這都是將 CMI 理論架構運用到行動、學習甚至第三波教改中，所需考慮的突出問題（見第一章）。

參考知識管理的想法，可以將複雜多元情境下的學習層次表示如圖3.1，包含多元資料、多元資訊、多元知識及多元智能四層。在行動或學習過程中，思維可在不同層級流動：（a）由行動至資料；（b）由資料至資訊；（c）由資訊至知識；（d）由知識至智能。

　　整體而言，第（a）和第（b）層級通常是表面思維（superficial thinking），或稱為第一級思維（1st order thinking），該級的思維僅涉及可觀察的資料和資訊；第（c）和第（d）層級是深層思維（deep thinking）或第二級思維（2nd order thinking）。只有深層次的思維可以引起心智系統的變化（與知識和智能有關的認知變化），表面思維僅根據資料和資訊反饋引起行為上的變化。與思維層級一致，學習亦可分為表面學習（superficial learning）及深層學習（deep learning）；前者只會影響學生的外表行為改變，後者則可改變學生內在的認知結構或價值信念。

圖 3.1　思維層次

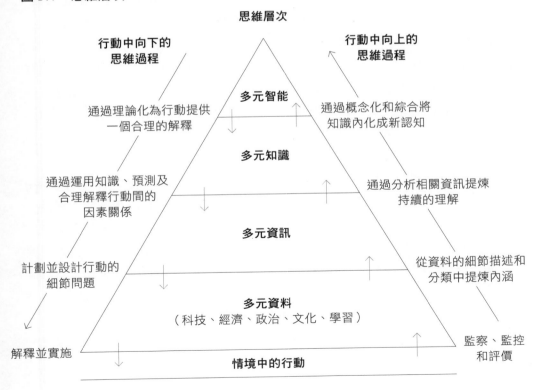

向上思維：在行動或學習中，學習者通過監察、評價行動的過程和成果，或者根據經驗和觀察獲得資料（data）（如圖 3.1 右側所示）。獲得的資料可以是多元的，包括科技、經濟、社會、政治、文化和學習等方面。通過對資料的詳細分類和描述，學習者可以獲得一些實際的含義或理解，這將轉化成有關的資訊。

通過聯繫和分析行動的輸入、過程和產出之間的各種資訊，學習者獲得更可靠而一致的理解，這種理解將變成學習者關於行動的知識。通過概念化和整合性分析，將知識內化成高層認知（mega-cognition），這將成為學習者的情境智能（contextualized intelligence）。由於資料的種類非常多，相關的資訊、知識和智能也相應多元化，可以以將之分成科技、經濟、社會、政治、文化、學習等方面。由於思維過程向上，由資料至智能，這種思維可名為「向上思維」（upward thinking）。

向下思維：上述的思維過程也可以反方向進行，從智能到知識、到資訊、到資料，再到行動，成為向下思維（downward thinking）過程，如圖 3.1 的左邊所示。利用智能（或 CMI），學習者根據情境對行動進行理論解釋，並進行合理的概念建構。然後，思考如何利用相關的知識來預測、解釋行動中的關鍵因素（如輸入、過程、產出）之間的關係。這種預測的關係，將成為測試、檢驗實際操作的主要資訊。為了測試資訊可信性，學習者需要思考如何計劃、設計行動，收集預期的資料。最後，學習者通過在真實情境下開展的行動，測試和證實上述假定的基本原理、相關的知識、預期的聯繫（被測試的資訊），以及實踐中的期望資料。

如果在行動過程中，可以一致地證實假定的基本原理、相關知識、預期聯繫和期望資料，那麼現有的 CMI 和相關知識將得到肯定和鞏固。但是，如果在實際行動中，發現這些東西是不一致、不正確的，學習者需要思考並檢查是否在行動設計中存在着差距，或者自己最初的思維是否存在着錯誤概念。以行動的實際結果（資料和資訊）為基礎，學習者思考如何糾正行動計劃中的錯誤（如第一級思維）或修正已有的智能和知識（如第二級思維）。然後，學習者開始進行另一次向上思維的過程。

根據上文的討論，向上思維和向下思維構成了整個行動和學習的循環。

整合性多元思維

在行動學習過程中，學習者的思維不僅包括四種層次的思考，還包括六種類型的 CMT。如圖 3.2 所示，行動學習中存在着兩種基本的思維方式：縱向思維（Y 軸），從資料階層上升到智能層次；橫向思維（X 軸），從科技類型到學習類型。這意味着每一種思維類型（如政治思維）包括四種層次（從資料到智能）；每一種思維層次（如知識）可能包括六種類型的思維（從科技類型到學習類型）。這兩個基本方式構成了整合性多元思維矩陣（matrix of integrative multiple thinking），這可以為我們分析多元思維及其在行動中的運用，提供一個全面架構。

圖 3.2　**整合性多元思維矩陣**

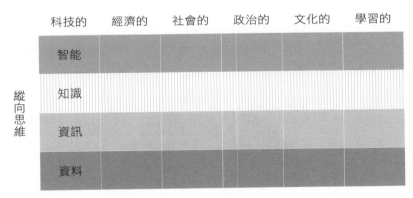

不同的學習者在不同情境下進行不同的行動，所使用的多元思維特徵也是不同的。一些學習者的多元思維風格可能主要集中在資料和資訊層次，很少進入知識和智能層次。他們的思維和學習方式受資料和資訊的限制，趨向於「表面化的多元思維」（superficial multiple thinking），只帶來運作改變或行為變化。圖 3.3 顯示了一種表面化的多元思維風格的例子，這種思維風格涉及的科技、經濟、社會、文化和學習思維主要停留在資料和資訊層次，沒有知識和智能層次的思維。

如果學習者的多元思維風格超越了資料和資訊層次，主要集中在知識和智能層次，這就是一種「深層次多元思維」（deep multiple thinking）的風格，可以改變學習者的心智。圖 3.4 闡述了一種深層次的多元思維風格，這種風格的經濟、社會、政治和學習思維已經達到了知識和智能層次，只有科技和文化思維停留在資料和資訊層次。

整體而言，圖 3.3 和圖 3.4 的剖面（profiles）為理解行動學習中各種思維類型，提供了一個整全的描繪方法。根據這些剖面，學習者及相關人員（尤其是導師、培訓人員和顧問）可以更好、更全面地理解行動或學習中的多元思維風格，並修正現有的思維風格，以得到深層次的思維，更有效地行動和學習。例如了解圖 3.3 所示的表面多元思維風格，學習者可以根據需要，補充目前欠缺的政治思維，提高經濟、科技、社會、文化和學習思維的水平，使之達到知識和智能層次。

圖 3.3　**表面化多元思維風格的剖面（例子）**

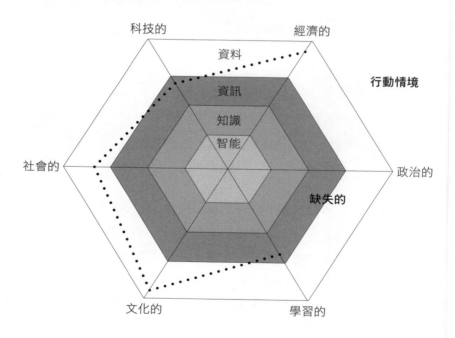

　教育新範式：第三波改革

圖 3.4　**深層次多元思維風格剖面（例子）**

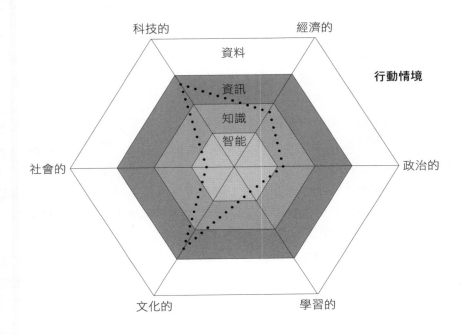

結論

　　在全球變化的新時代，學習者應該有能力使用 CMT，開展行動和學習，這樣他們才能持續而創造性地提高自己的實踐效能，發展專業知識和 CMI。

　　CMT 類型包括科技、經濟、社會、政治、文化和學習等方面的思維，這個理論架構可以幫助理解及發展行動和學習中的 CMT 與 CMI，提高行動的效能。不同思維類型的思維模式是完全不同的，因為這受到所用的理性、主要關注點、行動信念、產出信念、思維過程特性、資訊使用、知識使用、情境智能、情境特性等因素的影響。

　　在邁向第三波教改 CMI－三重化範式，課程改革應助長學生的 CMI 發展。由 CMT 類型理論，可得出有關學習、教學法及課程新的啟示和措施，以進行改革。其要點總結如下：

擴闊思維方式：新課程設計應以 CMI 或 CMT 為基礎，讓學生擁有有系統的思維譜列，來考慮不同情境下行動和學習的目的、角色、本質、過程及成果（參見第一、二章）。為培育學生的全面發展，新課程需要創造機會給學生發展使用每種 CMT／CMI 的能力和意識，貢獻學習及行動的進步。學習者可以根據不同的情境，考慮所需的思維策略。總而言之，基本的思維策略，可包括：

　　單一思維策略：如前文所述，當一個領域（例如關注成本─收益、經濟價值）的關注點特別重要而突出時，可運用單一種思維（例如經濟思維）方式來解決問題。

　　二元思維策略：情境有一點複雜，需要考慮兩個主要領域（如在一個充滿不明朗、不確定因素的情境下，不同成員之間存在差異和衝突）的問題，整合性使用兩種類型的思維方式（如文化和政治領域）。

　　多元思維策略：當情境非常複雜，需要考慮不同領域的多元需求，或者學習者不清楚甚麼問題特別突出時，可初步組合多種類型的思維方式（例如三種或更多）來進行探索。經過互動，進一步理解環境時，學習者可調整思維類型的多少。

　　近年，課程改革強調透過多類型的思維或綜合性學習（integrated learning）（例如綜合人文學、綜合社會學、綜合科學、通識學科等），來培養學生的多元智能。一般稱之為多學科學習（multi-disciplinary learning）或科際學習（interdisciplinary learning）（參見第四章）。

　　如果在行動或學習中，包括了所有類型的思維，我們可以稱之為「全面思維」（total thinking），它可以整合利用科技、經濟、社會、政治、文化和學習的觀點，以及相關的因素來通盤考慮，推進行動，提高效能。

　　總而言之，如果學習者希望使用更多的思維類型，他就需要花費更多的時間及努力。因此，有必要在行動初期就從多元角度出發，審視或分析所處情境，確定突出的問題，然後決定需要使用甚麼思維策略，整合哪幾個思維領域的知識。在獲得反饋、進一步理解行動之後，很可能就會調整思維策略。重要的是學習者應該全面理解多元思維模式，了解如何在不同的行動情境下使用這些策略。

　　應用向上和向下思維：思維層次包括資料、資訊、知識和智能，這是一

個簡單而有用的方法，闡釋思維過程的特性，導引學習及相關課程的實踐。無論是單一思維還是多元思維，這個架構都適用。

向上的思維（從行動、資料和資訊上升到知識和智能）和向下的思維（從智能和知識到資料、資訊和行動）都是學習循環的重要和必要組成部分，以提高學習者智能。這也意味着學習者需要具備向上思考的能力，即發展學習者分析、處理行動中產生的資料、資訊和知識的能力。與此同時，學習者也需要具備向下思維的能力，即通過運用智能、相關知識、資訊和資料，成功提高或貫徹行動。

簡而言之，如何培養在不同層階的學習者的縱向（向上／向下）思維的能力，是第三波教改發展的一個新領域。

運用 CMT 矩陣和剖面：CMT 矩陣，包括貫穿由資料到智能四個層次的縱向思維，和貫穿由科技到學習思維的六種橫向思維（圖 3.2），它進一步提供了一個全面的思維模式架構，指導行動及學習中的實踐、發展和研究。

整合性多元思維（包括縱向和橫向）的概念，可以推進 CMT 及 CMI 在複雜現實中的發展和實踐，全面考慮思維層次和類型。通過整合向上的思維，學習者可以通過整合科技、經濟、社會、政治、文化和學習領域的多元資料和資訊，提高自己在某個或多個領域的智能和知識。通過整合向下的思維，學習者可以通過整合性利用自己的 CMI 和相關多元知識、資訊和資料，來設計、提高自己在某個領域的行動。

以這個矩陣為基礎，可以將行動或學習中多元思維的各種類型繪製成剖面圖，其分類標準是思維的四個層次和六種類型。這種剖面圖的方法，可用來診斷和分析實際中 CMT 風格的強項和弱點。通過繪製剖面圖，可以組織補救性培訓或行動來糾正下一個行動循環中的弱點，並鞏固原有的強項。

上述的 CMT 類型、CMT 矩陣和剖面建構，可為研究多元思維提出一些課題，例子如下：

* 這 CMT 類型在實際的行動或學習中，其有效性和實行性如何？是否還有甚麼領域遺漏？
* 如何定性和定量地分類及研究 CMT 矩陣中的思維層次和類型？
* 在不同情境因素限制下，如何界定哪些 CMT 風格剖面是無效、有效或

恰當的？

* 在時間和資源限制下，是否要在所有的情境下都開展包括六個領域的深層次思考和學習？

* 如何利用思維風格剖面圖，來促進學習者向深層次思維風格發展？同時提高所有的薄弱領域還是逐個提高？學習者思維風格與其現有的特性（例如心理特質、學歷等）之間是否有互動？如果是，對學習者的教育和培訓有何啟示？

CMI／CMT 五角理論：根據上述 CMI／CMT 的討論，可以提出一個 CMI／CMT 五角理論（Pentagon Theory），來總結 CMI／CMT 對第三波 CMI－三重化範式的啟示，如圖 3.5 所示。

圖 3.5　CMT 的五角理論

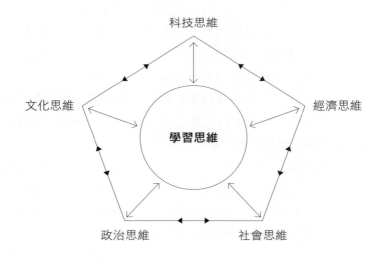

<u>發展每類及多類 CMI</u>：教改新措施應協助學生透過 CMT 行動或學習的過程，發展每類或多類的 CMI，以擁有多元持續發展的能力，面對新時代在科技、社經、政治、文化、學習等多方面的發展及挑戰。目前教改重視學生的全方位學習、多科學習、科際學習等，就是沿着這多元方向（第四章）。

<u>學習智能為中心</u>：各類 CMI 是相互影響的，但以學習智能為五角的中心，如圖 3.5 的五角形所示。第三波課程及教學的設計，須鼓勵及促成各類

CMI 間的互動及強化作用。顯然，學習智能更是有促進作用的中心角色，呼應目前教改強調的「終身學習」、「學會如何學」、「持續學習與發展」等。

　　<u>助長思維轉移</u>：在學習或行動過程，鼓勵及幫助學生將某類 CMT 轉移成為其他類的 CMT（例如經濟思維可轉為政治思維或社會思維），這樣才可產生較高層次的智能或超級思維（meta-thinking）。思維轉移（thinking transfer）本身也代表一種思維的創造力，突破原有思想框框，產生新的意念、新的方法及新的成果（詳見第四章）。思維轉移的體驗及積累，也增長了 CMI 的發展。

　　<u>發展 CMI 教師及學校</u>：CMI 教育能否成功實施，非常倚賴教師本身是否擁有高層次的 CMI，也倚賴學校本身能否成為一個 CMI 組織，提供教與學的 CMI 環境。所以，在第三波教改，如何發展 CMI 教師及 CMI 學校，是改革的重要議程。

　　<u>教育三重化</u>：面對新紀元，辦學、教學及學習的三重化（全球化、本地化及個別化），可以使學生、教師及學校的 CMI 獲得最大的發展機會，這對新紀元的學校、課程及教學法改革都是重要而必需的（詳見第二章）。

　　最後，希望以上有關 CMT 及 CMI 的理念及討論，能為第三波教育範式提供一個新的方向，有助重構政策制定、教育實踐、理論拓展及相關研究，推動教改成功，邁向未來。

註：本章部分內容更新修訂自作者的 Cheng（2005a, b; 2019）。

參考文獻

*

Anderson, M. (1999). *The development of intelligence*. Psychology Press.

Ang, S., & Van Dyne, L. (2015). Conceptualization of cultural intelligence: Definition, distinctiveness, and nomological network. In *Handbook of cultural intelligence* (pp. 21-33). Routledge.

Ang, S., Rockstuhl, T., & Tan, M. L. (2015). Cultural intelligence and competencies. *International encyclopedia of social and behavioral sciences*, 2, 433-439.

Argyris, C., & Schön, D. A. (1974). *Theory in practice: Increasing professional effectiveness*. Jossey-Bass.

Baron, J. (2000). *Thinking and deciding* (3rd ed.). Cambridge University Press.

Beetham, H., & Sharpe, R. (eds.) (2013). *Rethinking pedagogy for a digital age: Designing for 21st century learning*. Routledge.

Bolman, L, G., & Deal, T. E. (1997). *Reframing organizations: Artistry, choice, and leadership* (2nd ed.). Jossey-Bass.

Burton-Jones, A. (1999). *Knowledge capitalism: Business, work and learning in the new economy*. Oxford University.

Carter, I. (2017). *Human behavior in the social environment: A social systems approach*. Routledge.

Cavalcanti, C. (2002). Economic thinking, traditional ecological knowledge and ethnoeconomics. *Current Sociology,* 50(1), 39-55.

Channell D. F. (2015) Technological thinking in science. In Hansson S. (eds.), The role of technology in science: Philosophical perspectives. *Philosophy of engineering and technology*, Vol. 18. pp. 27-53. Springer.

Chao, M. M., Takeuchi, R., & Farh, J. L. (2017). Enhancing cultural intelligence: The roles of implicit culture beliefs and adjustment. *Personnel Psychology*, 70(1), 257-292.

Cheng, Y. C. (2000). Cultural factors in educational effectiveness: A framework for comparative and cross-cultural research. *School Leadership and Management*, 20(2), 207-225;

Cheng, Y. C. (2004). Learner-centred approach: Enhancing multiple thinking in action learning. Invited keynote speech presented at The 4th International Forum on Education Reform organized by The Office of Education Council of Thailand Government in 6-10 September 2004, Bangkok.

Cheng, Y. C. (2005a). Multiple thinking and creativity in organizational learning. *International Journal of Educational Management*, 19(7), 605-622.

Cheng, Y. C. (2005b). Multiple thinking and multiple creativity in action learning. *Journal of Education Research,* No.134, June: 76-105. (in Chinese, Taiwan).

Cheng, Y. C. (2013). Contextualized multiple thinking and creativity. In A. Antonietti, B. Colombo & D. Memmert (eds.), *Psychology of Creativity: Advances in theory, research and application*. (Ch. 2, pp. 21-52) Nova Science Publishers.

Cheng, Y. C. (2019). *Paradigm shift in education: Towards the 3rd wave of effectiveness*. (11 Chapters, pp. 1-267). Routledge.

Cherniss, C., & Goleman, D. (2001). *The emotionally intelligent workplace: How to select for, measure, and improve emotional intelligence in individuals, groups, and organizations*. Jossey-Bass.

Crooke, P. (2016). Teaching social skills and social thinking: What matters and why? *Journal of the American Academy of Child & Adolescent Psychiatry*, 55(10), S49-S50.

Crooke, P. J., Winner, M. G., & Olswang, L. B. (2016). Thinking socially. *Topics in language disorders*, 36(3), 284-298.

Davenport, T. H. & Prusak, L. (2000). *Working knowledge: How organizations manage what they know*. Harvard Business School Press.

DeLue, S. M., & Dale, T. M. (2016). *Political thinking, political theory, and civil society*. Routledge.

Denis, M. (1991) *Image and cognition*. Harvester Wheatsheaf.

Dierkes, M. (2001). *Handbook of organizational learning and knowledge*. Oxford University Press.

Finegold, D., & Notabartolo, A. S. (2010). 21st century competencies and their impact: An interdisciplinary literature review. *Transforming the US workforce development system: Lessons from research and practice*. http://www.hewlett.org/uploads/21st_Century_Competencies_Impact.pdf

Freeden, M. (2015). The Political theory of political thinking. *Polish Journal of Political Science*, 1(2), 111-121.

Fu, J. (2013). Complexity of ICT in education: A critical literature review and its implications. *International Journal of Education and Development using ICT*, 9(1), 112-125.

Goleman, D. (1995). *Emotional intelligence*. Bantam Books.

Goleman, D. (1998). *Working with emotional intelligence*. Bantam Books.

Greifeneder, R., Bless, H., & Fiedler, K. (2017). *Social cognition: How individuals construct social reality*. Psychology Press.

Grossman, R., Thayer, A. L., Shuffler, M. L., Burke, C. S., & Salas, E. (2015). Critical social thinking: A conceptual model and insights for training. *Organizational Psychology Review*, 5(2), 99-125.

Henning, M. B. (2016) (ed.) *Innovations in economic education*. Routledge.

Jarvis, P. (2001) (ed.). *The age of learning: Education and the knowledge society*. Kogan Page.

Joyce, B. Weil, M. & Calhoun, E. (2003), *Models of teaching. Centers for Teaching and Technology - Book Library*. 96. https://digitalcommons.georgiasouthern.edu/ct2-library/96

Kampylis, P., Law, N., Punie, Y., Bocconi, S., Han, S., Looi, C. K., & Miyake, N. (2013). *ICT-enabled innovation for learning in Europe and Asia. Exploring conditions for sustainability, scalability and impact at system level* (No. JRC83503). Institute for Prospective and Technological Studies, Joint Research Centre. Retrieved from: http://ftp.jrc.es/EURdoc/JRC83503.pdf

Kirby, G. R. & Goodpaster, J. R. (2002). *Thinking* (3rd ed.). Prentice Hall.

Klein, A., & Bhagat, P. (2016). Comparative study of technological innovativeness between individuals in the USA and India. *Review of International Business and Strategy*, 26(1), 100-117.

Kotter, J. P. (1985). *Power and influence*. The Free Press.

Levin, H. M. (1994a). Cost-benefit Analysis. In T. Husén & T. N. Postlethwaite (eds.), *The international encyclopedia of education* (2nd ed., Vol. 2, pp. 1127-1131). Pergamon/Elsevier Science.

Levin, H. M. (1994b). Cost-effectiveness analysis. In T. Husén & T. N. Postlethwaite (eds.), *The international encyclopedia of education* (2nd ed., Vol. 2, pp. 1131-1136). Pergamon/Elsevier Science.

Longworth, N. (2013). *Lifelong learning in action: Transforming education in the 21st century*. Routledge.

Marsick, V. J., Bitterman, J. & R. van der Veen (2000). *From the learning organization to learning communities towards a learning society*. Columbus, OI: ERIC Clearinghouse on Adult, Career, and Vocational Education. Information Series; No. 382.

Maslow, A. F. (1970). *Motivation and personality*, (2nd ed). Harper & Row.

McGregory, D. (1960). *The human side of enterprise*. McGraw-Hill.

Mok, M. M. C. & Cheng, Y. C. (2001). A theory of self learning in a human and technological environment: Implications for education reforms. *International Journal of Education Management*. 15(4), 172-186.

Newton, L. D., & Newton, D. P. (2014). Creativity in 21st-century education. *Prospects*, 44(4), 575-589.

Nigmatov, Z. G., & Nugumanova, I. N. (2015). Methods for Developing Technological Thinking Skills in the Pupils of Profession-oriented Schools. *Asian Social Science*, 11(8), 207.

Noweski, C., Scheer, A., Büttner, N., von Thienen, J., Erdmann, J., & Meinel, C. (2012). Towards a paradigm shift in education practice: Developing twenty-first century skills with design thinking. In H. Plattner, C. Meinel, & L. Leifer (eds.), *Design thinking research* (pp. 71-94). Springer.

Ohmae, K. (2000). *The invisible continent: Four strategic imperatives of the new economy*. Nicholas Brealey.

Osafo, J. (2018). From cross-cultural to cultural thinking in psychological research and practice in Ghana. *International Journal of Culture and Mental Health*, 11(4), 447-456.

Owen, J. D. (1998). The economic consequences of American education. *Economics of Education Review*, 17(2), 229-230.

Peña, O. F. C., Llanos, R. A., Coria, M. D., & Pérez-Acosta, A. M. (2015). Multidimensional Model of Assessment of Economic Thinking in College Students. *Procedia-Social and Behavioral Sciences*, 191, 1623-1628.

Pérez, E. O. (2016). *Unspoken politics: Implicit attitudes and political thinking*. Cambridge University Press.

Pfeffer, J. (1992). *Managing with power: Politics and influence in organizations*. Harvard Business School Press.

Piaget, J. (1962). *Play, Dreams and Imitation*. Norton.

Reeve, E. M. (2015). STEM Thinking!. *Technology and Engineering Teacher*, 75(4), 8-16.

Reinsfield, E., & Williams, P. J. (2017). New Zealand secondary technology teachers' perceptions: "technological" or "technical" thinking?. *International Journal of Technology and Design Education*, 28(3), 739-7511-13.

Schein, E. H. (1999). *The Corporate Culture*. Jossey-Bass.

Schmidt, R. A. (1975). A schema theory of discrete motor skill learning. *Psychological Review*, 82, 225-260.

Schön, D. A. (1987). *Education the reflective practitioner: Toward a new design for teaching and learning in the professions*. Jossey-Bass.

Schug, M. C., Clark, J. R., & Harrison, A. S. (2016). Teaching and Measuring the Economic Way of Thinking. In M. B. Henning (ed.) *Innovations in Economic Education*, Chapter 6 (pp. 113-131). Routledge.

Solmon, L. C., & Fagnano, C. L. (1994). Benefits of education. In T. Husén & T. N. Postlethwaite (eds.), *The international encyclopedia of education* (2nd ed., Vol. 1, pp. 510-521). Pergamon/Elsevier Science.

Sternberg, R. (1999) (ed.) *Handbook of intelligence*. Cambridge University Press.

Stuckart, D. W., & Rogers, J. D. (2017). Dewey, Technological Thinking and the Social Studies: The Intelligent use of Digital Tools and Artifacts. *European Scientific Journal, ESJ, 13*(15). Retrieved from: DOI:10.19044/esj.2017.v13n15p%p

Sydänmaanlakka, P. (2002). *An intelligent organization: Integrating performance, competence and knowledge management*. Capstone Publishing.

Taylor, F. W. (1947). *Scientific management*, Harper and Brothers.

Van den Berg, H. (2016). *Economic growth and development*. World Scientific Publishing.

Villers, R. (1960). *Dynamic management in industry*. Prentice Hall.

Wastiau, P., Blamire, R., Kearney, C., Quittre, V., Van de Gaer, E., & Monseur, C. (2013). The Use of ICT in Education: a survey of schools in Europe. *European Journal of Education*, 48(1), 11-27.

Webb, M., & Reynolds, N. (2013). Current and future research issues for ICT in education. *Journal of Computer Assisted Learning*, 29(1), 106-108.

Weber, M. (1922). *The theory of social and economic organization*, A. M. Henderson and T. Parsons, ed. and trans., (1947), Oxford University Press.

Weber, W. L. (1998). Economic socialization: The economic beliefs and behaviours of young people. *Economics of Education Review,* 17(2), 231-232.

Woodhall, M. (1992). *Cost-benefit analysis in educational planning* (3rd ed.). UNESCO: International Institute for Educational Planning.

Wyckoff, J. H., & Naples, M. (2000). Educational finance to support high learning standards: A synthesis. *Economics of education review*, 19(4), 305-318.

第四章
綜合學習與創造力

在過去二十年，世界各地的教育改革，有一強力的課程變革運動，邁向綜合學習（integrated learning），希望可以發展年輕人的新質素，包括終身教育、行動學習、創造力、高水平思維力和多元的本地及全球觀點（e.g. Beetham & Sharpe, 2013; Curriculum Development Council, 2001, Finegold & Notabartolo, 2010; Longworth, 2013; Newton & Newton, 2014）。

在 90 年代，綜合科學（integrated sciences）、綜合人文學（integrated humanities）、綜合社會科學（integrated social sciences）、科際課程（interdisciplinary subjects），都是典型的課程改革例子，推動學習的綜合（Ausburg 2006; Ferren & Anderson, 2016; Hughes, Munoz & Tanner, 2015; Venville, 2005）。目前，進行中的課程新措施 STEM（將 Science〔科學〕、Technology〔科技〕、Engineering〔工程〕及 Mathematics〔數學〕整合起來學習），漸漸變成國際課程改革的新趨勢，提升學習應用科學的整合性，並回應在高科技時代全球對學生新才能的要求（Hom, 2014; Kelley & Knowles, 2016）。

一般來說，人們相信學習的綜合性，會用較為完整及行動取向的方式進行，帶來廣闊的學習機會及可能性，幫助發展學生的高水平能力、思維能力、多元觀點和創造力。由於採用完整的、綜合的方式，希望可以減少傳統學習的限制性，例如科目分隔（subject separation）及學習經驗零碎（experience fragmentation）的弊病（Board, 2016; Cheng, 2016; Ferren & Anderson, 2016; Kieu, 2017; Lewis, 2017）。

當然在實踐上，綜合學習與相關的課程有其優缺點，不能一概而論，好壞都與學生特性、課程目標、資源供備及情境因素有關（Goransson & Nilholm, 2014; Mansor, Maniam, Hunt & Nor, 2016; Shammari, 2018）。許多人假設，綜合學習只是將不同的東西和內容，放在一起來學。這想法太簡

陋了。缺乏一個完整的理論架構來理解綜合性的本質和意義，以及其與過程及成果的複雜關係，往往會產生錯誤的構念（misconception）、目標與方法的誤配（mismatch），甚至在實踐上對課程設計、課堂教學及學生學習誤用綜合概念。所有這些不單導致教與學的失效（ineffectiveness），同時在現行的課程實踐和改革，成為學生老師的負擔和混亂。

雖然課程改革強調綜合學習，但實踐上應如何構想、設計和執行，以增大學習效能、提升思考能力，並助長創造力發展？在理論建設和實際實踐上，這是一個關鍵的課題，特別是有關 21 世紀能力和才幹的追求（Abbas, Bharat & Rai, 2013; Beetham & Sharpe, 2013; Kaufman, 2013）。具體來説，要直接理解綜合學習的意義，需要解答一些基本問題，例如：（1）甚麼學習的內容可整合，以達到學習的目標（e.g. Ausburg, 2006; Venville, 2005）？（2）甚麼教學法可應用及整合，以提高學習過程的效能（e.g. Board, 2016; Kolb, 2015; Mumford, Hill & Kieffer, 2017）？（3）學習者有不同的能力和特殊需要，應如何整合起來一起學習？要達成甚麼目標（e.g. Goransson & Nilholm, 2014; Jahnukainen, 2015; Reindal, 2016）？不幸的是，目前的教育改革很少綜合地討論或深刻分析這些課題。

本章目的在討論上述的課題，並提出一個類型架構，用來分析綜合學習的風格及模式中，有關的概念、目標、方法、過程、效能及限制性。假設綜合學習是在多元情境中的一種行動學習，本章亦説明綜合學習如何與學生多元思維及多元創造力的發展有密切關係（Cheng, 2005, 2013a, 2016; Collard & Looney, 2014; Kolb, 2015）（第三章）。這個類型架構可提供一個新的理論或觀點，來重新構想綜合學習的研究和實踐，特別是在不同情境、不同科目下進行有效的學習、思維和創造力發展。希望可以提出新的啟示，以幫助新時代的課程改革及發展。

學習的綜合性

學習的綜合性（integration in learning）的討論及理解，可以包括三種基本的類別：內容綜合（content integration）、教學綜合（pedagogical integration）及學生綜合（student integration）。

內容綜合：表示將不同類別的內容、學科知識整合起來學習。主要目的在擴闊學生未來發展的知識基礎及相關觀點。它可以進一步細分為學科綜合（subject integration）及領域綜合（domain integration），如表 4.1 所示。在過去數十年，綜合科學（將物理、化學、生物等學科整合）、綜合社會科學（將地理、社會學、經濟、政治科學等學科整合）、綜合人文學（將藝術、哲學、歷史及人類學等學科整合），都是學科綜合的普及例子，特別是在高年班的課程改革。

　　領域綜合代表將較闊的領域或範疇的知識或科目，整合起來學習，例如多元領域課程綜合（multi-domain studies）（包括文化、政治、科技、社會、經濟等範疇）（Linn, 2006; Wikipedia, 2018a b）、STEM 課程綜合（包括科學、科技、工程、數學等領域）（Kelley & Knowles, 2016）、通識課程綜合（liberal studies）（提供一系列廣闊的領域和科目）（Ausburg, 2006; Huber & Hutchings, 2004）及其他多元文化課程綜合（例如中國、印度、英國、歐洲等地區文化探討）。

　　在全球化、國際競爭及科技創新帶動下，本地社會及全球受到很大的影響，變得複雜，產生巨變。人們往往相信，在課程改革中領域的整合，有助年輕人掌握全球視野、多元觀點、創意思維及創新能力，以面對未來的挑戰（Cheng, 2013; Finegold & Notabartolo, 2010; Newton & Newton, 2014）。

　　教學綜合：不單學習內容，教學法（pedagogy）的部分也會影響學習過程的特性和效能。教學的綜合，表示將不同的教學方法及認知活動整合起來，幫助學生學習。不同組合的教學方法的應用和整合，會得出不同的學生的學習經驗及學習成果。現在有兩種不同的教學綜合，一種是方法綜合（methodological integration），另一種是認知綜合（cognitive integration）（表 4.1）。

　　方法綜合代表將學習用的不同方法組合起來。例如方法綜合可以是一組基本的學習方法，包括閱讀、聆聽、表現、討論、模擬、評估、體驗、提問等。另外的例子，方法綜合可以是一組高階學習方法（advanced learning methods）的整合，例如包括項目學習（project learning）、小組學習、自我調節學習（self regulated learning）、解難學習（problem-based learning）、在線學習（online learning）、雜交學習（hybrid learning）及面對面學習

（face-face learning）等不同學習方法（e.g. Joyce, Weil & Calhoun, 2003; Mok & Cheng, 2001; Webb & Reynolds, 2013）。不同的方法綜合，會對學生的學習表現有不同的效果（e.g. Beetham & Sharpe, 2013; Kaufman, 2013）。在過去數十年已經有很多研究，探討學生的學習方法如何與他們的學習行為和表現有關。

教學綜合可進一步，以學習的認知活動來討論。認知綜合，代表不同認知活動在學習過程中的綜合。例如實徵活動（empirical activities）的認知過程，包括觀察、量度、分類、描述、分析、整合、構想、元理解（meta-understanding）等方面的整合。實在這些活動應如何組織、整合及推行，都會影響學生學習的思考水平和質素高低。另一個例子，探究的過程可以包含另類認知活動，如立論、預測、應用、規劃、實驗、報告及發現（Board, 2016; Cheng, 2005 & 2013a）。這些活動的不同綜合，會對學生學習的水平及質素有不同的貢獻。

學生綜合：除了內容綜合及教學綜合之外，亦有學生綜合，近年頗受世界各地重視，以融合教育（inclusive education）形式來進行（Armstrong, Armstrong & Barton, 2016; O'Hanlon, 2017）。學生綜合，代表將不同特殊教育需要（special education needs, SEN）學生或能力有差異學生，放在同一學校情境中學習。這種學生綜合可進一步分為 SEN 綜合（SEN integration）及差異能力綜合（diverse ability integration）。

SEN 綜合（或融合教育），指將 SEN 學生放進主流學校、與一般學生一起學習。如何管理好融合教育（SEN 綜合），讓 SEN 學生及非 SEN 學生都能得到合適而有效的教育，一直是課程改革及學校改革的重要問題。在普及學校教育，學生的能力差異很大，一些是頂級優質學生，另一些表現低下。如何將能力差異大的學生綜合在同一班，而同樣獲得有效學習呢？這也是課程發展的重大挑戰（Goransson & Nilholm, 2014; Jahnukainen, 2015; Messiou, 2017）。一般處理能力差異大的學生綜合的辦法，是將學生分流（streaming）或不分流來教，各有利弊，見後面的討論（Mansor, Maniam, Hunt & Nor, 2016）。

表 4.1　學習綜合性的類型

類別	子類別	例子
內容綜合： 將不同類別的內容、學科知識整合起來學習	**學科綜合：** 將不同學科內容整合起來學習	**綜合科學**（將物理、化學、生物等整合） **綜合社會科學**（將地理、社會學、經濟、政治科學等整合） **綜合人文學**（將藝術、哲學、歷史、人類學等整合）
	領域綜合： 將廣泛的領域或範疇的知識或科目整合起來學習	**多元領域課程綜合**（包括文化、政治、科技、社會、經濟等領域） **STEM 課程綜合**（包括科學、科技、工程、數學等領域） **通識課程綜合**（提供一系列廣闊的領域和範疇） **其他多元文化課程綜合**（例如中國、印度、英國、歐洲等文化探討）
教學綜合： 將不同的教學方法及認知活動整合起來，幫助學生學習	**方法綜合：** 將不同的教學法整合起來幫助學生學習	**基本學習方法的綜合**（包括閱讀、聆聽、表現、討論、模擬、評估、體驗、提問等） **高階學習方法的綜合**（例如項目學習、小組學習、自我調節學習、解難學習、在線學習、雜交學習、面對面學習等）
	認知綜合： 將不同的認知活動整合起來幫助學生學習	**實徵活動的認知綜合**（包括觀察、量度、分類、描述、分析、整合、構想、元理解等） **探究認知活動的綜合**（例如立論、預測、應用、規劃、實驗、報告、發現等）
學生綜合： 將不同 SEN 學生或能力有差異學生，放在同一情境中學習	**SEN 綜合：** 將不同 SEN 學生放在同一情境中學習	**融合教育**：將不同 SEN 學生放在同一情境中，與主流學生一起學習
	能力差異綜合： 將不同能力差異的學生放在同一情境中學習	**學生能力分流**：依學生能力差異來分流或合流學習

綜合學習多元模式

　　學習活動包含學習內容和教學方法。所以，討論綜合學習的實踐，可能包括兩方面：（1）由內容綜合（content integration）至內容分隔（content separation）的程度（extent）；以及（2）由教學綜合至教學分隔（pedagogical separation）的程度。綜合或分隔程度的差異多少，會有四個基本綜合學習的模式，如圖 4.1 所示。

圖 4.1　**綜合學習的多元模式**

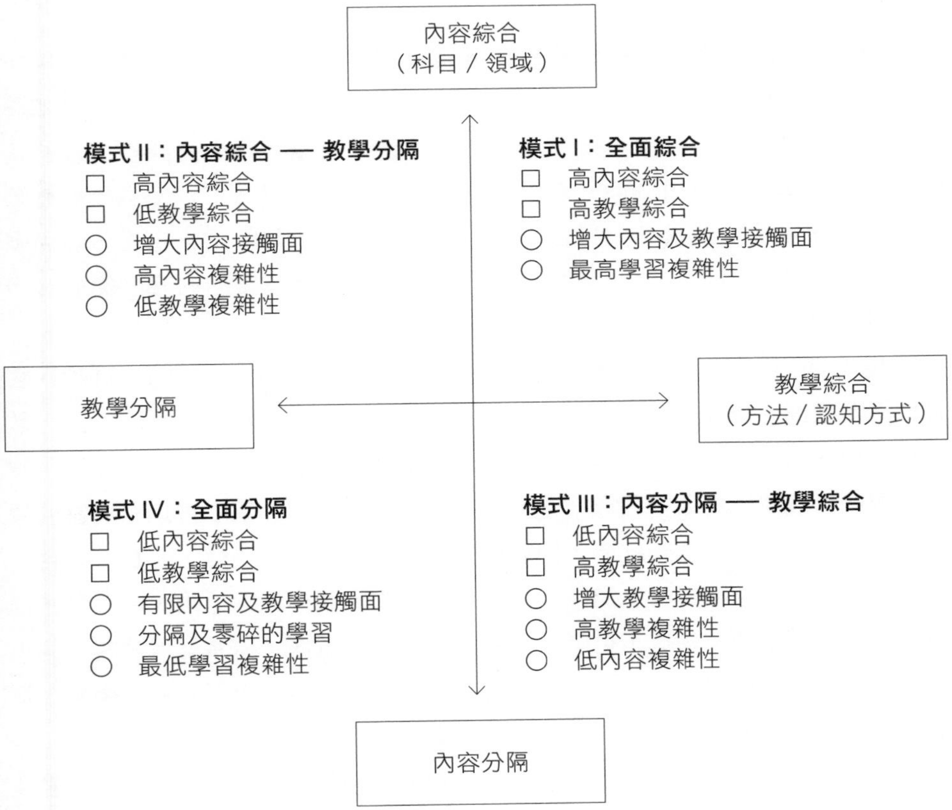

```
                    ┌─────────────┐
                    │   內容綜合   │
                    │（科目／領域）│
                    └─────────────┘
                          │
模式 II：內容綜合 —— 教學分隔    │    模式 I：全面綜合
□ 高內容綜合                     │    □ 高內容綜合
□ 低教學綜合                     │    □ 高教學綜合
○ 增大內容接觸面                 │    ○ 增大內容及教學接觸面
○ 高內容複雜性                   │    ○ 最高學習複雜性
○ 低教學複雜性                   │
                                 │
┌─────────┐                      │              ┌─────────────┐
│ 教學分隔 │◄─────────────────────┼─────────────►│   教學綜合   │
└─────────┘                      │              │（方法／認知方式）│
                                 │              └─────────────┘
模式 IV：全面分隔                │    模式 III：內容分隔 —— 教學綜合
□ 低內容綜合                     │    □ 低內容綜合
□ 低教學綜合                     │    □ 高教學綜合
○ 有限內容及教學接觸面           │    ○ 增大教學接觸面
○ 分隔及零碎的學習               │    ○ 高教學複雜性
○ 最低學習複雜性                 │    ○ 低內容複雜性
                          │
                    ┌─────────────┐
                    │   內容分隔   │
                    └─────────────┘
```

模式 I：全面綜合：在這模式，綜合學習的特性，主要由（1）課程內容跨越科目或跨領域的高度綜合，以及（2）教學方法的高度綜合而突顯出來。跨越科目內容的例子，可以是綜合社會科學、綜合人文學、多元文化課程等。教學方法的高度綜合例子，可以包括項目學習、小組學習、自我調教學習、解難學習、在線學習等方面的綜合。

在這模式，學科內容及教學方法都有全面的綜合，其長處是可讓學生有範圍較闊的接觸不同學科內容及教學法的經驗。無論怎樣，與其他模式比較，學生同時要經歷最高的學習複雜性（complexity in learning）。主要關注點是學生有沒有所需的能力和時間，以應付這些學習複雜性和難度。這也是課改或教改的重要課題。

模式 II：內容綜合－教學分隔：這模式的主要特性，是課程內容（例如通識課程、STEM 課程）高綜合，而教學法（只限於少數的基本方法，例如聆聽、閱讀、計算等）低綜合。一般來說，這模式可擴大學生對課程內容的接觸面，但教學法的使用流於分隔和零碎，認知活動狹窄多限。學生要經歷較高的內容複雜性，涉及多元科目或多範疇知識。關注問題是，這些分隔局限的教學法或認知活動，能否幫助學生學到高綜合及高複雜的內容，從而在多元學科學到多元觀點。

模式 III：內容分隔－教學綜合：這個模式的特色在兩方面：（1）課程內容是低綜合或高分離（例如只有一個科目，物理），內容複雜性不太高；（2）教學法或認知活動方面是高綜合（例如有較大的活動範圍，包括立論、預測、應用、規劃、實驗、報告、發現等），學習方法是複雜的。學生可以有豐富的學習機會，以接觸不同認知經驗，例如觀察、量度、分類、描述、分析、整合、構想、元理解等。如果希望用多元觀點或學科來擴闊學生的思維，則這模式的課程內容的複雜性或領域，可能太窄或太少。另一方面，若希望聚焦在一個小範圍或單一科目來學習，這模式可能是有效地提供豐富的學習經驗給學生。這個模式的強項和弱項，在乎要計劃達成甚麼綜合學習的目的。

模式 IV：全面分隔：這個模式與傳統學習的模式相當接近。課程內容及教學活動是高分隔或低綜合，互相沒有明確關係。在實踐時，就算有不同科目（例如物理、化學、數學、社會科學等）或有不同的教學方法（例如項目學習、自我調教學習、解難學習、在線學習等）選擇來學習，但所選的科目

傾向分隔而行，沒有聯繫或整合，而所選的教學方法多是零碎而不相關的。學生在課程內容或教學法方面，獲得有限的接觸機會，未能跨過科目或方法上的界限。如果學習目標聚焦在技術知識的傳遞，這模式可能最省時、有用及有效，因為聚焦有限科目或範圍及使用有限教學方法，能夠減低過程的複雜性及難度。

由上面討論可見，每類型或每模式的綜合學習，有它本身的特性、強項及限制性。例如不應簡單地說，全面綜合模式一定比全面分隔模式優勝，雖然目前教育改革中，綜合的運用愈來愈受到重視。不同類別或模式的綜合學習的效能，往往與學習計劃的目的、時間、資源及背景有關，不能一概而論。

行動學習

在上述綜合學習類型中，教學過程往往包含行動的部分。例如實徵活動包括觀察、量度、分類、描述、分析、整合、構想、元理解等等。又例如探究活動包括立論、預測、應用、規劃、實驗、報告、發現等等。其他學習的方法，如項目學習、自我調節學習、解難學習等，也有行動元素。由此看來，綜合學習是可以是一種行動學習（action learning），包含行動的元素，讓學生獲得更全面而完整的學習經驗及能力。所以，有關綜合學習效能的討論，應可用行動學習的理念來討論及研究。

行動學習是指學習者通過行動獲取知識或才幹的循環過程，如圖 4.2 所示。行動學習可依次細分成三個狀態：**心智狀況**（mental condition）或**心智系統**（mind-set）、**行動**（action）和**成果**（outcome）。與此相連的是四個過程：**計劃**（planning）、**監察評估**（monitoring & evaluating）、**對心智狀況的反饋**（feedback to mental condition）和**對行動的反饋**（feedback to action）。

學習者的心智條件，是指他／她在行動和學習之前的動機（motivation）、認知（cognition）和意志（volition）。這些因素決定了學習者如何計劃其行動和學習，包括行動有何目標、內容和特徵。行動，是指學習者在行動的過程中表現出來的行為、舉止和活動。監察評估，是指觀察及評估行動的過程和結果，找出預期目標與行動結果之間的錯配（mismatching）。成果，是指

行動的結果，包括正面和負面的、明顯和隱蔽的結果，以及行動產生的各種經驗（Cheng, 2013a; Mok & Cheng, 2001）。

通過監察及評估的過程和結果，學習者將得到兩種類型的反饋（feedback）：一種針對行為技術，還有一種針對心智條件。針對行為技術的反饋，將幫助學習者不斷調整行動過程中的行為表現。引起行為操作變化的學習，通常是第一級學習（the first order learning）或初階學習（the low-level learning）。因為這種學習通常沒有改變學習者的心智系統或有關的條件，因此它也不能在一個較高的層次上、長久地影響學習者。人們通常認為這是一種膚淺的學習（superficial learning），它只帶來一些操作行為的變化，不能保證行動者有深度思維及持續發展。

圖 4.2　綜合學習：行動學習

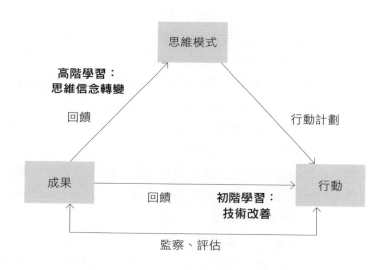

對心智系統的反饋，有助於學習者反思並改變自己現有的心智模式（mental models），改變下一循環中的計劃方式、行動目標和內容。心智模式包括既有的認知（cognition）、思維方式（thinking methods）、意志（volition）和知識（knowledge）。能引起心智系統或心智模式變化的學習，通常被稱為第二級學習（the second order learning）或高階學習（the high-level learning）。尤為引人矚目的是，學習者心智狀態中的認知變化，

通常可改變其思維程式（schemes，Piaget, 1962）、思維綱要（schemata，Schmidt, 1975）、想像（images，Denis, 1991）、技能系列（repertoires，Schön, 1987）或應用的理論（theories-in-use，Argyris & Schön, 1974）。

　　由上述討論，綜合學習可以具有行動學習的循環特性，通過多次類似的行動循環（action cycles），才能達到一個較高的思維層次或掌握一種新的操作技能。我們可以假定，經過多次行動學習循環，學習者的知識水平或智能水平將提到一個較高的層次，同時對任務、策略和情境的認識也將相應有所提高。

綜合學習的思維層次

　　根據第三章情境多元思維的理論，可以進一步探討思維層次與綜合學習的效能之關係。根據知識管理的文獻（Davenport & Prusak, 2000; Dierkes, 2001; Sydanmaanlakka, 2002），思維的層次可以用資料（最低）、資訊、知識及智能（最高）表示出來，如圖 4.3。

　　在行動或學習中，學習者根據經驗和觀察獲得資料（data）（如圖 3.1 右側所示）。這些資料可以是多元的，包括不同學科或領域。通過資料的詳細分類和描述，學習者可以獲得一些實際的含義或理解，這將轉化成有關的資訊。通過聯繫和分析各種資訊的內容，學習者獲得更可靠而一致的理解，這變成學習者關於行動的知識。通過概念化和整合性分析，將知識內化成高層認知（mega-cognition），這將成為學習者的情境智能（contextualized intelligence）。

　　在綜合學習的過程中，思維可在不同的層級流動：（1）由行動至資料；（2）由資料至資訊；（3）由資訊至知識；（4）由知識至智能。整體而言，第（1）和第（2）層級通常稱之為初階思維（low-level thinking），該級的思維僅涉及可觀察的資料和資訊；第（3）和第（4）層級是高階思維（high-level thinking）。只有高階思維可以引起心智系統的變化（與知識和智能有關的認知變化），初階思維僅根據資料和資訊反饋引起行為上的變化。與思維層級一致，學習亦可分為初階學習（low-level learning）及高階學習（high-level learning）。前者只會影響學生的外表行為改變，後者則可改變學生內在的認知結構或價值信念（參見第三章）。

圖 4.3　思維層次

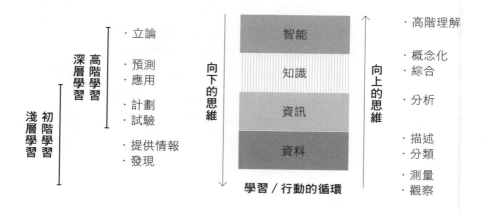

　　目前世界各地教改，重視學生達成高階思維及高階學習，故此思維的層次可用作綜合學習效能的量度指標。達成愈高層階的綜合學習，代表愈有效能。理論上來說，綜合學習包含多元、多領域及多方法，應較分隔學習更有助學生發展多元思維或多元觀點。這點與第三章情境多元思維的理論一致。

傳統學習的特性

　　傳統學習往往是一種分隔科目學習（separated subject）（例如模式 III、模式 IV，或其組合），重點在學習內容分隔為不同的科目（例如科目 1、科目 2、科目 3 等），見圖 4.4。有關的教學方法或認知活動，可以包括由觀察、量度、分類、描述、分析、整合、構想、元理解，或其不同組合。每一個分隔科目的學習層次，包括資料、資訊、知識、智能等，如圖 4.4 所示。傳統學習有以下的優點：（1）有明確的科目焦點及相關的內容結構，有助指引學習、教學及課程規劃；（2）在每個科目領域內，它相對容易提升教學方法的綜合性，跨越不同認知活動和思維的層次，由資料資訊到知識智能；及（3）對教師和學生的要求，將會沒有那麼高。在他們的學習與教學能得益於科目綜合之前，不用有基本的多元學科（multi-disciplinary）能力及橫跨不同學科的經驗。

圖 4.4　傳統科目學習的特性

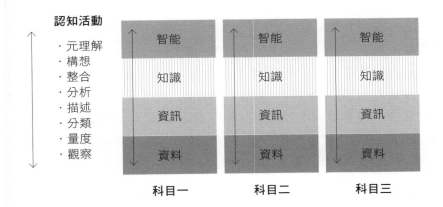

在輔助學生擴闊思考模式及多元觀點方面，傳統學習受到學科邊界的限制，有其限制性和弱點，缺乏機會幫助學生將一個學科的資料、資訊及知識轉移至其他學科，以培養多元或科際的思維及視野，理解學習、行動及每天生活的複雜課題。也較難跳出現有不同科目的框框，去提升思考能力及創造力。

要修訂分隔科目學習的限制性，可以有不同形式的綜合科目學習（integrated subject learning），其中包含一些不同的科目或學科。視乎選用教學方法或認知活動，有些綜合科目學習會聚焦在科目的低層次的思維，例如只集中在資料及資訊的收集。有些綜合科目學習會強調科目在高層次的綜合，要有高層次的思考，來推動科際或多元學科的知識及智能的發展。

要達成科目內容或教學方法上全面綜合（模式 I），綜合科目學習除內容綜合外，也可涵蓋全面的認知活動或全部的思維層級（由資料至智能）。

發展創造力的綜合學習

面對新世紀全球化、經濟轉型和國際競爭的挑戰，許多地區都強調發展學生的創造力（Collard & Looney, 2014; Education Commission, 2000a, b; Thomas, 2016; Yeh, 2018）。但是，創造力的概念及其與思維或學習的聯繫，還是非常模糊、充滿爭論的（Petrowski, 2000; Sternberg, 2000）。對不同人

士，創造力的概念也很不同，而提高創造力的途徑差距也很大，沒有一個可以指導實踐或研究的清晰理論架構。

現在，根據上文提出的綜合學習類型及思維層次，思考綜合學習與創造力發展有何關係，將是本章有趣、有意義的課題。

創造力的層階：在 CMT 架構中，智能、知識、資訊和資料都是思維和行動的重要組成部分。因此，創造力與智能、知識、資訊和資料的創造，有直接關係。與思維層次類似，也存在着一個創造力層階（hierarchy of creativity），底層是資料創造（第一級創造力），中間層是資訊和知識的創造（第二和第三級創造力），智能的創造處於頂層（第四級創造力），如圖 4.5 所示（Cheng, 2005, 2013a）。這圖也說明存在着兩種類型的創造力：（1）思維的創造力（creativity in thinking），指學習者有能力在思維和行動學習過程中，創造新的資料、資訊、知識和智能；（2）行動的創造力（creativity in action），是指學習者有能力對資料、資訊、知識和智能，創造新的運用方法，或者產生新的行動。

圖 4.5　創造力的層階

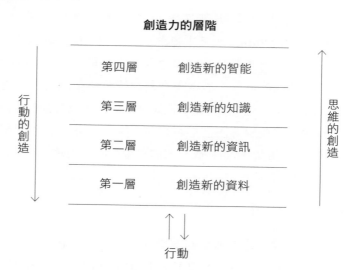

單一創造力：在單一科目或領域（如經濟）學習中，沒有與其他科目或學科綜合而產生的創造力，可稱為「單一創造力」（single creativity）或「單

一領域創造力」（single domain-bounded creativity）。例如思維中的科技創造力，是指僅限於科技領域的新資料、新資訊、新知識或新智能的創造。行動中的科技創造力，是指有能力對科技領域的資料、資訊、知識和智能，在行動中創造新的應用方法。

提高創造力的傳統方法，通常是研究和發展（R&D）單一學科或領域而獲得的。例如通過科技方面的項目研究，產生、積累新的科技觀點和知識，從而達到提高思維中的科技創造力的目的。在新科技工業領域，這也是最常見的革新方法。

二元創造力：在思維或行動的創造過程，如果包括了兩個科目或領域的綜合，這種創造力可稱為「二元創造力」（dual creativity）或「二元領域的創造力」（dual domain-bounded creativity）。類似地，我們可以將「思維中的二元創造力」（dual creativity in thinking）界定為學習者有能力綜合兩個科目或領域（例如經濟和政治）的東西及活動，來創造新的資料、資訊、知識和智能（圖 4.6）。行動中的二元創造力，可以界定為有能力運用來自兩個領域（如經濟和政治領域）的資料、資訊、知識和智能，來為行動提供新的情報，設計新的行動方法。

很明顯，二元創造力所產生的資料、資訊、知識和智能，不單是來自兩個孤立的科目 / 領域，而是在統合這兩個科目 / 領域知識的基礎上產生的。因為有了這種綜合，才有機會和有可能創造新的資料、資訊、知識和智能，來為新的行動服務。因此，二元創造力比單一創造力更有力、更複雜，也更精緻。根據這種思路，不難理解為何科際的研究及發展（inter-disciplinary research and development），成為提高學術創造力的一種主要途徑。

多元科目創造力：上述包括兩個科目或領域的二元創造力的概念，可以進一步擴充成包括三個或更多個科目或領域的多元創造力（multiple creativity）。類似地，「思維中的多元創造力」是指學習者有能力在綜合多個科目或領域（如三個或更多）的基礎上，創造新的資料、資訊、知識和智能。而「行動中的多元創造力」，可以界定為學習者利用多個科目或領域的資料、資訊、知識和智能，來設計新的行動、新的方法，達成目標。

圖 4.6 思維中的二元創造力（例子）

思維中的二元創造力

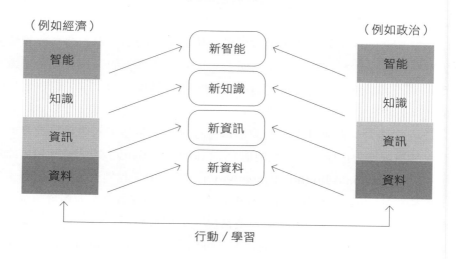

思維轉移產生的創造力：在情境多元思維矩陣中（第三章），行動或學習過程是可以產生思維轉移（thinking transfer）的，即從一種思維類型（例如經濟）遷移到另一種思維類型（例如政治）。由於思維由資料至智能有四個層次，所以思維類型的轉移（例如經濟轉移至政治）也可發生在這四個層面上，包括智能遷移（intelligence transfer）、知識遷移（knowledge transfer）、資訊遷移（information transfer）和資料遷移（data transfer）。每一層思維遷移都說明了一種創造，通過這種遷移創造了新資料、資訊、知識或智能。如圖4.7 所示的例子，科技領域（例如一項創新科技的資料）的資料可以轉換，而創造新的資料、資訊為經濟領域（例如消費者需要和由創新引發的經濟價值）所用。類似地，科技領域的資訊、知識和智能可以轉化創造經濟領域的新資訊、新知識和新智能。

為了提高創造力或創造思維（creative thinking），從一種思維類型轉變成另一種思維類型，這種觀點或做法已經不罕見了。在全球化衝擊下，科技和經濟產生了巨大的變化，科技理性（包括方法效率、科技工程、技術優化、目標達成）和經濟理性（包括效能、成本效益、經濟優化和資源管理）經常相

互轉變激發，並擴散到社會、政治甚至文化領域，創造出新的知識、觀點，並通常可以提出創新的方案，來解決這些領域的一些難題。

　　思維轉移產生的創造力，不局限於在兩個領域或科目產生，還可以在多元科目或領域之間轉移產生，例如思維從三個領域遷移到一個領域。在某種程度上，上文提到的行動或學習的多元創造力，是一種多元領域或科目之間的廣泛思維轉移。

圖 4.7　思維遷移產生的創造力（例子）

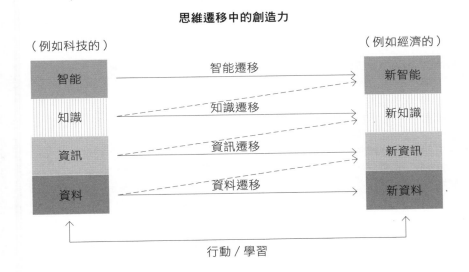

學生綜合的效能

　　如表 4.1 所示，有兩種學生綜合的方式：SEN 綜合及能力差異綜合。傳統來說，學生的綜合可以用兩個不同的概念來討論：分流教育（streaming education）及融合教育（inclusive education）。分流教育將能力差異的學生分開成不同能力的組別來教導，這樣每組內的學生差異少、能力接近。融合教育將 SEN 學生整合到主流教育（main stream education），讓他們與主流學生一起學習。無論是分流教育還是融合教育，學生的綜合與教育公平、教育效能的關係是怎樣的呢？這是教育政策、教學實踐及課程規劃都同樣要

關注的課題（Goransson & Nilholm, 2014; Mansor, Maniam, Hunt & Nor, 2016; Messiou, 2017）。在討論這些問題之前，需要明白兩者的教育觀點和營運模式有很大分別，如表 4.2 所示。（詳見鄭燕祥，2017）

表 4.2　分流教育與融合教育

分流教育理念	融合教育理念
教育觀點	
* 分班分流、因材施教 * 讓學生得到所需的教導 * 拔尖補底，強者愈強、弱者可進 * 分流公平，意在人盡其才 * 班大人多，也較可行 * 目標在於達成課程目標	* 同班合流、避免標籤 * 消除歧視，讓不同學生有平等受教機會 * 合流互助，減少強弱差距，成為社會楷模 * 合流公平，意在讓弱者有機會 * 班小人少，方可推行 * 目標在於社會融合、平等
營運模式	
* 同班學生能力較均質 * 一般教法、課程，較易配合學生需求 * 學習目標較明確、統一 * 時間及實踐成本較低 * 資源有限，也較可行 * 效果、效率較高	* 同班學生能力差異大 * 需要多樣化教法、課程，不易配合學生需求 * 學習目標要個別化、多元化 * 時間及實踐成本較高 * 資源配套俱備，方可推行 * 在乎可融合性

分流教育：它是將依學生能力不同分流來教，有分校分班分組之別；又將能力相近的學生放在同一校、一班或一組來教。分流教育做得好的話，可以因材施教，對待不同能力的班級，採用不同的管理及教學模式，變相達到照顧不同能力學生的效果，讓他們得到所需的教導。

不同層次的學生分流，可針對學生不同能力組別之需要，集中照顧管理，有焦點地運用資源，既可以「拔尖」，又能夠「補底」，使能力強的學生充分發揮所長，能力稍弱的學生受到照顧，人盡其才，這也是重要的教育公平的體現。在理想的分流教育，即使班內學生多一些，但因能力相近、均質，可集中管理教導，學習目的較清楚，課程的內容及進度較易安排，有效運用資源，達成預定的課程目標，配合該組別學生需要。同時，時間成本與實踐成本都可以降低。這也是在過去很長一段時間裏，香港乃至亞洲地區，

即使資源、條件有限，也可以透過分流教育擴大班級規模，以擴展教育的原因。（網上有大量關於分流教育的特色、經驗及策略的文獻，這裏不詳引述。特別指出的是，新加坡是分流教育的典型例子，目標清晰，可參見維基百科「新加坡教育」條目〔2014/1/13〕，https://zh.wikipedia.org/wiki/ 新加坡教育；及新加坡留學聯盟〔2013〕〈淺析新加坡的分流教育制度〉。2013 年 9月 30 日。http://www.edusg.com.cn/news/20130930_00096437.html。）

簡單來說，分流教育追求的就是高效率，以有限資源追求有效的目標達成。

融合教育：它的主張是將不同能力或學習需要的學生，安排在同一個班級中學習，現在常見的是將 SEN 學生放入主流學生的班級中。理想的融合教育可達至無標籤，消除歧視，做到教育公平、機會平等。同學之間可以互相幫助，縮小學生間能力的差距。對於能力高的學生來說，可以學習如何幫助弱者；主流學生學習接納 SEN 學生，SEN 學生享有與主流學生相同的學習機會。此時教育公平的意義在於讓弱者或不同學習需要者亦得到相同的學習機會，以達至社會融合公平，這是最核心的關注點。至於這是否有效的教學以讓所有學生達成課程目標，不是最優先的問題。

由於班內學生的能力及學習需求都差異很大，需要多元性的教學方法、多樣化的課程安排，教師、學校需要付出更多的時間及更大的成本，為的是能夠同時照顧 SEN 學生及主流學生；甚至還要考慮不同的 SEN，所需的專業技術及教學配套，可以差別很大、成本更貴。融合教育關注的是不同需要學生教育的可融合性，這個崇高的願景，必須有更高標準的人員配備及資源配套才能實現。但是在現實的條件下，這些配套所需的大量資源和人才往往不能做到，卻要推行融合教育，最後由學校師生承擔不良後果。（有關本港融合教育實踐與營運面對的問題和困難，可參考：香港立法會教育事務委員會〔2014〕、教聯會〔2016〕、徐國棟等〔2006〕、羅耀珍〔2008〕、譚偉明、梁昌才〔2008〕等。）

可見，融合教育與分流教育的理念及營運模式完全不同。兩者在實踐上皆有強項及弱項，教育目標有所不同，甚至教育公平的涵義亦有別，不能說哪一種教育更公平，要看實踐的對象、條件和效果（鄭燕祥，2017，第九章）。

可融合性：學校中融合教育的成效與學生的「可融合性」（inclusiveness）有關，可融合性是甚麼呢？我們可以用融合的後果來考慮可融合性，有兩方面：對 SEN 學生的利弊及對其他學生的利弊來分辨可融合性。如圖 4.8 所示，有四種情境（象限），來代表不同的可融合性（Cheng, 2013b）：

圖 4.8　可融合性與公平性

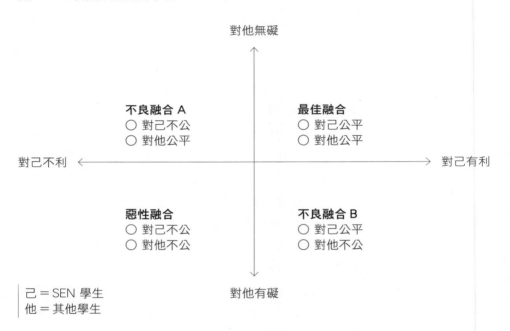

己＝SEN 學生
他＝其他學生

（1）「最佳融合」（best integration）（第一象限），就是對所有人都有利而無礙的「有效融合」，也即對 SEN 學生是教育公平，並對其他學生是學習有效。一般而言，這對所有學生最好、最公平；

（2）「不良融合 A」（disadvantaged integration A）（第二象限），即不可融合的融合，就是對 SEN 學生的學習有礙，對其他人則無礙。這種不良融合教育應是對 SEN 學生的教育不公平的。由於不同原因，例如 SEN 學生「太特殊」、教師無能力照顧、課程不配合、其他學生不配合、設施不配等等，這樣 SEN 學生不單沒有接受應有的教育，身心問題反而惡化；

（3）「惡性融合」（worst integration）（第三象限）即是絕不可融合的，

就是對任何學生（包括 SEN 學生及其他學生）都是有礙或不利的融合，是對所有學生不公平。例如其他學生欺凌 SEN 學生，或是 SEN 學生經常情緒發作，干擾其他學生的學習，班內形成慣性惡劣氣氛；及

（4）「不良融合 B」（disadvantaged integration B）（第四象限）也是不可融合的融合，但與「不良融合 A」不同的是，它對 SEN 學生有利，但卻給其他學生的學習帶來持續性麻煩、妨礙，對他們的教育不公平，引起不滿。這樣的融合也不會長久，最終對 SEN 學生不利。

可融合性是融合教育或學生綜合的精髓，沒有可融合性的融合或綜合，只會為學生帶來不公平的現象，不論對 SEN 學生還是其他學生都不好。為了避免這些不公平的情況出現，需要做科學研究，例如研究如何可以達到 SEN 學生及其他學生之間的相容性，或者至少可以明確知道，哪些範疇、水平、類型的 SEN 學生在哪些情況及條件下是可以融合的。然後再解決教師的師資培訓問題，規定教師要接受哪些培訓，使他們能夠管理、照顧融合教育班級。亦須要求及幫助學校做到，增加相關輔助人員或配套設備去實行可融合的融合教育；將融合教育的可融合性及相關制度配套規範化，保障所有學生的教育公平（鄭燕祥，2017，第九章）。

結論

在目前的課程改革，學習的綜合是一個複雜但沒有明確定義的概念。沒有一個理論架構，很難去說明綜合學習在理論建設和實際推行上，應該怎樣構想、設計和執行，以優化學習效能、提升思考能力及助長創造力發展。要解決這個問題，本章提出一個類型架構，將綜合學習分為三種主要類別，包括內容綜合、教學綜合及學生綜合。同時，可進一步將這些類別分為六種子類別，包括科目綜合、領域綜合、方法綜合、認知綜合、SEN 綜合及能力差異綜合。

這個類型架構提供一個全面的分類，將綜合學習的可能方式描繪出來，有助世界各地的課程變革和發展，在政策決定、實踐推行、課程規劃和研究上，構想綜合學習的主要問題，例如甚麼學習內容可以綜合，以達到學習的目的；甚麼教學法可以應用及整合起來，以提升學習過程的效能；能力差異

的學生或 SEN 學生怎樣可以整合起來一起學習，以確保學習上的平等、公平和效能。

用這個類型架構，可以描繪出四個基本綜合學習的模式的特性：模式 I：全面綜合；模式 II：內容綜合及教學分離；模式 III：內容分隔及教學綜合；及模式 IV：全面分隔。這些模式各有自己的特性和限制性，在構想和實踐上可以提供一個有用的參考架構，給教育工作者、課程規劃者及政策制定者思考希望選擇和運用甚麼模式，他們選擇的綜合學習有哪些強項和弱項。

由於綜合學習的過程中，往往包含行動的元素，故此綜合學習可以構想成為行動學習，有行動的元素和循環，以獲得更多完整的學習經驗。綜合學習的效能，應不單決定於學生在低層次的行為表現的改變，同時應由他們高層次的思考模式的改變來決定。

運用思維及認知活動的層次，本章進一步分析，傳統學習作為分隔科目學習的強項和弱點，幫助學校實踐者、課程發展者和政策制定者了解綜合學習的可能發展。受到科目邊界的限制，傳統學習往往缺乏機會進行資料、資訊、知識及智能的轉移，由一科目轉到其他科目，所以很難培養學生有多元思考或觀點，提升他們的創造力，跳出現有的框框來思考。

要提升創造力、擴闊視野，可以採用多元科目學習，綜合兩個或更多的科目來學習。多科目的綜合，有更多機會及可能性產生新的資料、新的資訊、新的知識和新的智能，同時指引新的行動。所以，由多元科目學習帶來的創造力，比起單一科目學習，可以更有力量。這說明科際學習及多元科際學習在目前課程改革中，為何受到重視和推行，以提高創造力發展及擴闊多元視野。

學生綜合包括融合教育及分流教育，在世界各地吸引重大的政策關注及研究。融合教育和分流教育的教育理念及營運模式鮮明不同，各有強項和限制性。在概念上和實踐上，很難說哪一個方法更為公平和有效能。學生的綜合方式及效能，主要依賴學生的可融合性。學生融合有四個處境，可提供一個工具去辨認學生融合的可能正面或負面的結果。希望本章提出的綜合學習的類型架構與相關討論，能夠為本地及國際課程改革，提供新而全面的架構，有助政策規劃、執行及研究。

註：本章部分內容修訂自作者的鄭燕祥（2017）及譯改自 Cheng（2019）。

參考文獻

*

香港特別行政區立法會教育事務委員會（2014/9）。《融合教育小組委員會報告》。http://www.legco.gov.hk/yr13-14/chinese/panels/ed/ed_ie/reports/ed_iecb4-1087-1-c.pdf

香港教育工作者聯會（2016）。《「教師對融合教育的意見」問卷調查》。2016 年 5 月 5 日。http://www.hkfew.org.hk/ckfinder/userfiles/files/20160505_press_1.pdf

徐國棟、謝宗義、余煊、冼權鋒、黃婉冰、容家駒（2006）。《融合教育在香港小學推行的情況》。香港初等教育研究學會及香港特殊教育學會。

新加坡留學聯盟（2013）。〈淺析新加坡的分流教育制度〉。2013 年 09 月 30 日。http://www.edusg.com.cn/news/20130930_00096437.html

維基百科。「新加坡教育」。2014 年 1 月 13 日。https://zh.wikipedia.org/wiki/ 新加坡教育

鄭燕祥（2017）。《香港教改：三部變奏》。中華書局（香港）有限公司。

羅耀珍（2008）。〈發展校本融合課程的挑戰〉。《教育曙光》，卷 56，期 2。http://www.ln.edu.hk/osl/newhorizon/abstract/v56n2/5.pdf

譚偉明、梁昌文（2008）。〈知識樽頸：香港主流學校推行融合教育面對的制約〉，《教育研究學報》，卷 23，期 1，頁 135-155。

Abbas, Z., Bharat, A., & Rai, A. K. (2013). Paradigm shift from informative learning to transformative learning: A preliminary study. *International Journal of Innovative Research and Development*. 2 (12), 167-172.

Argyris, C., & Schön, D. A. (1974). *Theory in practice: Increasing professional effectiveness*. Jossey-Bass.

Armstrong, F., Armstrong, D., & Barton, L. (2016). *Inclusive education: Policy, contexts and comparative perspectives*. Routledge.

Ausburg, Tanya (2006). *Becoming Interdisciplinary: An Introduction to Interdisciplinary Studies* (2nd ed.). Kendall/Hunt Publishing.

Beetham, H., & Sharpe, R. (eds.) (2013). *Rethinking pedagogy for a digital age: Designing for 21st century learning*. Routledge.

Board, A. (2016). Student engagement and success using an inquiry approach and integrated curriculum in primary education. *Journal of Childhood Studies*, 38(2), 41-44.

Cheng, Y. C. (2005). Multiple thinking and creativity in organizational learning. *International Journal of Educational Management*, 19(7), 605-622.

Cheng, Y. C. (2013a). Contextualized multiple thinking and creativity. In A. Antonietti, B. Colombo & D. Memmert (eds.), *Psychology of Creativity: Advances in theory, research and application*. (Ch. 2, pp. 21-52) Nova Science Publishers.

Cheng, Y. C. (2013b). Effectiveness of inclusive education: Inclusive-ability, education equity, and teacher training. *Hong Kong Special Education Forum*. 15, 68-78.

Cheng, Y. C. (2016). *Contextualized multiple intelligence and experiential Education: Creativity, innovation and entrepreneurship*. Invited keynote speech at the 9th Asian Chinese Experiential Education Conference, 10 December, 2016, Chinese University of Hong Kong.

Cheng, Y. C. (2019). *Paradigm shift in education: Towards the 3rd wave of effectiveness*. (11 Chapters, pp. 1-267) Routledge.

Collard, P., & Looney, J. (2014). Nurturing creativity in education. *European Journal of Education*, 49(3), 348-364.

Curriculum Development Council. (2001, June). *Learning to learn: Life-long learning and whole person development*. Hong Kong: Government Printer.

Davenport, T. H. & Prusak, L. (2000). *Working knowledge: How organizations manage what they know*. Harvard Business School Press.

Denis, M. (1991) *Image and cognition*. Harvester Wheatsheaf.

Dierkes, M. (2001). *Handbook of organizational learning and knowledge*. Oxford University Press.

Education Commission. (2000a). *Learning for life, learning through life: Reform proposals for the education system in Hong Kong*. Hong Kong: Government Printer.

Education Commission. (2000b). *Review of education system: Reform proposals* (Consultation document). Hong Kong: Government Printer.

Ferren, A. S., & Anderson, C. B. (2016). Integrative Learning: Making Liberal Education Purposeful, Personal, and Practical. *New Directions for Teaching and Learning*, 145, 33-40.

Finegold, D., & Notabartolo, A. S. (2010). 21st century competencies and their impact: An interdisciplinary literature review. *Transforming the US workforce development system: Lessons from research and practice*. Retrieved from: http://www.hewlett.org/uploads/21st_Century_Competencies_Impact.pdf

Göransson, K., & Nilholm, C. (2014). Conceptual diversities and empirical shortcomings — a critical analysis of research on inclusive education. *European Journal of Special Needs Education*, 29(3), 265-280.

Hom, E. J. (2014), What is STEM Education? Live Science. Feb.11. https://www.livescience.com/43296-what-is-stem-education.html

Huber, M. T., & Hutchings, P. (2004). *Integrative Learning: Mapping the Terrain*. The Academy in Transition. Washington, DC.: Association of American Colleges and Universities. Retrieved from https://eric.ed.gov/?id=ED486247

Hughes, P. C., Munoz, J. S., & Tanner, M. N. (eds.) (2015). *Perspectives in Interdisciplinary and Integrative Studies*. Texas Tech University Press.

Jahnukainen, M. (2015). Inclusion, integration, or what? A comparative study of the school principals' perceptions of inclusive and special education in Finland and in Alberta, Canada. Disability & Society, 30(1), 59-72.

Joyce, Bruce; Weil, Marsha; and Calhoun, Emily, "Models of Teaching" (2003). *Centers for Teaching and Technology - Book Library*. 96. https://digitalcommons.georgiasouthern.edu/ct2-library/96

Kaufman, K. J. (2013). 21 Ways to 21st century skills: Why students need them and ideas for practical implementation. *Kappa Delta Pi Record*, 49(2), 78-83.

Kelley, T. R., & Knowles, J. G. (2016). A conceptual framework for integrated STEM education. *International Journal of STEM Education, 3*(1), 11. https://stemeducationjournal.springeropen.com/articles/10.1186/s40594-016-0046-z

Kieu, T. K. (2017). Transforming education in central Vietnam by integrated curriculum approach: From initiatives to sustainability. *European Journal of Education Studies*. 3(12). Retrieved from: https://oapub.org/edu/index.php/ejes/article/view/1316

Kolb, D. A. (2015). *Experiential learning: Experience as the source of learning and development*. Pearson Education Press. Vol. 3, Issue 12. Retrieved from: https://oapub.org/edu/index.php/ejes/article/view/1316

Lewis, E. C. (2017). Promoting undergraduate research through integrative learning. Internatinal Journal of Teaching and Learning in Higher Education, 29(3), 545-550.

Linn, M. C. (2006) The Knowledge Integration Perspective on Learning and Instruction. In R. Sawyer (ed.), *The Cambridge Handbook of the Learning Sciences*. Cambridge University Press.

Longworth, N. (2013). *Lifelong learning in action: Transforming education in the 21st century*. Routledge.

Mansor, A. N., Maniam, P. P., Hunt, M. C., & Nor, M. Y. M. (2016). Benefits and disadvantages of streaming practices to accommodate students by ability. *Creative Education, 7*(17), 2547.

Messiou, K. (2017). Research in the field of inclusive education: time for a rethink?. *International journal of inclusive education, 21*(2), 146-159.

Mok, M. M. C. & Cheng, Y. C. (2001). A theory of self learning in a human and technological environment: Implications for education reforms. *International Journal of Education Management*. 15(4), 172-186.

Mumford, K., Hill, S., & Kieffer, L. (2017). Utilizing Undergraduate Research to Enhance Integrative Learning. *Council on Undergraduate Research Quarterly*, 37(4): 28-32.

Newton, L. D., & Newton, D. P. (2014). Creativity in 21st century education. *Prospects*, 44(4), 575-589.

O'Hanlon, C. (2017). *Inclusive education in Europe*. Routledge.

Petrowski, M. J. (2000). Creativity research: Implications for teaching, learning and thinking. *Reference Services Review, 28*(4), 304-312.

Piaget, J. (1962). *Play, Dreams and Imitation*. Norton.

Reindal, S. M. (2016). Discussing inclusive education: An inquiry into different interpretations and a search for ethical aspects of inclusion using the capabilities approach. *European Journal of Special Needs Education*, 31(1), 1-12.

Schmidt, R. A. (1975). A schema theory of discrete motor skill learning. *Psychological Review*, 82, 225-260.

Schön, D. A. (1987). *Education the reflective practitioner: Toward a new design for teaching and learning in the professions*. Jossey-Bass.

Shammari, I. Y. (2018). *An integrated curriculum*: *Advantages* and *disadvantages*. Presented at Authorstream, 3 July, Web: http://www.authorstream.com/Presentation/irphan-1057365-integrated-curriculum/

Sternberg, R. (2000). (ed.) *Handbook of creativity*. Cambridge University Press.

Sydänmaanlakka, P. (2002). *An intelligent organization: Integrating performance, competence and knowledge management*. Capstone Publishing.

Thomas, G. E. (2016). Alternative theories, pedagogy and education for fostering creativity in a diverse global world. *Open Journal of Social Sciences*, 4(07), 241.

Venville, G. (2005), Integration of science with other learning areas, *Curriculum & Leadership Journal,* 3(12). May 6. http://www.curriculum.edu.au/leader/excerpt_from_the_art_of_teachinf_science,8861.html?issueID=9774

Webb, M., & Reynolds, N. (2013). Current and future research issues for ICT in education. *Journal of Computer Assisted Learning*, 29(1), 106-108.

Wikipedia (2018a), Interdisciplinarity. At Wikipedia, 3 July, web: https://en.wikipedia.org/wiki/Interdisciplinarity

Wikipedia (2018b), *Knowledge integration*. At Wikipedia, 3 July, web: https://en.wikipedia.org/wiki/Knowledge_integration

Yeh, C. S. H. (2018). Creative learning and learning creativity: Scrutinizing the nature of creativity and developing strategies to foster creativity in education. In Cathal Ó Siochrú (ed.), *Psychology and the study of education: Critical perspectives on developing theories* (pp. 47-63). Routledge.

第五章
自我學習與生態系統

　　過去一個世紀，學習的概念經歷了一系列範式的轉換（paradigm shift），即從青少年、兒童教育轉向終身教育，從以教師為本的學習轉向以學生為中心的學習，從專門化訓練轉向全人發展，從知識技能傳授轉向情境多元智能（Contextualized Multiple Intelligence, CMI）發展，從以課堂為限的教學轉向全球化的學習，從有限的教材轉到多元學習資源，如社區體驗（community experiences）、網上學習、國際交流（international exchange）和世界級的學習資源（見第一、二章）。當前，為了更好地幫助學生應對 21 世紀的快速變化和挑戰，世界各地的教育改革都極力推動以學生為中心的終身學習（life-long learning）及自我學習（self-learning）（Panadero, 2017; Schunk, & Greene, 2017）。

　　創新科技（innovative technologies），特別是資訊及溝通科技（information and communication technology, ICT）、互聯網（internet）、流動科技（mobile technology）、人工智能（artificial intelligence, AI）、3D 印刷、虛擬真實（virtual reality）及雲端科技（cloud technology）的發展，正對人們生活各個方面猛烈衝擊，促使決策者和教育工作者必須採取新科技來拓寬學生的學習機會，加速教育朝着終身的自我學習這一新範式的轉變（Brockett & Hiemstra, 2018; Cheng, 2019）。因此，幾乎所有國家，無論是亞太地區或其他各地，都把 ICT 及新科技在教育中的使用列為當前教育改革的一項重要議程，也是順理成章的事（Cheng, 2003; Rashid & Asghar, 2016; Vas, Weber & Gkoumas, 2018）。

　　目前，無論是發達國家還是發展中地區，都在課程、教學和學習的方法及環境等方面進行了改革，也投入了大量資源，建設 ICT 環境，開發新學習平台（learning platform）（Anderson, 2016; Boticki, Baksa, Seow, & Looi, 2015; Gros & García-Peñalvo, 2016; Oproiu, 2015），甚至形成終身自我

學習的全球及本地學習生態系統（global and local learning ecosystems）（Fournier, Molyneaux, & Kop, 2019; García-Peñalvo, et al., 2017）。

但不幸的是，這些懷着良好願望的行動，在實施過程中卻遇到很多困難、限制和挫折。其中一個主要障礙，是人們對如何發展、保持自我學習的進程和特性，缺乏深層次的理解。尤為突出的是，很少有人理解，學生的自我學習是如何發生的；如何長久地激發自我學習的積極性，並加以保持；如何使 ICT 在推進和保持自我學習的過程中發揮重要作用；如果過於強調 ICT 的使用，又會出現甚麼問題；網絡化的人際環境和 ICT 環境如何一起形成一個學習生態系統，創造自我學習的氛圍，促進每個學生在當地和全球情境下持續學習，應是教育全球化、本土化及個人化過程中的一個重要問題（Panadero, 2017; Panadero, Jonsson, & Botella, 2017; Schunk, & Greene, 2017）（第二章）。

如果沒有一個全面的理論來幫助理解、回答這些問題，不少教育改革和實踐都將會困難重重，甚至失去方向，為學校帶來負面影響。因此，需要發展一個在學習生態系統中自我學習的理論。

關於學習生態系統（含網絡化人際和 ICT 環境）中自我學習的論述，涉及以下幾個方面的研究：行動學習（action learning）和組織學習（organizational learning）研究（e.g. Beaty & McGill, 2013; Dixon, 2017; Namada, 2018; North & Kumta, 2018; Revans, 2016）；學習心理學或動機心理學研究（e.g. Duchesne & McMaugh, 2018; Pritchard, 2017; Schunk, 1996）；從心理學角度對個體的自我主導學習（self-directed learning）或自我調控學習（self-regulated learning）的研究（e.g. Rhonda, et al., 2018; Schunk & Zimmerman, 1998; Zimmerman, Schunk, & DiBenedetto, 2017）；學習環境研究（e.g. Cetin-Dindar, 2016; Huda, et al., 2018; Van der Kleij, Feskens & Eggen, 2015）；ICT 教育應用（如學習機械、學習平台及學習生態系統等）（e.g. Anderson, 2016; Boticki, Baksa, Seow, & Looi, 2015; García-Peñalvo, et al., 2017; Oproiu, 2015）；以及終身學習（lifelong learning）和學習型社會（learning society）的研究（e.g. Griffin, 2018; Longworth, 2019; Steffens, 2015）。從這些方面的文獻趨勢來看，我們可以發現：

（1）這些年來，各相關領域的知識都有實質性發展，這有助於我們理解學生自我學習的一些關鍵因素；

（2）關於自我主導（self-directed）/ 自我調控（self-regulated）學習的研究發展非常迅速，但主要都是從心理學角度或微觀角度來關注個體學習者。鮮有研究超越個體、教室或學校層面，將個體的自我學習過程與所處的人際—社會情境聯繫起來。人們也常常忽視如何以全球的網絡化學習環境來維持學生的自我學習；

（3）欠缺文獻綜合不同領域的研究，提供一個全面的模式或理論，來解釋在包含人際和 IT 環境的學習生態系統中，學生自我學習的特性。

為解決當前教改中存在的上述知識鴻溝，本章旨在提出一個理論模式，幫助讀者理解在學習生態系統中有效的自我學習。在整合現有研究的基礎上，本章提供的模式將有助於深化對自我學習本質和過程的理解，也有助學生在學習生態系統中，成為一個具有高動機、高效的自我學習者。同時，從本章的理論中還可以得出一些啟示，以論證當前各地教改中的範式轉變、政策制定和教育創新。

自我學習循環

自我學習並不是一個新概念。Knowles（1975）認為，這不過是一項「基本的個人能力 —— 獨立學習的能力」。基於本書第四章中行動學習（action learning）的概念，我們可以將自我學習進程概括成一個循環行動學習過程，如圖 5.1 所示。學習過程依次序分成三個部分：心智狀況或心智系統、行動和成果；將這三個部分聯繫起來的是四個過程：計劃、監察評估、對心智狀況的反饋和對行動的反饋。學習者的心智狀況（或心智系統）包括他 / 她學習之前的動機、認知和意志狀態。這些因素將決定對學習活動的計劃和學習行動的內容。行動是指學習者在自我學習過程中的行為和表現。監察評估指觀察學習過程和結果，找出預期目標和學習結果之間存在的錯配。成果是指學習行為帶來的結果或成效，包括正面和負面的、顯性和隱性的學習體驗。

如第四章所論，通過監察評估，學習者可以得到兩種類型的反饋：一種是針對心智系統的，另一種是直接針對行動的。針對心智系統的反饋有助於學習者反思、改變自己的心智模式，包括元認知（meta-cognition）、元意志（meta-volition）、思維方式、信念及知識，從而調整已有的學習計劃和學習

行動。能引起心智系統變化的學習，通常被認為是高階學習或第二級學習。

　　針對行為的反饋，將幫助學習者不斷調整學習行為。引起行為或行動變化的學習，通常被認為是初階學習或第一級學習。由於這種學習通常沒有改變學習者的心智系統，因此不能在一個較高的層次上長久地影響學習者。

圖 5.1　自我學習循環與學習生態系統

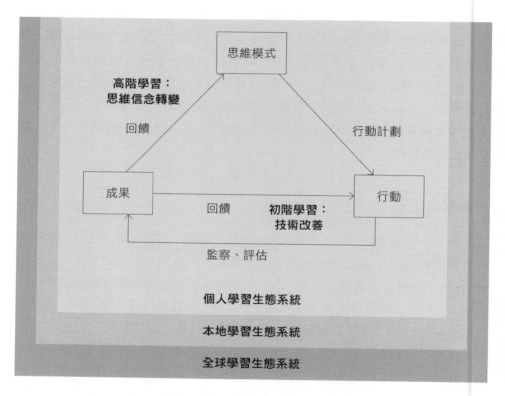

　　上述自我學習模式中各因素之間的關係是相互牽連、相互影響的。例如某種心智狀態影響學習行動，而學習行動所形成的結果和反饋，反過來又影響學習者的心智狀態。自我學習的循環特性，説明學習可能需要經過多次體驗循環，才能提升到一個較高的思維層次或掌握一種技能。自我學習也是一種層次結構，因為完成一個學習循環之後，學習者的知識和思考水平有所提高，將從一個較高層次來考慮學習任務、策略和學習情境。

學習生態系統

自我學習不是發生在一個真空的環境，可以在個人化的課程、設施、平台及情境中有效配合個人特性來學習；可以在本地的學校、家庭、社區、工商機構、文教組織等不同場所發生或進行，得到本地各種物質或智性資源（intellectual resources）的支援；也可以透過網絡平台或國際交流，進行全球化的學習，獲得全球視野，達至世界級水平。

根據第二章所述，新世紀的教育有三重化範式，而自我學習可以是一種三重化學習（triplized learning），包含個別化學習（individualized learning）、本地化學習（localized learning）及全球化學習（globalized learning）。這些學習，需要借助各種網絡和 ICT 設施（軟件、硬件）來連繫不同形式的學習資源，形成不同的學習平台，方便及協助自我學習的進行。若將這些學習網絡、ICT 教學設施、學習平台及相關的人際資源和體制組織起來，可成為一個較為完整的學習生態系統，其中各部分互相呼應相連，有充分的人際生態互動，可更全面推動自我學習的進行及發展（Boticki, Baksa, Seow, & Looi, 2015; Fournier, Molyneaux, & Kop, 2019; García-Peñalvo, et al., 2017; Gros & García-Peñalvo, 2016; Oproiu, 2015）。

配合教育三重化的發展，學習生態系統可分為個人、本地及全球等三層次，如圖 5.1 所示。全球學習生態系統，應可透過其中網絡平台及國際合作，讓自我學習得到最大的全球聯繫，以及來自世界各地的支持、學術資源及推動力。例如全球網上學習平台、國際訪問、沉浸式學習計劃、國際交換計劃、國際夥伴計劃及各種全球化有關的新課程內容等（第二章）。

本地學習生態系統，可透過本地不同網絡及人際環境，讓自我學習盡量切合本地所需，擴大本地不同人士對學習的支持，獲得更多地區物質及人力資源，增強教學實踐的成效。例如社區學習、工作體驗、服務學習、專家駐校指導、社區夥伴計劃及與本地發展有關的新課程等（第二章）。

個人學習生態系統，可透過不同的學習網絡、學習平台及人際環境，提供個別化學習，提升自我學習的主動性及創意，鼓勵自我實現、自我管理及自我控制，以及關注個體的特殊需要等。個別化的例子，實施個別化教育項目，設計及使用個別化的學習目標、方法及進度表，鼓勵學生自我學習，讓

學習及工作充滿動機，發揮主動性及創意（第二章）。

在當前教育改革，如何設計和發展人際及 ICT 環境為學習生態系統的重要部分，幫助推動終身的自我學習，成為一個重要的課題（Fournier, Molyneaux, & Kop, 2019; García-Peñalvo, et al., 2017）。本章目的在探討這課題。

ICT 生態環境

自我學習是在一定情境下發生的。學習所在的生態情境，是促進還是阻礙學習者的持續學習？對於這一點，教育改革必須認真考慮、重新設計。根據個人、本地及全球的學習生態系統的概念，人際環境（human environment）和 ICT 環境都是促進、保持自我學習的重要環境因素（Garrison, 1997; Henderson & Cunningham, 1994; Reimann & Bannert, 2017）。由於 ICT 軟件、互聯網、流動科技、人工智能、虛擬真實應用及國際 ICT 開發公司的迅速發展，近來對開發 ICT 環境或生態系統，以支持教學範式轉移的需求很大。網絡科技的發展，使大量學習者、設計者、供應者及學習資源結成網絡，分擔不同形式的學習平台及軟件的發展角色，這樣可以提高社群互動，便於學習者分享學習經驗和資源。這樣的 ICT 生態環境，還可推動和加速學習上監察、評價和反饋的進程，使之更快速、有效（Panadero, 2017; Panadero, Jonsson & Strijbos, 2016; Rashid & Asghar, 2016）。

在教育改革中，新科技可以在四方面作出貢獻，推動建立一個強大的 ICT 生態環境，促進學生的自我學習循環發展：

（1）ICT 系統使資訊的獲得途徑和更新速度發生了根本性變革，重新定義學習的內涵和目標。在網絡平台的幫助下，學習者可以獲得來自世界各地的、最好的網絡學習材料。而且，由於資訊科技的高速傳播特徵，每個學習步驟、學習行為和學習整體水平都可以立即得到反饋。對學習者心智狀態和學習行為的快速反饋，實際上加快了學習的速度，包括學習者的認知改變和行為改變；

（2）ICT 的創新，讓自我學習過程中應用測量理論、人工智能、大數據的評估任務成為可能。現在可以利用科技進行即時計分（real-time scoring）、電腦自適應測試（CAT）、自動資料記錄（automated data logging）和電腦專項建構（computer ICTem construction）。高級評估方法可以大大提高監察、反饋的質量和精確度，這樣，學習質量和機會就能得到保證（Azevedo, Taub, & Mudrick, 2017; Baker, Dickieson, Wulfeck, & O'Neil, 2008; Bennett, 1999; Wolters & Won, 2017）；

（3）ICT 系統可使評估從傳統的紙筆模式（paper-pencil format）轉變成以視象化的多媒體任務進行表達和提交，這樣可以詳實追蹤學習過程的情境表現（contextualized performance）（Baker, Dickieson, Wulfeck, & O'Neil, 2008; Bennett, 1999）。例如 Chung and Baker（1997）描述了如何觀察、評價學生根據網頁存儲的資訊而建立的複雜概念圖（complex concept maps）。他們不僅可以評價最終產品的質量，還可以詳實地了解學生的學習過程。他們利用網頁存取的資訊，監察學生的學習過程，包括與任務有關的重要資訊、利用網絡查找相關資訊的時間、瀏覽每個網頁所用的時間、對已有概念圖的修正等等。這些資訊都是有用的工具，能夠幫助理解學習過程的複雜特性，改進學習策略、行為和成果；

（4）ICT 系統打破了距離障礙，使學習者可以遠距離學習，並在學習者、導師、設計者及其他專家之間創建了聯結或平台。學習者就有更多的機會進行社群互動、分享經驗和交流資訊（Mok, 2010）。至此，一個可以支持和維持個體學習者進行自我學習的網絡化的人際環境就建立起來了。

人際生態環境

有意義的學習通常是在一個由教師、朋輩、父母、專家和其他成人組成的人際生態環境中發生的，同時在一定程度上也反映了不同的參與者所持有的教育理念。人際環境對自我學習的心理動機和行為舉止等關鍵方面起着非常重要的作用（Hadwin, Järvelä, & Miller, 2017）。Zimmerman（2000）特別強調了社會因素（social factors）、環境因素（environmental factors）、個體自身（personal self）之間相互依存的關係和它們對於自我學習過程的雙向影響（bi-directional influences）。所以，人際環境也是構成學習生態系統的重要部分，影響自我學習過程的成敗。

教師作為人際生態環境中的關鍵人物，可幫助學習者發展自我學習的相關態度和技能，如目標設定（goal-setting）、自我調控（self-management）、自我監察（self-monitoring）和自我評價（self-evaluation），這些都是自我學習成功的要素。舉例來說，ICT 時代不缺乏資訊，但學習者需要對資訊作出判斷，因此學習者必須具有批判思維，確認和辨別學習材料的質量，例如辨別從網頁下載的材料。而教師作為成熟的輔導者，應提供恰當的學習參考或指南，幫助學習者辨別材料。Winne and Perry（2000）肯定，教師在評價學生自我學習質量、適當時候提供指導等方面具有的獨特地位。學習者也通過觀察和模仿，向朋輩、父母和其他成人學習（Kramarski, 2017; Schunk, 1998）。

自我學習是一個複雜的過程，其努力結果可能是一無所成（non-accomplishments）、挫折甚至失敗。這種時候，教師、家長及朋輩的鼓勵和社群支援，可以為學習者提供一種情感支援。濃厚的社群支持氛圍，能鼓勵學習者以一種積極的方式，繼續擔當挑戰任務、分析策略、應對失敗和挫折。

隨着 ICT 的發展，在學習者、教師、家長、朋輩、專家及其他社區人士之間，可建立一個人際網絡、人際平台，甚至人際生態系統，來支持自我學習的發揮（Hadwin, Järvelä, & Miller, 2017; Harms, 1915; Reimann & Bannert, 2017）。

當個體學習者在 ICT 環境的支援下結成網絡，將對可利用資訊的數量、人際交流和互動產生倍數級的效果，有力地促進學生的自我學習。網絡化的學習者、教師、家長和其他專業人員，將在個人、本地及全球層面上，形成一個人際生態系統，支援學生持續的自我學習。在不同地方的學習者、教師、專家和家長可通過網絡連接，構成不同形式的學習群組（learning groups），在學習生態系統支持下進行學習。ICT 加快了向學習系統中的學習者提供社會資訊和資訊反饋的速度。這種高速傳播，加上網路上資訊大量增加，不僅意味着一個 ICT 學習生態系統的到來，也意味着我們需要一個緊密網絡化的人際環境，來推動和提高個體學習者的自我學習。自我學習不再是個體學習者在孤立情境中獲得資訊，而是學習者和其他社會成員在人際環境中提升智慧和動機，提高選擇（selecting）、管理（managing）、遷移（transferring）、創造（creating）和擴展（extending）知識的能力的過

程（Anderson, 2016; Hadwin, Järvelä, & Miller, 2017; Reimann & Bannert, 2017）。

推動自我學習循環

通過前文對學習循環、人際和 ICT 學習生態系統的討論，我們可以考慮，如何在這生態系統的支持下，激發學生自我學習的每一階段的運行，以獲得有效的學習成果。

階段 1：激發心智系統的學習動機

學習循環的第一階段，主要關注如何使學習者的心智狀況和心智系統做好開始學習的準備。其中，動機、元認知和元意志是心智系統中激發自我學習的三個重要因素。人際和 ICT 環境如何促進學習者的心智狀況發展，以準備開始自我學習呢？討論要點，如表 5.1 所示。

動機：若要自我學習發生，學習者需要有接受學習任務並參與其中的動機。許多文獻已提出了多個自我學習的動機模式（如 Efklides, Schwartz, & Brown, 2017; Rheinberg, Vollmeyer & Rollett, 2000）。在他們關於自我激勵學習（self-initiated learning）的特徵的描述中，都指出了兩個關鍵因素：（1）期望（expectancy）：學習者必須相信，學習活動會對學習結果產生積極影響；（2）價值（value）：學習者認為學習結果對個人發展很重要。

包括教師、朋輩、家長和其他重要人士在內的人際環境，可以激發並保持學習者的動機。這些人士可以啟發學習者聯繫努力和成果之關係，肯定學習結果的重要性，或尋找已有基礎中存在的問題等方法來激勵學習。支持性的社會環境有助學習者保持動機（Rana, Ardichvili, & Polesello, 2016）。

ICT 環境在一定程度上決定了人際環境的組成和特性，它也可以激勵和推動學習者動機。例如誰可以成為學習過程中的「朋輩」？可以是同一教室中的同學，也可以是地理意義上相隔很遠的人；朋輩之間的互動和反饋可以是及時的，也可以是延遲的；互動可以是一對一、多對一的，也可以是同步的；交流可以是頻繁進行，也可以是偶爾為之。因此，ICT 生態環境在激勵學習者的過程中起着推動作用。此外，ICT 系統還可決定學習資源的數量、形式、陳

表 5.1 心智準備與學習生態系統

心智狀態	人際生態環境	ICT 生態環境
* 動機：激發學習者進行學習活動的興趣，並準備投身其中	* 激勵：人際環境通過挑戰或辨別學習者的知識、技能差距，激發其學習需要 * 保持：支持性的社會環境有助於保持動機	* 激勵：ICT 提供一種資訊豐富、充滿激勵的環境來逐步滿足學習需要 * 推動：ICT 提高學習者、教師及朋輩間的聯繫頻率和速度
* 元認知：學習者清楚了解自己的知識基礎和將要參與的學習活動	* 社會支援發展認知能力：人際環境幫助學習者： - 形成對學習成果的清晰期望 - 理解已有的知識基礎 - 清楚知道若要獲得預期成果需付出多少努力	* 資訊綜合：ICT 提供的資訊便利學習者： - 了解利用 ICT 所記錄和存儲的先前成績的資訊，幫助學習者對學習成果形成一個符合實際的期望 - 通過自行執行的測試和網頁清單，確定學習者的知識水平
* 元意志：學習者願意參加學習活動，充分利用所有可得資源	* 訓練意志：人際環境在學習者之間發展一種合作的學習文化，便於： - 提高學習者參加學習活動的自覺性 - 增加學習者對教師和朋輩作為自己學習資源的信心	* 支持性意志：用戶友好和迷人的學習環境提高意志： - 設計良好的教學設置可以減少學習者對科技的抵制和畏懼，提高學習者的參與意願 - ICT 提高小組溝通的頻率，有助於學習者在進一步合作中建立和諧關係

述方式和可得性。如果設計得當，ICT 系統可以提供一個資訊豐富的、激勵性的生態環境，滿足學習者的需要（Hadwin, Järvelä & Miller, 2017; Reimann & Bannert, 2017）。

元認知：自我學習者有三種層面的認知：學習層面、社會層面和心理層面。學習認知（pedagogical cognition），是指學習者對自己已有知識水平、學習風格、學習任務特性、所用學習策略、學習成果和其歸因的理解。社會認知（social cognition），是指對社會情境的認識和理解，包括網絡社群的組成、運作、互動規則和規章，社會氛圍，人際環境中各因素的相關性，以及最大限度利用社會資源的技能。心理認知（psychological cognition），是指學習者對影響學習任務的情感的認識和理解，包括自己關於學習目標、預期

成果的關注、動機和價值取向。

學習者對自己已有知識水平的理解，在很多方面影響他／她的動機。如果已有水平低於當前的學習要求，學習者的動機會比較高；如果已有水平遠高於學習任務要求，那麼對學習者來說，該任務沒有足夠的挑戰性，不足以保持其動機。與此相似，心理學認知水平同樣也影響學習者對學習的投入程度和對學習行動的選擇。學習者的社會認知水平影響學習者從社會情境獲益的程度。

熟練的自我學習者具有較高的學習、社會和心理認知水平。導師和朋輩的作用，是支持學習者發展元認知，通過系統教學、小組討論、小組反思以前的成績記錄，提高學習者的元認知水平。從這種意義來說，人際情境有助通過認知能力建構來推進自我學習（Efklides, Schwartz & Brown, 2017; Winne, 2017）。

在教育改革中，應該將 ICT 環境設計成能推進元認知發展，即不僅提供一個社群互動的平台，還可作為一個容量巨大的媒體，存儲學習者學習過程中的認知資訊。從這種意義來說，ICT 生態環境通過資訊生產和管理（information generation and management）來支援自我學習。

元意志：是指學習者投入學習活動、充分利用可得資源、堅持學習活動的意願（willingness）。人際環境通過在朋輩間營造合作的學習氛圍，創造便於學習者探索和體驗的安全環境，來增強學習者的學習意志，推動自我學習。團體之間濃厚的和諧氛圍，能增強學習者將導師、朋輩及相關專家作為學習資源的願望和自信。

用戶友好（user-friendly）和迷人的 ICT 環境可提高學生的學習意志。設計良好的教學設置（teach-wares）可以減少學習時對使用新科技的障礙和害怕，從而能提高學習者的參與意願。ICT 亦提高了小組交流的頻率和速度，有助成員建立人際和諧的氛圍。

階段 2：行動的計劃

計劃（planning），是指學習者為完成學習目標，在學習行動前做的分析、準備和聯繫（見表 5.2）。分析是指對學習環境及自己的特性（包括強弱項及潛質）的了解。準備和聯繫包括確定學習任務及目標，選擇和設計學習

策略、聯絡有關支援者及夥伴，確定小組互動規則，也會定出自我監察及應對失敗的策略。

　　熟練的自我學習者對學習環境、學習任務、分層目標、目標與行動計劃的聯繫，都有一個清楚的概念（Ford, 1995），因此更樂於完成目標（Gollwitzer, 1996）。教師和朋輩在計劃階段的作用，是通過觀點建構（perspective building），發展支持性人際環境，使學習機會最大化，並使自我學習者可以從中受益。教師作為一個知識啟導者，幫助學習者分析任務難度及其與以前學習的相關性，從而將任務置於確立的觀點中進行考量。教師還幫助學習者將困難的目標分解成細小的、分層的、更易實現的目標。在計劃階段，教師的作用還包括建構小組，營造一種強烈的團體精神（team spirit），以支持以後的學習。教師支援學習者發展自我學習技能（self-learning skill）、自我監察技能（self-monitoring skill）和壓力管理技能（stress management skills）。有研究（e.g. Gollwitzer, 1996; Zimmerman, 1994）確認，提高學習者的自信（self-confidence）和對目標成果的樂觀看法，將提高學習者完成目標的投入程度。因此，營造高質量的人際環境，是自我學習者成功的必要條件。

　　人際環境質量的改善可以通過發展更先進的 ICT 生態系統來達成。ICT 極大地拓寬了自我學習者在計劃中可獲得的資訊資源和類型，擴闊他們的想像力及創造力，形成複雜多面、多維的認知；同時，ICT 的多重功能迎合學習者不同的學習風格及滿足其多元學習需要。在 ICT 網絡的支持下，社群互動更加便利，在學習計劃階段，社群可以分享、把握多元觀點（multiple perceptions），為學生提供最大學習機會。而且，ICT 可有效地協助導師（mentor）指導大量自我學習者，設定不同小組目標。在計劃階段，正確使用 ICT 是學習者必須掌握的一項重要技能，導師應給予協助（Hoyle & Dent, 2017）。

表 5.2　行動的計劃與學習生態系統

行動的計劃	人際生態環境	ICT 生態環境
* 分析：分析環境和自己的強項、弱點	* 能力建設：導師和小組幫助學習者分析： - 社會資源、心理資源和學習資源，有助於實現學習任務 - 自我學習風格，學習準備水平、自己的強項和弱點	* 資源擴張： - ICT 擴張學習者可得的學習資源和機會，獲得多元的支持 - ICT 增強學習者的想像能力
* 準備和聯繫：確定學習目標、學習策略，聯絡支援者及夥伴，定出監察的策略	* 觀點建構：導師作為知識啟導者，幫助學習者： - 確定學習任務的性質 - 設定可實現的、符合實際的目標	* ICT 的正確使用：ICT 系統及導師幫助學習者正確使用 ICT
	發展支持性人際環境：在小組中形成一種分享、信任和聯繫的氛圍	有助形成支持性環境：ICT 使社群互動更便利
	學習機會最大化：人際環境為學習者提供多重學習機會	學習機會最大化：ICT 環境為學生提供最大學習機會
	培養能力：人際環境發展學習者的自我激勵、自我學習、自我監察的技能	拓寬：形成複雜多面、多維的認知；ICT 的多功能迎合學習者不同學習風格及滿足其多元學習需要

階段 3：學習的行動

在本階段，按照計劃實施學習行動，其中過程涉及到控制、執行任務和正確評估。如何在網絡化人際和 ICT 環境中完善這過程，是教育實踐中的一個重要問題（見表 5.3）。

控制：是指學習者為實現學習目標，選擇最佳行動路線。在持續的學習活動中自我控制，不斷調整學習策略以完成學習目標。這意味着學習者相信在行動和結果之間存在着因果聯繫，通過實施預定的學習行動，學習者應獲得相應成果（Zimmerman, 1994）。Kuhl 和 Goschke（1994）認為，在自我學習行動中存在着四種類型的控制：（1）注意（attention）和意圖（intention）控制（例如選擇性關注與任務相關資訊）；（2）情緒（emotion）和動機（motivation）控制（例如避免出現阻礙任務完成的情緒，關注與意圖相關的

表 5.3 學習的行動與學習生態系統

學習的行動	人際生態環境	ICT 生態環境
* 控制：學習者選擇最佳行動路線，在持續的學習活動中自我控制，不斷調整學習策略以完成學習目標	* 專家支持：教師或網絡化的導師可以對各種可能的學習途徑提供專家意見和連貫性的幫助，促使他／她集中注意於學習任務	* 知識積累：ICT 系統幫助學習者跟蹤學習路徑，進行嘗試，獲得成功和失敗的經驗，從而聚焦於學習、逐步積累知識
* 執行任務：通過同化、適應、綜合、外推和追溯這一系列的學習活動，增長知識	* 交流新知識：人際環境／導師促進學習者交流學習體驗。對其他學習者產生倍增效應	* 學習體驗的推廣：ICT 可以使分享學習體驗的交流更方便，可以推廣學習體驗，通過 e- 形式記載積累的知識，為後來的學習者所用。
* 正確評估：學習者正確評價新學的知識，進一步激勵自己繼續投入到學習任務中	* 情感安全網絡：網絡化的教師和朋輩通過分享成果的喜悅、分擔失敗的痛苦，為學習者提供一個情感安全的學習環境	* 內外參照架構評估學習水平：ICT 大數據可以存儲這個或那個學習者的大量以前的學習成就記錄，並加快更新速度，因此，無論學習者在哪裏，都可以分享這些經驗，有內外參考架構評估學習表現水平

情緒）；（3）行動控制（action control）（例如遠離與意圖相反的因素）；（4）意志（volition control）控制（例如要保持目標的意願）。

學生在學習過程中，人際環境的導師可以對各種可能的學習途徑提供專家意見和連貫性的幫助，促使他們集中注意於學習任務，從而推動他們的學習行動。ICT 環境能夠幫助學習者追蹤學習路徑，進行有計劃的嘗試，獲得成功和失敗的經驗，從而聚焦於學習、逐步積累知識。

執行任務：指學習計劃的實施。通過同化（assimilation）、協調（accommodation）、綜合（integration）、外推（extrapolation）和追溯（origination），學習者獲得新知識，並逐漸積累。熟練的自我學習者通常通過重複（repetition）、詳盡描述（elaboration）、重新組織（reorganization）等學習策略，來促進學習目標的完成。學習者可以學習和調整學習策略，也可以通過觀察和模仿成熟模型，來發展這些學習策略（Weinstein, Husman & Dierking, 2000）。因此，導師、朋輩和其他人士應鼓勵小組成員交流學習體驗，並保持這種積極的狀態。通過觀察和模仿，可以使個體學習者的學習體驗對其他學習者產生倍增（multiplicative）效應。

正確評估：學習者正確評價新學的知識，進一步激勵自己繼續投入到學習任務中；而且，人際生態系統的參與者（例如導師和朋輩）通過分享成果的喜悅、分擔失敗的痛苦，為學習者提供一個分享學習體驗的情感安全環境（Hadwin, Järvelä & Miller, 2017; Reimann & Bannert, 2017）。ICT 系統從兩個方面推動學習行為：情報方面和科技方面。ICT 可以透過大數據或其他模式，存儲及分析大量個體學習者以前的學習成就記錄，並加快更新速度，因此學習者可以通過內部和外部的參考架構來評估自己當前的學習成效。行為、策略、表現缺陷、優點等資訊都可以通過 e- 形式存儲，為後來的學習者所用。資訊科技加速了個體學習體驗的對話，因此所有學習者都可以推廣自己的學習體驗。

階段 4：監察、評價和修正

元認知監察，是自我學習的一項關鍵構念（construct）。學習者可監察自己的學習行為、學習策略和努力成果。基於對這些因素的評價，學習者可中途修正學習目標或策略（表 5.4）。

人際環境的導師、朋輩或其他專家協助監察學習者的進展，為修正學習目標、行為和策略，提供判斷和決策的資訊。教師還可以制定小組監察協定，這樣可以通過討論和分享，使其他學習者的成功和失敗經驗對學習者產生最大的轉移作用。

ICT 系統可以減少學習者在進程監察中的認知負擔，從而更有利於推進自我學習。ICT 系統不僅可以通過成績圖表化來評價個別學習者當前的努力，還可以有效記錄小組的成績、其他學習者的成績及其所用的策略，從而減少所有學習者甚至導師的認知負擔。此外，在科技的支援下，學習者可以在學習中途編輯、調整和重建有關學習行為和策略的資料。ICT 生態系統能加速反饋的速度，所以學習者可以在目標和成績之間出現誤差後立即修正，以免發展到不可挽回的地步（Baker, et al., 2008; Mok, 2010; Van der Kleij, Feskens & Eggen, 2015）。

表 5.4　學習的監察與學習生態系統

學習的監察	人際生態環境	ICT 生態環境
* 元認知監察：學習者監察學習行為、學習策略和努力成果。基於對這些因素的評價，學習者中途修正學習目標或策略	* 專家監察：人際環境的導師或朋輩協助監察學習者的進展，為修正學習目標、行為和策略，提供判斷和決策的資訊	* 減少進展監察中的認知負擔：ICT 有效協助學習評價、記錄成績（學習者、小組或其他學習者的），減少所有學習者在認知上的負擔
	* 學習經驗的遷移：導師可以簽訂小組監察協定，這樣，可以通過討論和分享使其他學習者的成功和失敗都對學習者產生最大的遷移作用	* 編輯支援：ICT 可以支援學習者中途編輯、調整或重構學習行為和策略

階段 5：成果

　　學習者自學的成果可以有不同方面。最直接的成果，是實現預定的教育目標。若學習者由此而能掌握了新的知識、技能、或提升了所用的學習策略，也是重要的成果。學習成果能引起學習者多少領悟，往往取決於計劃階段學習者對成果的期望及價值取向、自己努力的程度及這努力對獲得成果的重要性。學習者的領悟結果可能是個人的滿足感、自豪、甚或是失望。

　　在網絡化的人際系統中，教師、導師、朋輩、家長和其他參與者，都可以在成果階段發揮重要作用。來自導師、朋輩和其他人士的認可和尊重，可以幫助肯定學習者的學習成就（Cleary & Kitsantas, 2017）。人際系統的不同成員可以支援學習者對成績進行歸因分析（attribution analysis）。例如在課堂這樣一個小組結構中，小組討論反思並提出實質性建議，鼓舞學習者的情緒，都可以對學習者在下一循環的學習行動產生重大影響。在評價一項學習成果時，可以使用社會參照模式（social reference norm），也可使用個體參照模式（individual reference norm）（Mertler, 2016）。有研究顯示，在課堂環境下，教師使用個體參照標準而非朋輩成績，來訓練學習者進行成績評價的技巧，對學習者的學習動機起到很大影響（Rheinberg, Vollmeyer, & Rollett, 2000）。

階段 6：引起心智系統變化的反饋

　　學習成果的反饋，可以對學習者的動機、元認知和元意志產生重大影

響。網絡化人際及 ICT 環境，可以是幫助反饋引起心智系統變化的重要因素
（表 5.5）。

表 5.5　心智系統的反饋與學習生態系統

心智系統的反饋	人際生態環境	ICT 生態環境
* 動機的變化：學習成果的反饋改變學習者的動機和抱負	* 內部動機的遷移：人際系統（如導師、朋輩）一起分析學習者成績的歸因和策略，推動動機的內化 * 啟迪：人際氛圍強調下一個學習目標的潛力和可能性，進一步促進學習者發展	* 支持動機內化：ICT 系統幫助記錄複雜的學習過程，證明努力、策略和成績之間存在因果聯繫。小組成員的學習記錄，可作為多個案例，這有助於驗證自己的經驗及心得 * 擴充：ICT 系統的多樣性拓寬了學習視野，不局限於現有成果。比較容易發展下一個目標的基準，尋找相應可行的途徑
* 元認知的變化：學習循環的反饋，提高學習者對學習能力的理解，例如對自我管理技能、監察技能及網絡學習技能的理解	* 進一步訓練元認知能力：透過人際系統，有關者可一起反思前一學習循環中的活動、策略和成績，根據體驗進一步培訓有關的能力	* 減少認知負擔：自我管理、自我指導和自我監察的反思及改進是複雜而需用大量心智的功夫，ICT 系統有效減少學習者的認知負擔
* 元意志的變化：學習循環的體驗及反饋將影響學習者的心意，是否熱衷進入下一學習循環	* 訓練元意志：透過人際系統，有關者一起反思學習體驗，對自我效能形成更好的形象和信心，更堅定明確為下一學習目標定位	* 提高信心：前一學習循環中使用 ICT 的經歷，可提高學習者使用 ICT 的信心，進一步了解自己的強項及缺點，提高學習的意志

動機的變化：反饋資訊如果使學習者認識到學習成果是被自己所掌控，那
麼在下一個學習循環中，學習者就會有較高的自我激勵（self-motivation）或內
動力（intrinsic motivation）。積極的反饋能夠增強學習者對學習策略的信心。

人際環境中的活動者，尤其是教師、導師、朋輩和家長，支持學習者
評估反饋的意義和作用，突顯下一個學習目標的潛力和可能性，從而進一步
推動學習者進行學習。另一方面，網絡化的導師、朋輩及其他參與者可以啟
迪學習者，最終，學習者整合外部反饋和自己原有的想法，對下次的學習建
構新的意義。學習者內化了的反饋訊息，會影響他們下一步學習的進入動機
（entry motivation）（Efklides, Schwartz & Brown, 2017）。ICT 的作用是擴
大反饋的範圍，由於 ICT 生態系統的多樣化功能拓寬了學生在學習過程的視

野，使之不限於現有的成果或成績。通過運用 ICT 環境，學習者可以較容易利用現有的反饋，發展下一個學習循環的目標及表現基準，並找到實現這些目標的途徑（Azevedo, Taub, & Mudrick, 2017）。

元認知的變化：學習循環的反饋，提高學習者對學習能力的理解，例如對自我管理技能、監察技能及網絡學習技能的理解。透過網絡化的人際系統，有關者如學習者、導師和小組一起反思前一學習循環中的活動、策略和成績。再根據體驗進一步培訓有關的能力。自我管理、自我指導和自我監察的反思及改變是複雜的，會耗費學習者及有關者大量心智，ICT 生態系統的功能將有助減少學習者及其他人的認知負擔（Winne, 2017; Zemira, Mevarech, Verschaffel & Corte, 2017）。

元意志的變化：學習循環的體驗及反饋將影響學習者的心意，是否熱衷進入下一學習循環。學習者在導師、網絡小組及其他參與者的支援下，通過談話（discourse）、小組反思（group reflection），訓練元意志，對自我效能（self-efficacy）形成更好的形象和信心，更堅定明確為下一個學習目標定位。前一學習循環中使用 ICT 生態系統的經歷，有助提高學習者使用 ICT 的信心，進一步了解自己在這方面的強項及缺點，提高在 ICT 環境中學習的意志。

階段 7：引起學習行動變化的反饋

反饋通過兩個方面影響學習行動，其一是改變學習者的技能水平，其二是改變學習者學習行動的策略。與學習者心智系統變化相似，如何利用反饋引起學習行為和行動變化，也是設計人際和 ICT 學習生態系統的一個重要問題。

經歷一次學習過程後，學習者可在學習策略、監察自我進展（self-progress）、成績歸因、根據反饋改變策略和調整目標等幾個方面變得更有技巧和更有目的性。在下一循環，學習過程更傾向於關注成績和有效處理資訊，而學習目標的設定可以更具體可行，分層更合理。

在人際生態系統（例如網絡化導師、朋輩、家長及其他參與者）的支援下，一個重要的變化是，學習者更主動自己控制學習的歷程。隨着經驗變得豐富，學習者更可主動承擔學習活動的核心部分，包括計劃、設定、監察、對反饋的回應。根據學習者的準備狀態、新學習任務的複雜性、先前成績表現等因素，教師、朋輩和家長的角色更可以逐步淡出，讓學生真正進行自主

學習。在設計 ICT 環境時，必須注意加強學習循環的反饋及學習者的自控性，從而引起學習者學習能力及表現的提升及內化（Bernacki, 2017）。

結論

上述模式，提供了在學習生態系統（包含人際 ICT 環境）下發展自我學習的理論。由以上的討論我們可以總結出，學生的自我學習的持續性（sustainability）和效能（effectiveness）主要與四個關鍵因素有關，即認知（cognition）、控制（control）、承諾（commitment）和情境（context）。

認知是指學習者對自己、學習任務和情境因素的理解。熟練的自我學習者清楚了解學習過程中自己的有關學識（與學習範圍和任務有關的）、目標取向（goal orientation）、工作效能（working effectiveness）、學習風格（learning style）、熱衷程度（commitment）、自我管理（self management）等方面的水平（Garrison, 1997）。對學習任務的明瞭和理解，包括難度、複雜程度，與之前學習的聯繫，以及可能的成果，也是自我學習所必須的。自我學習者還需要對情境因素（contextual factors）有良好的認知，情境因素包括人際和科技資源及它們對學習任務的制約。很多此類認知都是建立在學習者對任務、行動、情境和過程的持續監察的基礎上。

控制是指自我學習者對學習投入（input）的調整，包括對學習任務付出的努力、學習策略的使用、前攝反饋（proactively seeking feedback）、對目標的策略化調整，以及基於反饋的行動。學習者必須控制自己及情境有關的因素。對自己的控制，包括完成任務的意志、自我指導（self instruction）和自我監察。對情境因素的控制，意味着從學習生態系統中選擇、利用最好資源進行學習。

承諾是指學習者儘管遇到困難和挫折，仍保持動機、堅定不移投入學習。這承諾的高低往往與學習者個人特性、學習任務特性及所處的學習生態系統的互動有密切關係。

情境是指學習活動所處的學習生態系統（包含網絡化人際 ICT 環境）。其中人際生態環境可提供高質的人力資源及社會心理環境，包括網絡化的專家、導師、朋輩、家長和其他資源人物，他們能提供豐富的知識、技術支

援、集體智慧、社群互動和人際氛圍，這是保持學習者高水平心理質素、激發持續學習所必要的。ICT 生態環境包括三方面功能：（1）ICT 的學習軟硬件可以作為一種有力的學習工具；（2）這是一個對學習者進行多維度快速反饋的媒體或學習系統，學習者根據反饋重新調整隨後的學習；及（3）在學習過程中，ICT 作為學習系統，便於網絡成員進行即時互動和相互支持。

　　學習生態系統支援的自我學習理論，以及上述的四個關鍵因素，可以為教育改革的討論及實踐提供重要啟示，重新設計學習環境及系統，提高學生在學習循環每個階段的自我學習效能。總的來說，未來的教育發展及研究需要集中在幫助學生的自我學習，同時面對以下問題的挑戰：

　　1. 當前在課程、教學、學習情境等方面的改革，實在與學習者的自我學習循環及終身學習有何種關聯？簡言之，這些改革如何提升學生的自我學習的持續性及效能？

　　2. 這些教育改革，如何促進自我學習過程中認知、控制、承諾和情境這四個關鍵因素的發展，使所有學習者可以起動、持續和享受自我學習的樂趣，並從中獲益？

　　3. 如何按照上述的理論，發展良好的學習生態系統（包含人際及 ICT 生態環境），促進自我學習循環中每個階段的發展？如何幫助學習者進行有效的個人化、本地化及全球化的自我學習？

　　這些問題實際上引發起不同觀點，來審視和測試當前世界各地的教育改革，看它們是否真正朝向終身自我學習的範式轉移。如果沒有全面理解學習生態系統如何促進有效的自我學習，教育改革的努力往往白費，導致挫敗。最後，希望這個自我學習與生態系統的論析，能對正在進行的教改及研究有所幫助。

註：本章部分資料譯改更新自作者的 Mok & Cheng（2001）及鄭燕祥（2006）。

參考文獻

*

鄭燕祥（2006）。《教育範式轉變：效能保證》。台北：高等教育出版社。

Anderson, T. (2016). Theories for learning with emerging technologies. In Veletsianos, G. (ed.), *Emergence and innovation in digital learning: Foundations and applications*, pp. 35-50. Athabasca University Press.

Azevedo, R., Taub, M., Mudrick, N. V. (2017). Understanding and reasoning about real-time cognitive, affective, and metacognitive processes to foster self-regulation with advanced learning technologies. In D. H. Schunk & J. A. *Greene* (eds.), *Handbook of self-regulation of learning and performance*. (Ch. 17, 17 pages) Routledge. Retrieved from https://www.taylorfrancis.com/books/9781315697048/chapters/10.4324/9781315697048-17

Baker, E., Dickieson, J., Wulfeck, W., O'Neil, H. F. (eds.) (2008), *Assessment of problem solving using simulations*, Lawrence Erlbaum Associates.

Beaty, L., & McGill, I. (2013). *Action learning: A practitioner's guide*. Routledge.

Bennett, R. E. (1999). Using new technology to improve assessment. *Educational Measurement*, 18(3), 5-12.

Bernacki, M. L. (2017). Examining the cyclical, loosely sequenced, and contingent features of self-regulated learning: Trace data and their analysis. In D. H. Schunk & J. A. *Greene* (eds.), *Handbook of self-regulation of learning and performance*. (Ch. 24, 18 pages) Routledge. Retrieved from: https://www.taylorfrancis.com/books/9781315697048/chapters/10.4324/9781315697048-24

Boticki, I., Baksa, J., Seow, P., & Looi, C. K. (2015). Usage of a mobile social learning platform with virtual badges in a primary school. *Computers & Education*, 86, 120-136.

Brockett, R. G., & Hiemstra, R. (2018). *Self-direction in adult learning: Perspectives on theory, research and practice*. Routledge.

Cetin-Dindar, A. (2015). Student motivation in constructivist learning environment. Eurasia Journal of Mathematics, Science and Technology Education, 12(2), 233-247.

Cheng, Y. C. (2003). Trends in education reforms in the Asia-Pacific Region. In J. Keeves & R. Watanabe (Chief Eds.), *The handbook on educational research in the Asia-Pacific Region* (section 1, pp. 3-16). Kluwer Academic Publishers.

Cheng, Y. C. (2019). *Paradigm shift in education: Towards the 3rd wave of effectiveness*. Routledge.

Chung, G. K., W. K., & Baker, E. L. (1997). *Year 1 technology studies: Implications for technology in assessment*. Retrieved from: ERIC database ED 418 099

Cleary, T. J., & Kitsantas, A. (2017). Motivation and self-regulated learning influences on middle school mathematics achievement. *School Psychology Review*, 46(1), 88-107.

Dixon, N. M. (2017). *The organizational learning cycle: How we can learn collectively*. Routledge.

Duchesne, S., & McMaugh, A. (2018). *Educational psychology for learning and teaching.* Cengage.

Efklides, A., Schwartz, B. L. & Brown, V. (2017). Motivation and Affect in Self-Regulated Learning. In D. H. Schunk & J. A. *Greene* (eds.), *Handbook of self-regulation of learning and performance.* (Ch. 5, 19 pages), Routledge. https://www.taylorfrancis.com/books/9781315697048/chapters/10.4324/9781315697048-5

Ford, M. E. (1995). Intelligence and personality in social behavior. In D. H. Saklofske & M. Zeidner (eds.), *International handbook of personality and intelligence.* (pp. 125-142). Plenum.

Fournier, H., Molyneaux, H., & Kop, R. (2019, July). Human Factors in New Personal Learning Ecosystems: Challenges, Ethical Issues, and Opportunities. In Conference Organizer (ed.), *International Conference on Human-Computer Interaction* (pp. 230-238). Springer.

García-Peñalvo, F. J., Hernández-García, Á., Conde, M. Á., Fidalgo-Blanco, Á., Sein-Echaluce, M. L., Alier-Forment, M., ... & Iglesias-Pradas, S. (2017). Enhancing education for the knowledge society era with learning ecosystems. In Garcia-Peñalvo, F. J., & García-Holgado, A. (eds.), *Open Source Solutions for Knowledge Management and Technological Ecosystems* (pp. 1-24). IGI Global.

Garrison, D. R. (1997). Self-directed learning: Toward a comprehensive model. *Adult Education Quarterly*, 48(1), 18-30.

Gollwitzer, P. M. (1996). The volitional benefits of planning. In P. M. Gollwitzer & J. A. Bargh (eds.), *The psychology of action: Linking cognition and motivation to behavior* (pp. 287-312). Guilford.

Griffin, C. (2018). *Curriculum theory in adult and lifelong education.* Routledge.

Gros, B., & García-Peñalvo, F. J. (2016). Future trends in the design strategies and technological affordances of e-learning. In Spector, J. M., Lockee, B. B., & Childress, M. D. (eds.), *Learning, Design, and Technology: An International Compendium of Theory, Research, Practice, and Policy.* (pp. 1-23). Springer.

Hadwin, A., Järvelä, S. & Miller, M. (2017). Self-Regulation, Co-Regulation, and Shared Regulation in Collaborative Learning Environments. In In D. H. Schunk & J. A. *Greene* (eds.), *Handbook of self-regulation of learning and performance.* (Ch. 6, 24 pages), Routledge. Retrieved from: https://www.taylorfrancis.com/books/9781315697048/chapters/10.4324/9781315697048-6

Harms, R. (2015). Self-regulated learning, team learning and project performance in entrepreneurship education: Learning in a lean startup environment. *Technological forecasting and social change*, 100, 21-28.

Henderson, R. W., & Cunningham, L. (1994). Creating interactive sociocultural environments for self-regulated learning. In D. H. Schunk & B. J. Zimmerman (eds.), *Self-regulation of learning and performance* (pp. 255-281). Lawrence Erlbaum Associates.

Hoyle, R. H. & Dent, A. L. (2017). Developmental Trajectories of Skills and Abilities Relevant for Self-Regulation of Learning and Performance. In D. H. Schunk & J. A. *Greene* (eds.), *Handbook of self-regulation of learning and performance.* Routledge.

Huda, M., Maseleno, A., Teh, K. S. M., Don, A. G., Basiron, B., Jasmi, K. A., ... & Ahmad,

R. (2018). Understanding Modern Learning Environment (MLE) in Big Data Era. *International Journal of Emerging Technologies in Learning*, 13(5), 71-85.

Knowles, M. (1975). *Self-directed learning*. New York: Association Press.

Kramarski, B. (2017). Teachers as Agents in Promoting Students' SRL and Performance. In D. H. Schunk & J. A. Greene (eds.), *Handbook of self-regulation of learning and performance*. (Chapter 15, 17 pages), Routledge. Retrieved from: https://www.taylorfrancis.com/books/9781315697048/chapters/10.4324/9781315697048-15

Kuhl, J., & Goschke, T. (1994). A theory of action control: Mental subsystems, models of control, and volitional conflict-resolution strategies. In J. Kuhl & J. Beckman (eds.), *Volition and personality: Action versus state orientation*. 5, 93-124. Hogrefe & Huber.

Longworth, N. (2019). *Making lifelong learning work*. Routledge.

Mertler, C. A. (2016). *Classroom assessment: A practical guide for educators*. Routledge.

Mok, M. M. C., & Cheng, Y. C. (2001). A theory of self learning in human and technological environment: Implications for education reforms. *International Journal of Education Management*, 15(4), 172-186.

Mok, M. M. C. (2010). *Self-directed learning oriented assessment: Assessment that informs learning and empowers the learner*. PACE publishing.

Namada, J. M. (2018). Organizational learning and competitive advantage. In George Leal Jamil, Armando Malheiro, Oscar Mealha, Fernanda Ribeiro, Jose Pocas Rascao (eds.), *Handbook of Research on Knowledge Management for Contemporary Business Environments* (pp. 86-104). IGI Global.

North, K., & Kumta, G. (2018). *Knowledge management: Value creation through organizational learning*. Springer.

Oproiu, G. C. (2015). A study about using e-learning platform (Moodle) in university teaching process. *Procedia-Social and Behavioral Sciences*, 180, 426-432.

Panadero, E. (2017). A review of self-regulated learning: Six models and four directions for research. *Frontiers in psychology*, 8, 422.

Panadero, E., Jonsson, A., & Botella, J. (2017). Effects of self-assessment on self-regulated learning and self-efficacy: Four meta-analyses. *Educational Research Review*, 22, 74-98.

Panadero, E., Jonsson, A., & Strijbos, J. W. (2016). Scaffolding self-regulated learning through self-assessment and peer assessment: Guidelines for classroom implementation. In Laveault, D., & Allal, L. (eds.) (2016), *Assessment for learning: Meeting the challenge of implementation* (Vol. 4) (pp. 311-326). Springer.

Panadero, E., Klug, J., & Järvelä, S. (2016). Third wave of measurement in the self-regulated learning field: when measurement and intervention come hand in hand. *Scandinavian Journal of Educational Research*, 60(6), 723-735.

Pritchard, A. (2017). *Ways of learning: Learning theories for the classroom*. Routledge.

Rana, S., Ardichvili, A., & Polesello, D. (2016). Promoting self-directed learning in a learning organization: tools and practices. *European Journal of Training and Development*, 40(7), 470-489.

Rashid, T., & Asghar, H. M. (2016). Technology use, self-directed learning, student engagement and academic performance: Examining the interrelations. *Computers in Human Behavior*, 63, 604-612.

Reimann, P. & Bannert, M. (2017). Self-Regulation of Learning and Performance in Computer-Supported Collaborative Learning Environments. In D. H. Schunk & J. A. Greene (eds.), *Handbook of self-regulation of learning and performance*. (Ch. 19, 19 pages), Routledge. https://www.taylorfrancis.com/books/9781315697048/chapters/10.4324/9781315697048-19

Revans, R. (2016). Action learning: Its origins and nature. In M. Pedler (ed.). *Action learning in practice* (pp. 33-42). Routledge.

Rheinberg, F., Vollmeyer, R., & Rollett, W. (2000). Motivation and action in self-regulated learning. In M. Boekaerts, P. R. Pintrich, & M. Zeidner (eds.), *Handbook of self-regulation* (pp. 503-529). Academic Press.

Schunk, D. H. (1996). *Learning theories* (2nd ed.). Prentice Hall.

Schunk, D. H. (1998). Teaching elementary students to self-regulate practice of mathematical skills with modeling. In D. H. Schunk & B. J. Zimmerman (eds.), *Self-regulated learning and performance* (pp. 137-159), Lawrence Earlbaum Associates.

Schunk, D. H., & Greene, J. A. (2017). *Handbook of self-regulation of learning and performance*. Routledge.

Schunk, D. H., & Zimmerman, B. J. (eds.) (1998). *Self-regulated learning and performance*. Lawrence Earlbaum Associates.

Steffens, K. (2015). Competences, learning theories and MOOCs: Recent developments in lifelong learning. *European Journal of Education*, 50(1), 41-59.

Van der Kleij, F. M., Feskens, R. C., & Eggen, T. J. (2015). Effects of feedback in a computer-based learning environment on students' learning outcomes: A meta-analysis. *Review of educational research*, 85(4), 475-511.

Vas, R., Weber, C., & Gkoumas, D. (2018). Implementing connectivism by semantic technologies for self-directed learning. *International Journal of Manpower*, 39(8), 1032-1046.

Weinstein, C. E., Husman, J., & Dierking, D. R. (2000). Self-regulation interventions with a focus on learning strategies. In M. Boekaerts, P. R. Pintrich, & M. Zeidner (eds.), *Handbook of self-regulation* (pp. 728-749). Academic Press.

Winne, P. H., & Perry, N. E. (2000). Measuring self-regulated learning. In M. Boekaerts, P. R. Pintrich, & M. Zeidner (eds.), *Handbook of self*-regulation (pp. 532-568). Academic Press.

Winne, P. H. (2017). Cognition and Metacognition within Self-Regulated Learning. In Schunk, D. H., & Greene, J. A. (eds.), *Handbook of self-regulation of learning and performance* (Ch. 3, 13 pages). Routledge. Retrieved from https://www.taylorfrancis.com/books/9781315697048/chapters/10.4324/9781315697048-3

Wolters, C. A. & Won, S. (2017) Validity and the use of self-report questionnaires to assess self-regulated learning. In Schunk, D. H., & Greene, J. A. (eds.), *Handbook of self-regulation of learning and performance*. (Ch. 20, 16 pages) Routledge. Retrieved from: https://www.taylorfrancis.com/books/9781315697048/chapters/10.4324/9781315697048-20

Zemira R. Mevarech, Z. R., Verschaffel, L. & Corte, E. D. (2017). Metacognitive Pedagogies in Mathematics Classrooms. In Schunk, D. H., & Greene, J. A. (eds.), *Handbook of self-regulation of learning and performance*. (Ch. 7, 15 pages) Routledge. Retrieved from: https://www.taylorfrancis.com/books/9781315697048/chapters/10.4324/9781315697048-7

Zimmerman, B. J. (1994). Dimensions of academic self-regulation: A conceptual framework for education. In D. H. Schunk & B. J. Zimmerman (eds.), *Self-regulation of learning and performance: Issues and educational applications*, 1, 33-21.

Zimmerman, B. J. (2000). Attaining self-regulation: A social cognitive perspective. In M. Boekaerts, P. R. Pintrich, & M. Zeidner (eds.), *Handbook of self-regulation* (pp. 13-41). Academic Press.

Zimmerman, B. J., Schunk, D. H., & DiBenedetto, M. K. (2017). The role of self-efficacy and related beliefs in self-regulation of learning and performance. In Elliot, A. J., Dweck, C. S., & Yeager, D. S. (eds.), *Handbook of competence and motivation: Theory and application* (pp. 313-333). Guilford Publications.

第二部

教師效能

第六章
多元教師效能

過去數十年，為回應不同的全球化挑戰，世界各地在教師教育及發展的領域開展了不少改革，目的在改進教師的效能（Tan, 2012）。不幸地，經過多年的努力，人們依然懷疑教師的質素及表現，能否在新世紀快速變化的環境，面對不斷增長的挑戰及不同的需求。特別是如何構想及量度教師效能、在實踐中積累專業知識及計劃有效的行動以改進教師的表現和專業服務，已成為目前政策討論及學術研究的主要關注點。師範工作者及學者開始警覺，在快速變化的時代，傳統的想法及做法在量度及改進教師效能和表現的限制性（Crowe, 2010; Goe, Bell, & Little, 2008; Harris & Rutledge, 2010; Hinchey, 2010; Muijs, et al., 2014）。

在新世紀，學校與教師要面對全球化中無數的新改變、不穩定性及挑戰。人們希望教師能表現不同領域的新功能，以支持個人、本地社會及國際地球村的快速發展；希望教師除教學外，承擔更多責任，扮演新增的角色，包括課程開展者、新教師輔導者、教職員發展者、行動研究者，小組帶領者、家校調協者、校董會代表及其他管理角色等（Amin, 2016; Boles & Troven, 1996; COTAP, 2018; Hepsiba, Subhashini, Raju, & Rao, 2018; Murphy, 1995）。同時，人們亦希望教師負責提供優質教育服務，以滿足不同持份者的需要。

在這樣變化的環境下，為了明白變動而複雜的教師效能本質、發展有效的策略以量度、監察及提升教師表現，本章將根據教改三波的範式（本書第一章），提出教師效能的新構想及多元模式，希望對學校工作者、師範工作者、政策制定者、教育官員及研究學者，在研究、量度及管理教師效能方面有所幫助。

三波範式

正如第一章指出，全球的教育改革經歷三波。在不同改革波浪，不同範式用來構想教育的本質、教師角色，以及在系統、機構及操作層面，制定不同方法來改善及實踐教育。因教師是教育工作的主要執行者，貢獻學校的多元功能，所以在第一章討論有關教改的三波範式及相關的模式，應可用來考慮教師效能的複雜性及其中的啟示，以構想及量度第一、第二及第三波的教師效能，如表 6.1 及 6.2 所示。

表 6.1　教師效能三範式

焦點	第一波範式	第二波範式	第三波範式
改革運動	**高效能教育運動** 改進教育機構的內部過程及表現，以提高達成教育目標的水平	**高質素教育運動** 保證機構提供的教育服務的質素及問責，能滿足多元持份者的期望及需求	**世界級教育運動** 確保教育的適切性及世界級標準，助長學生及社會的多元持續發展，奔向全球化的未來
學生角色 學習本質	**受訓者** 學生由教師接受知識、技能及文化價值的過程	**顧客／持份者** 學生由教育機構和教師接受服務的過程	**自發的 CMI 學習者** 學生發展情境多元智能（CMI）及其他 21 世紀能力的過程
教師角色 教學本質	**傳授者** 向學生傳授已計劃的知識、技能及文化價值的過程	**服務者** 向持份者提供教育服務並滿足其期望的過程	**助長者** 助長學生及社會建設多元持續能力、奔向未來的過程
教師效能	**教師內在效能** 在教學及相關活動中，達成傳授知識、技能及價值的目標和任務的水平／程度	**教師外界效能** 教育服務（包括教育過程及成果）或／及向公眾問責，能滿足持份者的程度	**教師未來效能** 提供的教育能適切學生及社會未來多元持續發展的程度
效能評估模式	**內在模式** * 目標模式 * 過程模式 * 無失效模式	**外界模式** * 資源模式 * 滿意模式 * 問責模式	**未來模式** * 三重化模式 * CMI 模式 * 持續學習模式

表 6.2 教師效能的模式

教師效能模式	效能概念	適用條件	評估／監察指標（例）
第一波：內在模式			
目標模式	* 完成計劃中目標及指定任務，並與學校目標一致	* 學校目標及指定的任務是明確、一致、有時間限制並可量度的 * 用以實現目標及完成任務的資源充足	* 教學目標的實現及工作表現的水平 * 學生表現及學習成果
過程模式	* 教學及工作過程順利進行	* 工作或教學過程與教育產出之間關係明確	* 教學方式及行為 * 課室氣氛、決策參與、與學校成員的工作關係
無失效模式	* 在教學及工作中不出現問題及弊病	* 對教師效能的標準沒有一致的看法，但需要制定改進的策略	* 不出現過失、弱點、問題及危機等
第二波：外界模式			
資源模式	* 有效利用所得的資源 * 獲取工作過程所需的資源投入	* 資源與產出之間關係明確 * 用以實現目標及任務的資源有限	* 資源的管理及利用 * 資源的分配及獲取
滿意模式	* 滿足學校主要持份者的期望及要求	* 學校持份者的要求可相容並存	* 學生、家長、教師及其他持份者等的滿意程度
問責模式	* 能面對問責，保證承擔責任	* 校內及校外對問責的要求很大	* 個人專業操守的證據、專業地位、聲譽獎項及問責性業績
第三波：未來模式			
三重化模式	* 透過三重化（全球化、本地化、個別化），創造無限機會，以終身學習及持續發展	* 在資訊科技、網絡及創新措施支持下，學習的全球化、本地化、個別化是可能且可行的	* 學習及教學的三重化程度
情境多元智能（CMI）模式	* 助長學生的 CMI 及創造力的發展	* 學生的未來發展與其 CMI 及創造力有強力關係	* 學生 CMI 及創造力的發展或提升的程度
持續學習模式	* 在全球化時代，適應不斷變化的內外教學環境的挑戰	* 教育環境變化迅速 * 教師需對教育改革及課程改革作出回應	* 持續專業學習及改進以回應教學環境變化的程度 * 教學及工作過程的監察、回饋、反思及發展的程度 * 專業學習的三重化程度

內在教師效能

在 80 至 90 年代，各地有效能學校運動（effective schools movement）推動第一波教育改革，主要聚焦在改善學校內部過程，例如教與學的過程、內部教育環境等，目的在提升內在效能，以達到已訂下的教育目標或課程目標（第一章）。第一波往往假設教育是在一個相對穩定的工業社會進行，本質是知識、技能及文化價值的傳授，由老師依課程內容傳授至學生。學習往往被看作是一個學生接受既定的知識、技能、文化價值的過程，讓他們有一技之長在社會生活。所以，教師的角色主要是在校內的知識傳授者或導師（Cheng, 2014），教師效能被看作是一種內在教師效能（internal teacher effectiveness），是教師透過教學或其他內在活動，達成已訂下的知識傳遞目標及任務的水平（Bakx, Baartman, & van Schilt-Mol, 2013; Darling-Hammond, 2010, 2013; Hill, Kapitula, & Umland, 2010; Sawchuk, 2011）。基於 Cheng and Tsui（1999）和 Cheng（2014），用來量度內在教師效能的第一波模式，可包括目標模式（goal model）、過程模式（process model）及無失效模式（absence of problem model）。不同的模式代表教師效能的不同類別的構想，並在特定條件下發揮作用。而且不同的模式把重點放在不同的領域，並提出量度教師效能的不同指標。表 6.2 總結了這些模式的基本特點。

目標模式：教師應竭盡全力完成指定的任務，故此目標模式常用來評估教師在指定工作上的表現。該模式認為，教師應有明確的工作目標及具體的工作任務，若能完成計劃中指定的任務，並達到規定的標準，就是有效能的教師。

如果指定的目標明確及任務清晰，而教師工作表現容易被觀察及作出客觀評估，同時有可用及清楚量度教師效能的標準或指標，這模式就較為適用。教師效能的典型指標可包括是否完成教學任務、是否符合工作具體要求及工作表現標準、學生的學習成果（如在公開考試中的成績）高低等（Hill, Kapitula, & Umland, 2010; Ishii & Rivkin, 2009; Palardy & Rumberger, 2008; Sass, Hannaway, Xu, Figlio, & Feng, 2010）。

目標模式的優點，在於它可使學校工作者將注意力集中在一些可量度的教師表現，例如在明確而具體的任務上的表現，而這些任務均直接或間接地對教育成果作出貢獻。學校人員必須清楚，由於資源及精力有限，教師不可

能在同一時期內圓滿完成太多任務，尤其當目標及任務本身要求過高、分異及相互衝突時。

在不同背景和時間架構下，給老師的工作目標和任務指派可以是不同的，從而評估教師效能的效標也可以不同。例如在教師發展生命週期的不同階段，不同目標任務的指標，可用來量度老師的效能（Sprinthall, Reiman, & Thies-Sprinthall, 1996）。所以，在一個特定的情境和時限下，甚麼目標和任務對教師來說是密切相關的，是研究教師效能的重要課題。相應地，用甚麼指標（indicators）及標準（standards）來量度教師效能是適當可行的，也是重要的關注點（Slater, Davies, & Burgess, 2009; Staiger & Rockoff, 2010; Stronge, Ward, & Grant, 2011）。

學校有不同的持份者。他們對教師表現的期望，可以是多元的，甚至是矛盾的。實際上，指派給老師的目標及任務，可以是模糊的或相互衝突的，又或者不可能在有限時間、有限資源下完成的。所以，「給老師的甚麼目標和任務，是清楚的、共識的、有時限的及可量度的？」及「有沒有足夠資源，給老師達成既訂的目標和任務？」都是考慮教師效能量度的重要問題。90年代學校重建運動（school restructuring movements）強調的「清晰學校使命／願景及目標」及「以目標及標準而管理」（management by objectives and standards），在很大程度上反映了教師效能的目標模式取向（Education Commission, 1996）。

過程模式：根據系統觀點，教師的努力通過教學及工作過程轉化為教育成果。過程模式認為有效的教學及工作過程，可使教師圓滿完成教學任務及其他指定的任務，進而在學生學習成果或學校辦學成績方面起促進作用。因此，教師若能確保教學及其他工作過程的質素，則被視為有效能。

如果工作過程與成果之間關係明確，該模式便會起到很大作用。以過程模式監察教師效能的範圍，包括教學方式、工作態度及行為、與學生及同事的關係、課室管理、對決策制定及學校規劃的貢獻等等。這模式也有其局限性，如不容易監督教師的工作過程；而該模式側重的是方法而不是結果。

教育是一個協助學生各方面發展的有利過程，包括教學、學習及各樣的學校活動。教師的教學及工作過程，作為教育過程的重要部分，自然成為教師效能的研究焦點。由於教師在日常學校生活中擔任不同角色，而他們的教

學及工作過程又很複雜，以不同理念或觀點分析相關過程的特徵，往往會引起爭議。再者，選擇評估及監察教師工作的指標和標準，以及其與學生的教育經驗和成果的相關性，也是研究教師效能的重要焦點（Darling-Hammond, 2010; Rockoff, 2010）。

若要改進教師的教學及工作過程，則須研究何種教師特性及專業能力，對工作過程及達成表現標準是重要的。具體上，教師如何確保他們的工作行為直接達成指定任務、教育結果及學校目標，以及為學生提供豐富學習經驗，是保證教師工作教育質素的關鍵問題。

關於學校組織或環境因素對教師表現，尤其是他們的工作行為的影響，有大量研究文獻（Cheng,1993; Wang & Walberg, 1991）。根據過程模式，可考慮透過學校因素來改進教師的工作過程，例如可考慮下列的問題：

* 甚麼學校環境可支援教師的有效教學及工作過程？
* 學校如何提供機會，讓教師在課程發展、教學、協作、團隊、領導才能及決策參與等方面，發展專業才能，促進工作過程？
* 學校如何監察及評估教師的教學及工作過程？
* 如何利用回饋支援教師發展？

無失效模式：由於效能的理念及指標一向不夠清晰，通過借鑒無效能模式（ineffectiveness model）的觀點，找出教師的弱點、問題及缺陷（無效能指標），通常比找出其優點（有效能指標）更容易（Cameron, 1984）。無失效模式假設，在教師完成任務時，如果找不到他們工作中的問題、缺陷、弱點及錯誤，則基本上他們就是有效能的教師。所以，如果一個教師能滿足最低限度的要求，並在日常工作及教學中不出現明顯問題或無效的特徵，就可假設他的工作順利而有效。

據以上所述，當教師效能衡量標準不太明確時，這模式尤其有用。例如在評估缺乏經驗的新教師時，主要目標是找出需要解決的問題及需要糾正的缺點，而不是工作的出色表現。而且對於一些在職場上仍然為存亡而不斷努力的教師，找出並消除缺點及問題更需優先處理。該模式對制定人事管理決議，如確認試用期及辭退教師等，尤其重要。

在學校機構層面或系統層面的科層架構（bureaucracies），這模式常用以評估或監察教師表現的弊病，包括從不同視點找出教師日常工作及學校生活的主要弱點、問題、缺憾或限制。在研究上，發展可用作有效監察教師潛在問題的主要指標及準則，也是主要課題（Cheng, 1995）。從教育觀點出發，理應重視教師工作過程的問題及缺點，與學生教育成果如何相關。

教師作為個人或小組，需要甚麼專業知識及素養，以辨認、避免或防止教學及工作過程的潛在問題、缺點及弱點？心理上，教師傾向以不同自衛機制（self-defense mechanism），避免面對工作問題的挑戰。這些機制會阻止教師的行動學習（action learning）及實踐改進（Argyris & Schon, 1974, 1978）。所以，在教職員評估（staff appraisal）及學校監察（school monitoring）的推動與實踐，應研究如何幫助教師減少自衛機制，以鼓勵行動學習及專業改進。

外界教師效能

如第一章討論，回應教育服務要對社會公眾問責（accountability to the public），而教育質素要滿足多元持份者的期望及需要。90 年代第二波教育改革興起，橫越世界各地，其中優質教育運動（quality education movements）及競爭性教育運動（competitive education movements）、強調質素保證（quality assurance）、學校監察及評審（school monitoring and review）、家長選擇（parental choice）、市場化、家長及社區參與學校管治、學校憲章（school charter）及表現為本撥款（performance-based funding）等，都是典型的政策例子，用來改善學校機構與社區之間的介面關係（e.g. Goertz & Duffy, 2001; Headington, 2000; Heller, 2001; Mahony & Hextall, 2000）。

在第二波，教育被構想為在競爭市場上滿足持份者期望和需要的一種服務。學習是學生接受一些教育服務的過程，幫助他們在工作市場上具備競爭力。教師的角色主要是教育服務提供者，而教師效能是一種外界效能（interface effectiveness），由持份者對教師服務的滿意度及其對社區問責來界定。如表 6.2 所示，第二波外界模式包括資源模式、滿意模式及問責模式，可用以量度外界教師效能。

資源模式：教育環境轉變帶來的挑戰，學校持份者對學校教育寄予不同的期望，但都要求教師在緊迫時段內，完成各種各樣不同目標的任務。這些目標及任務，往往是不統一甚至互相牴觸的。得到的資源及援助，是完成這些指定任務的關鍵因素（Cobb-Clark & Jha, 2016; Hedges, et al., 2016）。資源模式假設要使教師發揮其應有的效能，就需要足夠的資源及援助。

　　實際上，若要在學習、教學及其他教育活動中，成功推行新措施，就需要密集的資源及充裕的時間，包括不同類別的智力資源（intellectual resources）（例如新的專業知識和技巧、度身制定的課程及教學設計、同輩的專業支持、專家隊伍、顧問服務、學習社群等）、物質資源（physical resources）（例如網絡、e- 學習的設備、地方、設施、學習資料、教學儀器、工具、軟件等），以及時間資源（time resources）（例如工作量、充裕的時間、時間架構、競爭性時間表等）。

　　但在現實中，學校資源通常有限而且不足。因此，如果教師能在工作過程中充分利用分配的資源，並獲得所需的支援去克服困難，完成十分不同甚至互不相容的任務，他們就是有效能的教師。

　　當資源利用效率與預期結果之間的關係明確，而教師可利用的有限資源又是完成任務的關鍵因素時，就適合使用該模式來考慮教師表現。教師效能可根據他們利用及調動現有配發資源的果效來評定。為了克服資源短缺的困難，有效能的教師可在一定程度上與同事共用一些資源，並在完成指定任務的過程中，從其他渠道獲得更多資源及援助。

　　大部分教師並非在十全十美的環境工作。時間、人力資源、空間、設施、其他物資等資源，往往稀少難求，使完成目標的任何努力均受限制。資源輸入及運用成為工作成敗的關鍵指標。不同類型資源利用的研究，也成為研究教師效能的主要範圍。理解資源的性質、供應水平及其相關性是需要的；典型的研究問題包括下列幾點：

* 教師的工作過程及教學需要何種資源？是否稀少及難得？
* 應提供甚麼水平的資源輸入給教師，使其完成指派任務及達到預定目標？
* 可用的資源與教師工作表現及教育結果如何相關？

滿意模式：這模式在評估教師效能方面的應用，日益引起關注，當中有兩個方面的原因。首先，近年的學校改革非常強調教育質素（education quality），而質素觀念與滿足顧客（或「客戶」、「主顧」）的需要和期望密切相關（Jacobsen, Snyder, & Saultz, 2014; Kisida & Wolf, 2015）。其次，要確立教師的任務完成、工作表現或工作過程的客觀評估標準，技術方面常常存在困難，概念方面亦有爭議。因此，被用作評估教師效能的關鍵因素，常常是學校的主要人士（例如校長、校監、校董會成員、教育署官員或督學、家長會成員）的滿意程度（satisfaction），而不一定是客觀的教學表現證據。

滿意模式假設持份者的期望及需要，決定了教師工作及目標的本質，並影響工作過程的特徵，成為教師工作表現的指引。所以滿足這些期望及需要，就是效能的關鍵因素。如果多數學校持份者對教師的工作表現大致滿意，那教師就是有效能的教師。對學校而言，學校持份者包括學生、家長、教師、校長、學校管理董事會、教育機關及相關的社區領袖。他們對教師的工作表現及效能，可能存在不同甚至相互矛盾的要求及期望。如果他們的期望或要求很高，而且各不相同，教師將很難滿足各方面的需要。反之，如果期望較低而且簡單，教師將很容易達到這些要求並滿足他們的需求，也很容易給人效能很高的印象。因此，如果學校所有重要人士的要求能夠一致相容，則這模式將有助於了解並評估教師效能。

學校持份者的組成往往是多元分歧的，應用這模式了解教師效能，首先要辨別主要的學校持份者及其需要和期望，始能理解教師如何可以滿足他們。例如要了解那些需要及期望是相沖還是相容，它們又如何與學生教育結果相關（Hampden-Thompson & Galindo, 2017）。

不同的內、外人士都能影響教師的表現；他們對教師的期望不但有分歧，而且有衝突，甚至會要求過高。如何在這種情況下幫助教師成功獲得所需的知識、態度及能力素養，照顧多元重要人士的需要，是學校管理及研究的重要課題。

問責模式：以往學校體制是以封閉系統運作，教育環境變化是緩慢發生的，外界對學校及教師的挑戰也相對較小。這樣就不存在對學校的興衰構成任何嚴重問題，也沒有對教師的工作表現提出任何重大疑問。但是，現在這個充滿變革的時代要求教師更開放地對學生、家長、社區領袖、教育官員

及其他學校主要持份者問責（Deming, Cohodes, Jennings, & Jencks, 2016; Ingersoll, Merrill, & May, 2016; Nunes, Reis, & Seabra, 2015）。

在評估教師工作表現時，問責模式強調教師的責任承擔及專業聲譽。這意味着教師在進行教學及其他學校活動，做出相關的專業性決定時，必須表現出較高的專業能力，並要對其行動負責（Crowe, 2010）。某程度上，問責模式可被視為從學校持份者滿意模式演變而來，以公眾或學校持份者的期望及要求為焦點。當教師要面對問責，或是當學校持份者行使監察教師工作表現及學校產出的權利時，該模式便可發揮一定作用。

當今東西方社會的教育改革，都強調教師問責（teacher accountability）及質素保證（quality assurance），這似乎證明了問責模式在了解、評估及監察教師效能的重要性。為了對其工作及行為負責，教師應向學校持份者問責，可提供更多文件證據，説明其教學表現、工作進展、學生工作決策、專業執行標準、新的專業資格、外間獎項及歷來工作紀錄。在問責模式中，教師的工作能力、專業聲譽及其責任承擔是監察及評估教師工作效能的重要因素。會考慮的問題包括「教師工作及學校表現，有甚麼潛在或現存的法律要求及公眾關注的地方？」、「問責制度建立了甚麼教師表現標準？」、「專業問責及信譽對教師的既定目標及工作過程如何重要及相關？」等。

傳統上，論及如何提高專業問責和標準，教師專業取向（professionalism）是重要概念（COTAP, 2018）。根據 Cheng（1996）的實徵研究，香港教師專業取向與教師工作態度、學生教育產出及學校組織因素強烈相關。所以，教師專業取向可用作量度教師問責的其中一項指標。

未來教師效能

在新世紀，回應全球化、科技進展、經濟轉型、國際競爭，以及社會發展的挑戰，世界各地的政策制定者、教育工作者、學者，以及社會領袖，都提出要在教學及學習方面進行範式轉變的改革（Davidson, 2014; Noweski et al., 2012; Yorke, 2011）。他們要求改變教育的目標、內涵、實踐及管理，要確定教育與未來發展適切相關。特別是推動教育新範式，發展情境多元智能（CMI）、教育的全球化、本地化及個別化（第二、三章）。這第三波的教改，

往往倡導一種「世界級教育運動」，讓教育達至世界級水平，在全球化競爭下，其目標內涵與學生的未來發展息息相關（第一章）。

在第三波教改中，人們期望教育能助長學生及社會在全球化的背景下多元持續發展。學習是學生發展 CMI 及高層次能力的過程，以備在快速的時代中追求多元而持續的發展。所以，教師的角色是學生多元持續發展的助長者（Cheng, 2012），而教師效能表示一種未來的效能，代表教師貢獻學生個人、社區及社會未來發展的能力建設（capacity building）的程度。類似學校效能的情況，量度未來教師效能的第三波模式，可包括三重化模式、CMI 模式及持續學習模式，如表 6.2 所示（Cheng, 2014）（第一章）。

三重化模式：這模式假設，教師效能主要是教師能否透過教育的三重化（triplization）（即全球化、本地化及個別化的整合）過程，創造無限的機會，讓學生進行學習及多元持續發展（第一章）。假如三重化的教育與學生的多元持續發展的能力有密切關係，這模式用來量度未來教師效能，將是有用的和需要的。

教師是有效能的，假如他們能幫助教育的全球化，讓學生的學習得到最大的全球聯繫、來自世界各地的支持，以及學術資源和新創意。例子包括網上學習交流平台、國際訪問、沉浸學習計劃、國際交換計劃、教與學的國際夥伴計劃、視像會議的互動及分享、與全球有關的新課程內容等。教師如何利用創新的活動及安排，優化全球化學習的效果，讓學生有無限的機會擴展全球視野，獲得世界級的能力和經驗，已成為研究教師效能的新課題（Kampylis et al., 2013; Wastiau et al., 2013; Webb & Reynolds, 2013）。

教師也是有效能的，假如他們能幫助教育的本地化，涵蓋廣泛活動，讓學生的學習得到最大的本地支援及適切性，在心智社交的成長體驗上，得到本地文化及社區資源的支持、關心和滋潤，也回應本地的多元發展及未來需要。實踐本地化的例子，包括社區及家長參與學校教育、本地實踐學習、體驗學習、服務學習、本地專家導師計劃、本地學習群組網絡，以及應用本地文化資源的學習計劃等（Castro, et al. 2015; Eggleston, 2018; Fiore, 2016; Lewallen, et al., 2015; Muller, & Kerbow, 2018）（第一至二章）。

除教育的全球化和本地化外，教師亦是有效能的，假如他們能助長教育的個別化，配合不同學生的個性及需要，讓學生的學習滿有動機、積極性及

創意，達成最優化的學習效果（Bernat & Mueller, 2013）。教師貢獻教育個別化的例子，包括實施個別化的課程設計，個別化的教育目標、方法及進度，鼓勵學生自我學習、自我實現及自我激勵，配合個別學生的特殊需要。同時，使用各種網絡科技或創新措施，促進學生的 CMI 發展。

根據三重化模式，教師能夠促成教育全球化、本地化及個別化的程度，可以作為量度未來教師效能的重要指標。

CMI 模式：如第三章所述，教育改革應強調情境多元智能（Contextualized Multiple Intelligence, CMI）的培養，視 CMI 為年輕人終身發展的關鍵能力，在 21 世紀生存及發展的競爭利器（competitive edges）（Longworth, 2013; Newton & Newton, 2014; Noweski et al., 2012）。CMI 的類型包括科技智能（technological intelligence）、經濟智能（economic intelligence）、社會智能（social intelligence）、政治智能（political intelligence）、文化智能（cultural intelligence）和學習智能（learning intelligence）。

根據這模式，教師貢獻的重點，在發展學生的 CMI。而教師效能的量度，可以根據他們助長學生 CMI 發展的程度來評估。在新世紀，學生要發展的不單是專業技巧和知識，高層次的智能和創造力也非常重要，這讓他們在充滿挑戰的環境中，具備多元思考能力和創造力去面對各種變動的難題，開創新天地，帶領社會的未來發展。

假如學生未來發展與他們的 CMI 及創造力有強大的聯繫，那麼 CMI 模式在評估教師效能方面會是合用和適宜的。但這個模式也有限制，就是很難發展精密恰當的工具或方法，來量度教師對學生每種 CMI 或整體 CMI 發展的貢獻。

持續學習模式：如上所述，不斷變化的教育環境，幾乎對每所學校的教師都產生巨大影響。根據滿意模式及問責模式的觀點，教師要滿足多元持份者的變動增長的需求，並向他們負責。在這迅速發生變化的教學環境，教師必須不斷改進其教學及工作過程，以高效完成指定任務。如果教師想提高效能，他們應該適應內外環境的轉變，應付不同的挑戰，並通過不斷學習發展自己。

持續學習模式認為環境變化帶來的影響是不可避免的，因此有效能的教師必須能學習如何自我完善及適應其所在的環境（Carpenter, 2015; Dixon,

2017; Mertler, 2016; Muijs, et al., 2014）。在一定程度上，持續學習模式與過程模式類似，區別在於這模式強調學習行為對於保證教師工作效能的重要性，而目前教學及工作過程是否順利有效，並不是關鍵所在。所以，教師效能應被看作一個不斷進步及持續發展的動態概念。這與目前強調以教職員的持續發展作為學校效能的主要準則相似。教師在不斷變化的教育環境中工作，需要適應轉變及面對內外挑戰，特別是邁向第三波範式轉變的教改時，這模式將更適合評估及發展未來模式的教師效能。

多元構想

由上面的討論可知，不同波浪的教改帶來不同的教育範式，從而有不同的構想模式來量度教師效能。當我們嘗試量度教師效能，就要澄清會使用哪一個教育範式及服務甚麼目標，這點非常重要。以上第一、第二及第三波教改分類、相關的內在、外界及未來效能類型，以及九種量度模式，提供一個廣闊的多元構想光譜（spectrum）來考慮及量度教師效能，以滿足在不同條件和複雜情況下多元的需要和期望（表6.2）。

在實踐上，第一波模式（包括目標模式、過程模式和無失效模式）及第二波模式（包括資源模式、滿意模式和問責模式）有較長的傳統用來評估及監察教師表現和效能。例如目標模式是非常流行的傳統模式，用來量度教師效能。相對地，第三波模式（包括三重化模式、CMI模式和持續學習模式）都是概念上和實踐上嶄新的模式，教育實踐者和研究者很少使用它們，原因可能是世界各地的教育工作者尚未熟悉這些新模式。從教改波浪趨勢來說，這些模式應愈來愈受到重視。

對不同的人來說，他們偏愛的教師效能模式，在多元構想光譜上可能是不相同的。就算在同一模式，量度的重要元素也可能不同，例如「甚麼效標」、「誰人的效標」、「對誰有利」、「在哪一個層面」、「誰來定義」、「如何評估」、「何時評估」，以及「在哪些環境限制下」，都是技術上和概念上會出現問題及爭論的，因為沒有一套標準的元素，讓所有持份者都同意用來評估教師效能。

特別是教師在社會機構中工作，所得的資源有限，他們都要與其他多元

持份者一起工作，例如教育官員、學校行政人員、教師、學生、家長、納稅人、教育學者及社會公眾。每個人對教師角色、功能和效能，都有不同的解釋，有些人看重教師的短期效果，有些人則強調教師的長遠功能；有些重視內在效能，有些則將焦點放在外界效能或未來效能。就算持份者同意聚焦在內在效能，他們對使用目標模式、過程模式及無失效模式來量度教師效能，亦往往有不同的觀點。

如果對教師的期望、角色及採用的評估模式沒有統一的共識，那麼量度教師效能將會非常困難。例如有些教師長於達成在教學上已規劃的目標（即目標模式），但有些教師則長於滿足主要持份者的期望（即滿意模式）。所以，在討論應該使用哪種模式，以及如何評估之前，我們先要澄清期望教師擔當的角色及達成的效能。

以上九個模式聯繫着教改的三個波浪，提供一個廣闊的光譜，以選擇可能的評估構想及相關的條件，來量度教師效能，以服務不同的評估目標及不同的背景。這個光譜對規劃及推行教師效能的量度，解釋相關的量度成果，是有幫助的。

長期及短期效能

若將產生成果的時限也放在考慮之列，教師效能可以進一步分為兩種：長期效能（long term effectiveness）和短期效能（short term effectiveness）。長期教師效能代表一個教師的貢獻成果，要經長時間（例如數年或更長）才能看到。在教育上，長期教師效能對學生、學校與社會的持續發展都很重要。教師對學生持續發展 CMI 的影響力，對學習環境的全球化、本地化及個別化的建設，就是長期效能的例子。

短期教師效能代表教師的貢獻效果可以在短期內（例如數日至數月）看到。課堂教學的表現、學業競賽的成果，以至指定責任及工作的完成，往往可用來量度短期教師效能。一般來說，量度短期效能在技術上是可行的，較長期效能容易做到。因為量度長期效能在方法學上難於控制長時間內其他因素的外來影響，時間成本亦太高。這也解釋了為何人們往往專注在短期效能，而非長期效能。

理論上，在九個教師效能模式中，對每一個模式，效能指標都可分為短期及長期，雖然在規劃過程中，強調程度會有分別。例如用目標模式時，可分為短期教學目標及長期教學目標，讓老師去達成。又例如用持續學習模式時，短期指標可以是每天使用表現的回饋，來改進教師教學。長期指標可以是教師由第一波轉移至第三波的教學轉型過程，助長學生 CMI 發展及教學三重化。

效能與效率

　　教師效能往往是模式設定的（model-specific），當教師的表現能在數量上或質素上滿足某一特定模式（例如過程模式）的效標，他們可被看作是有效能的教師。根據這模式，教師效能是教師滿足一個既定模式所期望的效標的程度。假如我們將時間和資源加入考慮教師的表現，教師效率（teacher efficiency）是教師在一定時限及資源投入下，達到一個既定模式的期望效標水平。如果教師能達到相同效標的水平，而所用的時間及資源較少，他可評為更有效率的教師。

　　所以，當我們將時間和資源放進每一模式的教師效能來構想，就可以進一步得出教師效率的概念。

多層效能

　　傳統上，教學過程可視作發生在個人層面或只在課堂上。因此個別教師的教學、個別學生接受教師的教導，都是過去不少教師效能的研究及評估採用的重點，主要考慮的是教師在個人層面的效能。過去數十年，教育理念不斷演進，出現更多廣闊的概念用來看教育過程，所以這種用單層面簡化的方法來評估教師效能的方式，也正在轉變中（Baeten & Simons, 2014; Vangrieken, Dochy, Raes, & Kyndt, 2015）。

　　現在學校教育的計劃及執行，多用課程項目及團隊工作方式來進行。同時，各地進行中的學校管理改革，多強調以全校動員方式（whole school approach）來改進學校表現及學生學習成果。這表示，學生的學習及成長往

往不是單一教師的教導，而是一群教師的培育或全校老師的教育氛圍。所以我們考慮的不單是個別老師的效能，也應考慮小組老師或全校老師的效能，亦表示量度教師效能時，除基於九個效能模式外，也可以在多層面上構想，配合目前強調團隊方式或全校方式的教育改革。

構想可能性

由上面的討論，量度教師效能的構想可能性（conceptual possibilities），可總結如下：

模式：持份者應首先達成共識，將會使用甚麼教師效能模式？為甚麼？哪個模式應該選擇為量度的焦點？為甚麼？又或者可以選擇一個組合的模式來做量度。

時段：持份者必須決定用甚麼時段來量度教師效能，應該量度短期還是長期的效能？為甚麼？短期和長期量度的方法有沒有分別？一般來說，量度長期教師效能需要更精密嚴謹的方法，花的時間也更多。

效能或效率：持份者需要決定評估教師的效能還是效率？假如有強烈需要關注撥款或財政的影響，也許持份者需要聚焦量度教師的效率。假如持份者較關注外顯或隱藏的教師影響和表現，而財政或資源的影響不是主要的關注點，那麼他們可以多考慮量度教師的效能。

層次：量度教師在個人、小組及全校層面上的效能，會服務不同目的。例如在小組層面的量度結果，對改善小組表現較對在個人層面更有用處。量度不同層面效能的方法，可以是不同的。一般來說，教育機構工作者往往聚焦在量度校內不同層面的教師效能，用以改善校內運作，但政策制定者會更加關注教師在社會及國際層面的效能。特別是他們需要在教育系統層面上，將教師效能與其他國家比較，以訂定整體政策，改善教育系統及師資培訓。

構想策略

根據上面的考慮，可以提出以下的策略，來構想教師效能的量度：

單模式及單層面策略：這是最簡單的策略，聚焦在一個教師效能模式（例

如目標模式），也只在一個層面上（例如個人層面），例如量度個別教師在學生學習成績方面的效能。這個策略往往用在傳統的量度上，因為它簡單而容易進行。

單模式多層面策略：這個策略聚焦在一個特別的教師效能模式（例如持續學習模式），但會涉及兩個或以上的層面，例如個別、小組、全校層面等。由這策略得出來的結果，會幫助理解不同層面之間教師效能的關係。

多模式及單層面策略：這個策略聚焦在單一層面，但多於一個教師效能模式和其間的關係，例如目標模式、滿意模式和三重化模式在一個特別的層面（例如個人層面）上的關係。研究結果將會提供機會，讓人理解一個教師效能模式（例如目標模式）是否和其他模式（例如滿意模式、三重化模式）互相配合或互相矛盾。然後辨別哪些方法可以用來管理這些不同的教師效能模式的矛盾。假如這些模式證實是互相配合，亦表示我們可以提高一個模式（例如滿意模式）的教師效能，而不會影響其他模式（例如三重化或過程模式）的教師效能。

多模式多層面策略：這策略包含多模式多層面的教師效能，明顯較前三項策略綜合及精細。它可以提供機會，讓人明白不同教師效能模式如何相關或互補，以及當跨越不同層面時，教師效能將如何改變。研究結果可以為進行教育改革、學校管理及教育實踐提供更多啟示，並確保不同類別的教師功能在不同層面上互相協調，優化他們的效能。當然，使用這策略需要更多資源及時間來設計及執行，所用的量度設計會更複雜。

長期與短期策略：如前所述，在每個量度教師效能的模式中，都可以加入短期及長期效能的考慮，上面的策略也是如此。例如單模式單層面策略，可以加入量度短期及長期教師效能。

效率策略：假如教師效能的量度，要混入時間及資源的考慮，那麼教師效率的概念可以和上述策略一起運用，不限於教師效能。

實踐的矛盾和困難

量度教師效能雖然已有廣闊的構想可能性，但實踐上仍有一些重要矛盾和常見困難，特別是關於有限資源的，需要持份者掌握及解決。

持份者分異觀點：不同持份者會有不同的教師效能期望，有些人關注內部教師效能，有些人卻偏愛外界效能或未來效能；有些人重視個人層面的效能，有些人則會聚焦在小組或全校層面的效能。如何令不同持份者在模式選擇、效標採用、層面關注、執行時限及其他量度教師效能的條件上達成共識，實踐上往往困難重重，特別是當可提供的資源及執行能力非常有限的時候。

　　學科分異觀點：對於不同學術科目，教師效能模式與相關層面的關注，往往是分歧的。例如教育心理學（educational psychology）多關注個人層面的教師效能，特別是在過程模式的效能。教育社會學或政策研究則會對在學校或社會層面的教師效能，特別是有關社會流動（social mobility）、教育公平（education equity）、社會階級分層（social class stratification）等的影響更為關注。經濟學領域強調的往往是在不同層次上，有關經濟或財務方面的教師效能。在學校管理或組織行為領域，機構層面上的教師效能，無可避免是主要的研究課題。顯然，不同學術領域會有不同觀點，當他們用來構想及評估教師效能時，主要持份者需要面對構想或實踐上的矛盾，他們要達成共識，決定用哪個學科來做構想及分析，因為學科不同，入手的理念及方法也會完全不同。

　　狹窄與廣闊的構想：基於不同模式所獲得的教師效能量度結果，會得出不同的政策啟示，用作教師改進及發展。傳統上，人們往往聚焦在個人層面或一至兩個教師效能模式（例如目標模式或過程模式）上，忽略教師效能在不同層面上的其他類型。這個方法的好處是較易集中、較易實踐，所得的結果也比較簡單，能快捷地向持份者交待。但它的弱點是忽略教師效能的複雜本質，這種忽略無可避免會形成決策及管理上的限制，較難全面理解及提升教師效能。

　　當然，在不同層面上加入多元模式來量度教師效能，會擴闊構想、增強政策制定及實踐改進的可能性，但同時也會增加設計及推行量度的難度，提高對執行時間、能力及資源的要求。規劃教師效能的量度，如何在狹窄與廣泛構想之間取得恰當的平衡，成為持份者面對的兩難問題。

　　不同類型的複雜關係：不同模式、不同層面的教師效能之間的關係，是複雜的，也不一定是正面的。例如一個教師在內部效能（例如過程模式）獲

得高分數，在外界效能（例如滿意模式）不一定同樣做得好，雖然人們一般假設應該有這樣正面的關係。又舉例來說，個別教師在個人教學工作上做得好，不一定代表這教師在團隊工作時會更加有效能。同樣，教師效能與教師效率的關係，也不一定是簡單、直接和正面的。這是教育經濟學一個熱門的研究問題（Psacharopoulos, 1987）。

　　一般來說，提升其中一種教師效能，不一定會增加其他種類的效能。同樣，增加在某一層面上的教師效能（例如個人層面），不一定會得出在其他層面（例如小組或全校層面）上效能的改進。這是一個關鍵的課題，在目前量度及監察教師效能的領域，應有更多研究來探討這個問題，幫助理解不同類型的教師效能之複雜關係。

結論

　　在 21 世紀，教育環境迅速發生變化，教師扮演的角色及承擔的職責日益複雜，要求也愈來愈高。為了適應這種變化，學校管理必須重組，以便對教師進行監察、發展並給予幫助，從而使他們卓有成效地完成任務、履行職責。回應教改三大範式的轉變（表 6.1），本章論述了三大類別及九種模式，讓讀者了解關於教師效能的多方面觀念。這九種模式各具優缺點，並強調教師工作、角色及職責的不同面向（表 6.2）。每種模式在特定條件下有用，但在其他條件下卻未必適用，各模式可以發展不同的指標或監察範圍、不同的教師評估及管理策略。表 6.2 總結了這些模式的概念、適用條件及衡量指標。

　　當教師符合所有九種模式的要求時，便能達至全面性的教師效能。鑒於時間、精力及資源的局限性，對大部分教師來說，能達至全面性效能是十分困難的。但這架構提醒我們應以能達到全面性教師效能為長期目標，因此這些模式也可用作長期職員培訓的藍圖。在實際工作中，學校管理者及教師教育工作者，應根據教師在不同發展階段的需要，訂立、採用不同模式來發展教師效能。教師效能的多元模式架構對於學校管理及教師發展具有深遠意義。為了能在某種模式下表現得有效能，教師應了解並按照這些模式的要求及標準辦事。為了實現有效的學校管理，學校應為教師提供有利的工作條件及開展多元模式的教師效能的機會。

如表 6.1 及 6.2 所示，在教改三大範式下，教師效能的多元模式為我們帶來非常有用的啟示，大大擴展未來研究及發展的可能性。為迎接不斷變化的教育環境的挑戰，我們建議教育工作者、研究者、政策制定者及行政者採用此多元模式，以不同角度和策略來研究教師效能的複雜本質，從而發展出廣泛而有效的方法，協助教師發揮其才華、執行多元的專業教育角色，以面對新世紀教育的挑戰。

註：本章主要譯改自 Cheng（2019），部分資料新修改自鄭燕祥（2003）。

參考文獻

*

鄭燕祥（2003）。《教育領導與改革：新範式》。台北：高等教育出版社。

Amin, J. N. (2016). Redefining the Role of teachers in the Digital Era. *The International Journal of Indian Psychology*, 3(3), 40-45.

Argyris, C., & Schon, D. A. (1974). *Theory in practice: Increasing professional effectiveness*. Jossey-Bass.

Argyris, C., & Schon, D. A. (1978). *Organizational learning*. Addison-Wesley.

Baeten, M., & Simons, M. (2014). Student teachers' team teaching: Models, effects, and conditions for implementation. *Teaching and Teacher Education*, 41, 92-110.

Bakx, A., Baartman, L., & van Schilt-Mol, T. (2013). Development and evaluation of a summative assessment program for senior teacher competence. *Studies in Educational Evaluation*. http://www.sciencedirect.com/science/article/pii/S0191491X13000667

Bernat, C., & Mueller, R. J. (2013). *Individualized Learning with Technology: Meeting the Needs of High School Students* (pp. 1-204). Rowman & Littlefield Education.

Boles, K. & Troven, V. (1996). Teacher leaders and power: Achieving school reform from the classroom. In G. Moller and M. Katzenmeyer (eds.), *Every Teacher as a Leader, New Directions for School Leadership,* No. 1, pp. 41-62, Fall 1996. Jossey-Bass.

Cameron, K. S. (1984). The effectiveness of ineffectiveness. *Research in Organizational Behavior*, 6, 235-285.

Carpenter, D. (2015). School culture and leadership of professional learning communities. *International Journal of Educational Management*, 29(5), 682-694.

Castro, M., Expósito-Casas, E., López-Martín, E., Lizasoain, L., Navarro-Asencio, E., & Gaviria, J. L. (2015). Parental involvement on student academic achievement: A meta-analysis. *Educational research review*, 14, 33-46.

Cheng, Y. C. (1993). The theory and characteristics of school-based management. *International Journal of Educational Management*, 7(6), 6-17.

Cheng, Y. C. (1995). *Function and effectiveness of education*. Wide Angle Press.

Cheng, Y. C. (1996). Relation between teachers' professionalism and job attitudes, educational outcomes, and organizational factors. *Journal of Educational Research*, 89(3), 163-171.

Cheng, Y. C. (2012). Teachers for new learning: Reform and paradigm shift for the future. In O. S. Tan (ed.), *Teacher Education frontiers: International Perspectives on Policy and Practice for Building New Teacher Competencies* (pp. 93-122). Cengage.

Cheng, Y. C. (2014). Measuring teacher effectiveness: *Multiple conceptualizations and practical dilemmas*. In Oonseng Tan & Woonchia Liu (eds.), *Teacher effectiveness: Capacity building in a complex learning era* (pp. 17-50). Cengage.

Cheng, Y. C. (2015). Paradigm shift in education: Towards the third wave research. In L. Hill and F. Levine (eds.), *World Education Research Yearbook 2014* (pp. 5-29). Routledge.

Cheng, Y. C. (2019). *Paradigm shift in education: Towards the 3rd wave of effectiveness.* Routledge.

Cheng, Y. C. & Tsui, K. T. (1999). Multi-models of teacher effectiveness: Implications for research. *Journal of Educational Research*, 92(3), 141-150.

Cobb-Clark, D. A., & Jha, N. (2016). Educational achievement and the allocation of school resources. *Australian Economic Review*, 49(3), 251-271.

Committee on Professional Development of Teachers and Principals (COTAP) (2018). *T-standard+:Unified set of standards for the teaching profession.* Cited at 1 August 2018. https://cotap.hk/index.php/en/t-standard

Crowe, E. (2010). *Measuring What Matters: A Stronger Accountability Model for Teacher Education.* Education Researches Information Center.

Darling-Hammond, L. (2010). *Evaluating teacher effectiveness: How teacher performance assessments can measure and improve teaching.* Center for American Progress.

Darling-Hammond, L. (2013). *Getting teacher evaluation right: What really matters for effectiveness and improvement.* Teachers College Press.

Davidson, C. N. (2014). Why higher education demands a paradigm shift. *Public Culture*, 26(1(72)), 3-11.

Deming, D. J., Cohodes, S., Jennings, J., & Jencks, C. (2016). School accountability, postsecondary attainment, and earnings. *Review of Economics and Statistics*, 98(5), 848-862.

Dixon, N. M. (2017). *The organizational learning cycle: How we can learn collectively.* Routledge.

Education Commission. (1996). *Education Commission Report No. 7.* Consultation Document. Hong Kong: Government Printer.

Eggleston, J. (ed.) (2018). *School-based curriculum development in Britain: A collection of case studies.* Routledge.

Fiore, D. (2016). *School-community relations.* Routledge.

Goe, L., Bell, C., & Little, O. (2008). *Approaches to Evaluating Teacher Effectiveness: A Research Synthesis.* National Comprehensive Center for Teacher Quality.

Goertz, M. E. & Duffy, M. C. (2001). *Assessment and Accountability Systems in the 50 States, 1999-2000.* CPRE Research Report Series. Consortium for Policy Research in Education.

Hampden-Thompson, G., & Galindo, C. (2017). School-family relationships, school satisfaction and the academic achievement of young people. *Educational Review*, 69(2), 248-265.

Harris, D. N. & Rutledge, S. A. (2010). *Models and Predictors of Teacher Effectiveness: A Comparison of Research about Teaching and Other Occupations.* Teachers College Record.

Headington, R. (2000). *Monitoring, Assessment, Recording, Reporting and Accountability: Meeting the Standards.* David Fulton.

Hedges, L. V., Pigott, T. D., Polanin, J. R., Ryan, A. M., Tocci, C., & Williams, R. T.

(2016). The question of school resources and student achievement: a history and reconsideration. *Review of Research in Education*, 40(1), 143-168.

Heller, D. E. (ed.) (2001). *The States and Public Higher Education Policy: Affordability, Access, and Accountability*. Johns Hopkins University Press.

Hepsiba, N., Subhashini, A., Raju, M. V. R., & Rao, Y. P. (2018). Changing role of teachers in the present society. *International Journal of Health & Medical Sciences (IJHMS)*, 1(1), 39-44.

Hill, H. C., Kapitula, L. & Umland, K. (2010). A validity argument approach to evaluating teacher value-added scores. *American Educational Research Journal*, 48(3), 794-831.

Hinchey, P. H. (2010). *Getting Teacher Assessment right: What Policymakers Can Learn from Research*. US: National Education Policy Center.

Ingersoll, R., Merrill, L., & May, H. (2016). Do accountability policies push teachers out. *Educational Leadership*, 73(8), 44-49.

Ishii, J. & Rivkin. S. (2009). Impediments to the estimation of teacher value added. *Education Finance and Policy,* 4(4), 520-536.

Jacobsen, R., Snyder, J. W., & Saultz, A. (2014). Understanding satisfaction with schools: The role of expectations. *Journal of Public Administration Research and Theory*, 25(3), 831-848.

Kampylis, P., Law, N., Punie, Y., Bocconi, S., Han, S., Looi, C. K., & Miyake, N. (2013). *ICT-enabled innovation for learning in Europe and Asia. Exploring conditions for sustainability, scalability and impact at system level* (No. JRC83503). Institute for Prospective and Technological Studies, Joint Research Centre. http://ftp.jrc.es/EURdoc/JRC83503.pdf

Kim, Y. H. (2000). Recent changes and developments in Korean school education. In T. Townsend & Y. C. Cheng (eds.), *Educational Change and Development in the Asia-Pacific Region: Challenges for the Future* (pp. 83-106). Swets & Zeitlinger.

Kisida, B., & Wolf, P. J. (2015). Customer satisfaction and educational outcomes: Experimental impacts of the market-based delivery of public education. *International Public Management Journal*, 18(2), 265-285.

Lewallen, T. C., Hunt, H., Potts-Datema, W., Zaza, S., & Giles, W. (2015). The whole school, whole community, whole child model: A new approach for improving educational attainment and healthy development for students. *Journal of School Health*, 85(11), 729-739.

Longworth, N. (2013). *Lifelong learning in action: Transforming education in the 21st century*. Routledge.

Mahony, P., & Hextall, I. (2000). *Reconstructing Teaching: Standards, Performance and Accountability*. Routledge.

Mertler, C. A. (2016). Leading and facilitating educational change through action research learning communities. *Journal of Ethical Educational Leadership*, 3(3), 1-11.

Muijs, D., Kyriakides, L., van der Werf, G., Creemers, B., Timperley, H. & Earl, L. (2014) State of the art — teacher effectiveness and professional learning, *School Effectiveness and School Improvement*, 25:2, 231-256, DOI: 10.1080/09243453.2014.885451

Muller, C., & Kerbow, D. (2018). Parent involvement in the home, school, and community. In Schneider, B & Coleman, J. S. (eds.), *Parents, their children, and schools* (pp. 13-42). Routledge.

Murphy, J. (1995). Changing role of the teacher. In M. J. O'Hair and S. J. Odell (eds.), *Educating Teachers for Leadership and Change, Teacher Education Yearbook III* (pp. 311-323). Corwin Press.

Newton, L. D., & Newton, D. P. (2014). Creativity in 21st-century education. *Prospects,* 44(4), 575-589.

Noweski, C., Scheer, A., Büttner, N., von Thienen, J., Erdmann, J., & Meinel, C. (2012). Towards a paradigm shift in education practice: Developing twenty-first century skills with design thinking. In H. Plattner, C. Meinel & L. Leifer (eds.), *Design Thinking Research* (pp. 71-94). Springer.

Nunes, L. C., Reis, A. B., & Seabra, C. (2015). The publication of school rankings: A step toward increased accountability?. *Economics of Education Review*, 49, 15-23.

Palardy, G. J. & Rumberger, R. W. (2008). Teacher effectiveness in first grade: The importance of background qualifications, attitudes, and instructional practices for student learning. *Educational Evaluation and Policy Analysis,* 30(2), 111-140.

Psacharopolous, G. (ed.) (1987). *Economics of Education: Research and Studies*. Pergamon Press.

Rockoff, J. E. (2010). Subjective and objective evaluations of teacher effectiveness. *American Economic Review,* 100(2), 261-266.

Sass, T., Hannaway, J., Xu, Z., Figlio, D., & Feng, L. (2010). *Value added of teachers in high-poverty schools and lower-poverty schools*. US: National Center for Analysis of Longitudinal Data in Education Research.

Sawchuk, S. (2011). *What studies say about teacher effectiveness*. US: EWA Research Brief.

Slater, H., Davies, N., & Burgess, S. (2009). *Do Teachers Matter? Measuring the Variation in Teacher Effectiveness in England*. UK: Centre for Market and Public Organisation.

Sprinthall, N. A., Reiman, A. J., and Thies-Sprinthall, L (1996). Teacher professional development. In J. Sikula, T. J. Buttery, & E. Guyton (eds.), *Handbook of Research on Teacher Education* (pp. 666-703). Macmillan.

Staiger, D. O., & Rockoff, J. E. (2010). Effective teachers with imperfect information. *The Journal of Economic Perspectives*, 24(3), 97-117.

Stronge, J. H., Ward, T. J., & Grant, L. W. (2011). What makes good teachers good? A cross-case analysis of the connection between teacher effectiveness and student achievement. *Journal of Teacher Education*, 62(4), 339-355.

Tan, O. S. (ed.) (2012). *Teacher education frontiers: International Perspectives on policy and practice for building new teacher competencies*. Cengage.

Vangrieken, K., Dochy, F., Raes, E., & Kyndt, E. (2015). Teacher collaboration: A systematic review. *Educational Research Review*, 15, 17-40.

Wang, M. C. & Walberg, H. J. (1991). Teaching and educational effectiveness: Research synthesis and consensus from the field. In Waxman, H. C. & Walberg, H. J. (eds.), *Effective teaching: Current research* (pp. 81-104). McCutchan.

Wastiau, P., Blamire, R., Kearney, C., Quittre, V., Van de Gaer, E., & Monseur, C. (2013). The Use of ICT in Education: a survey of schools in Europe. *European Journal of Education*, 48(1), 11-27.

Webb, M., & Reynolds, N. (2013). Current and future research issues for ICT in education. *Journal of Computer Assisted Learning*, 29(1), 106-108.

Yorke, M. (2011). Work-engaged learning: towards a paradigm shift in assessment. *Quality in Higher Education*, 17(1), 117-130.

第七章
教學效能的研究

　　隨着教改的三大潮流，教師要面對無數內外變化帶來的新問題、不明朗因素及挑戰。對教師來說，學校目標漸漸變得模糊、複雜而變動，教育工作要求更高，而不同教育持份者的期望愈來愈高而分歧，對公眾的問責則是前所未有地沉重。如第六章所述，教師的角色及工作承擔也有範式轉變，從第一波的知識傳授者，轉變為第二波的教育服務者，以及第三波的 CMI－三重化教育發展者。無論在哪一波教改，教師對學生的培育及相關的影響過程，都可視之為教師的教學，而其教學效能（teaching effectiveness）的高低，對學生成長影響深遠。這是非常重要的課題，需要深入研究，然後增強其專業才能，鼓勵教師終身持續專業發展，以新知識、新能力及專業取向，迎接教育上的種種挑戰（Amin, 2016; COTAP, 2018; Hepsiba, Subhashini, Raju, & Rao, 2018）。

　　第六章已詳細分析多元教師效能的理念，本章將集中探討校內教師如何影響學生表現，幫助理解教學效能的涵義及其複雜性質，並發展研究及提升教學效能的各種方法。雖然以前已有許多學者從事這方面的研究，但成果大多有相當的局限性，未能為改進教學效能帶來較全面而有系統的啟示（Harris & Rutledge, 2010; Hinchey, 2010; Muijs, et al., 2014）。究其原因，有以下兩方面：

* **欠缺理念架構**：過往的研究雖多，但缺乏一個完整的理念架構，以協助解釋及連繫各種與教師教學及學生學習有關的因素之關係。故此未能全面而有系統地展開教學效能的研究，進行的研究又多流於片面或互相重複，研究結果即使不矛盾亦難於解釋（Brownell & Kloser, 2015; Scheerens, 2016a, b）。
* **缺乏整體性構想**：過往的研究多局限在個別教師的教學行為或特性，忽

略了教師在個人、小組及組織層面上的不同表現對學生經驗及學習成果的影響，同時又忽略其他組織或環境因素對教師及學生的效應。於是，研究結果對提升校內教學效能的啟示有限（Baeten & Simons, 2014; Vangrieken, Dochy, Raes, & Kyndt, 2015）。

無可避免，這些研究理念上的缺陷，不利於研究、設計及推行任何增大教學效能的改革措施。故此本章將針對上述需要，首先提出一個教學效能的架構，說明各種在教與學過程中影響教師和學生的因素及其中可能的關係，從而發展有系統探究教學效能的研究策略。並進一步擴展這架構，提出整全性教學效能的理念，包括個人、小組及組織層面上的不同表現，對學生經驗及學習成果的整全性影響。這理念對研究教學效能有嶄新啟示。最後本章以教師專業取向（professionalism）研究為範例，說明校內整體教學效能研究的可能性。

教學效能

根據第一章及 Medley（1982）所論，校內教師的教學效能涉及多元因素，在研究構想時，應整合傳統所用的教師特質觀點（trait approach）、教師行為觀點（behavioral approach）及教學過程產出觀點（process-outcome approach），以一個較全面的架構，解釋教師素養（teacher competence）、教師表現（teacher performance）、學生學習經驗（learning experience）及教育成果（educational outcomes）的關係，如圖 7.1 所示。

圖 7.1 教師教學效能之結構

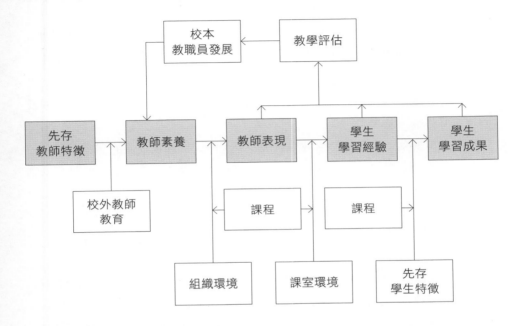

　　教師的教學效能不應被視為穩定的教師個人特徵（personal characteristics），而是某些教師特徵與其他教學及學生因素互動的產物，會因所處的教學情境（teaching context）而改變（Bakx, Baartman, & van Schilt-Mol, 2013; Darling-Hammond, 2010, 2013; Hill, Kapitula, & Umland, 2010; Sawchuk, 2011）。再者，教學效能的結構應包括以下重要組份：

＊　先存教師特徵：即教師接受師訓課程前，已擁有的一套個人品質、知識、能力及信念；

＊　教師素養：即教師完成師訓課程後，擁有及帶進真正教學環境的專業知識、能力及信念；

＊　教師表現：即教師的教學行為表現，會受教學環境影響而發生不同的改變；

＊　學生學習經驗：即教師及學生在教與學過程中互動，學生從中獲得的經驗；

＊　學生學習成果：即學生邁向一個設定的教育目標的學習進展及成就；

＊　校外教師教育：即校外師訓機構提供增進教師素養的教育或訓練；

* 學校組織環境：包括學校組織結構、人事管理、組織文化、教育設施、資源、學校目標及學校使命等因素；
* 課室環境：包括班上學生人數及成分、學生能力、課室氣氛、教師學生關係、教學設施等；
* 課程：包括教學及學習的目標、內容、實踐活動、進展要求等；
* 先存學生特徵：即學生個人的先前學習經驗、體力及智力、學習方式及其他個人特徵；
* 教學評估：即監察評估教學表現、學生學習經驗及成果的活動；及
* 教本教職員發展：即學校根據教學評估或教師需要而組織的教職員培訓活動。

這結構假設影響教師的教學效能的組成部分，有以下的因果關係：

* 學生學習成果的質素，是課程特徵、學生學習經驗及個人特徵的結合產品；
* 學生學習經驗的優劣，是受教師表現、課室特徵及課室環境的影響；
* 教師表現的好壞，是由教師素養、課室特徵及學校組織環境的互動所決定；
* 教師素養的高低，是受校外教師教育、校本教職員發展及個人本身先存特徵的影響；及
* 以教師表現、學生學習經驗及學習成果資料為基礎的教學評估，可用以設計配合教職員所需的發展活動，幫助提升教師素養。

基本上，圖 7.1 顯示的各組成部分，假定有可能與教學效能直接或間接相關。為了建立教學效能及專業發展的知識基礎，了解這些組成部分如何相關、如何最終幫助提升學生的學習成果，是重要的研究問題。

研究策略

根據上面的結構觀點，用以構思研究教師的教學效能問題，有四類策略：（1）單組份策略（the single component strategy）；（2）雙組份關係策略（the relationship between two components strategy）；（3）多組份關係策略（the relationship between three or more components strategy）；及（4）全面策略（the global strategy）。

單組份策略：這策略的焦點在研究教學效能結構的一個組份，例如研究者可集中研究「教師素養」中的一些重要變項或其剖析圖（profile），如語言能力、教學知識、學科知識、教育資訊科技的應用等。研究者也可集中課室「教師表現」的變項，包括教學方式、教學態度、領導行為、課室管理模式等。有時可以分析同一個組份內各變項間的關係，例如對教師素養有興趣的學者，可研究教師素養中各變項或因素的關係，如教學知識（pedagogical knowledge）與學科知識（subject knowledge）的關係。表 7.1 舉例列出教學效能結構的十二組份及每組份中的可能變項或特徵：

表 7.1　單組份策略

單組份研究	每組份中的變項或因素（舉例）
教師素養	專業取向、語言技巧、教學知識、資訊科技、學科知識、教育倫理、法律知識等
教師表現	教學方式、教師態度、教學策略、教學行為、設施使用、教學資料運用、課室管理模式、領導學生等
學生學習經驗	學習活動、學習策略、經驗、反應及感受、與同儕互動、技巧實踐、情意表達、體能表現、智力刺激及鍛練等
學生學習結果	學術成就、閱讀能力、寫作能力、已發展的學習自我成效、電腦讀寫能力、德育發展、公民意識、持續自我學習技巧及動機等
課程特徵	教育宗旨及目標、教學及學習任務、教科書、科目範圍、課程設計、教學媒介、教學資料等
教學評估	視學、課堂觀察、學生成績評核、教師自我評估、學生評估
教與學的課室環境	群體氣氛、班別人數、班上學生學術水平及差距、教與學的設施、器材、物理條件等
教與學的組織環境	教學領導、方案計劃、團隊支持、教學範圍之教職員發展、教學專業化、課程管理、學校使命及目標、方案設計與實施、人際關係、學校文化、學校物理環境等
先存教師特徵	學術資歷、工作經驗、個性、自我形象與自覺效能、對教育及社會的信念價值、個人願景與使命、認知方式、年齡等
先存學生特徵	過往學習經驗、學術能力、個性、學習效能、認知方式、學習方式等
校本教師教育／教職員發展	工作坊、經驗分享、協作教學、同儕訓練、教學反思、教育探訪考察、工作經驗增潤等
校外教師教育	教師教育之目標、目的、方法、內容、課程設計、組織、相關性教學質素等

由於這策略只着重結構的一個組份的變項或因素，通常採用描述性的質化（qualitative）或量化（quantitative）分析方法，分析結果可提供一些底線或初步數據，描述某一組份的特徵，例如教師的專業培訓程度多少。顯然，這策略有其本身的限制，往往流於描述性、簡單化及表面化，不能作為深入了解教學效能中一組份與其他組份間複雜關係的基礎。例如即使研究結果顯示，在研究對象中，教師的教學知識與學科知識之間有密切關係，但如何用作提高教師表現及學生學習經驗，還是未知之數。

　　雙組份關係策略：這個策略的焦點，在於探討效能結構中兩個組份間的關係。根據圖 7.1 的結構，可以研究的關係或一個主要組份對其他組份的效應，可能至少有十一個類別，如表 7.2 所列。可以研究以下組份對其他組份的效應：教師素養、教師表現、學生學習經驗、課程特徵、學生先存特徵、課室環境、組織環境、教學評估、校本教職員發展、外在教師教育及先存教師特徵等。

　　舉例來說，研究者的焦點可以是：教師素養如何與教師表現（或與學生學習經驗、學生學習結果）相關，如何影響教師表現（或影響學生學習經驗、學生學習結果）（Kaendler, Wiedmann, Rummel & Spada, 2015; Paolini, 2015）。這類研究結果，可以幫助辨識哪些教師素養的因素及特性對教學或學習是重要的，從而找出辦法幫助教師擁有這些教學素養。

　　這策略比單組份策略有效，採用的研究者也較多，因為它增加了一個探討教與學複雜過程的組份，擴闊了研究者分析的範圍，有助了解因果關係。研究法方面，可因應研究問題的性質，採用質化法或量化法探討組份間之關係。某程度上，根據這策略的研究結果，可解釋或預測一些可變項或因素對學習或教學的效應。所以，研究結果對探討如何改進教師質素、表現及學習成果，應較單組份策略更有效及更有幫助。

　　雖然這策略較單組份策略成熟，卻還是有其限制性的，因為研究的兩組份間的關係，常受教學效能結構的其他組份影響。如果忽略控制這些影響，相關性的研究結果將會有誤導或誤解的弊端。舉例來說，教師表現（例如教學方式）與學習經驗（例如數學課的主動學習）的關係，會受班級人數或學生平均能力影響。所以，我們應要知道甚麼教學方式與甚麼課室特徵的配合，對學生學習數學最有效。換句話說，我們亦要探討課室特徵。為了加深理解

課室的複雜教學過程，研究的設計可能要包括兩個以上相關組份的互動。

表 7.2　雙組份關係策略

產生效應的主要組份	可能受影響的組份（例子）
* 教師素養	* 教師表現
	* 學生學習經驗
	* 學生學習結果
* 教師表現	* 學生學習經驗
	* 學生學習結果
* 學生學習經驗	* 學生學習結果
* 課程特徵	* 教師表現
	* 學生學習經驗
	* 學生學習結果
* 先存學生特徵	* 學生學習結果
* 課室環境	* 學生學習經驗
* 組織環境	* 教師表現
* 教學評估	* 教師素養
* 校本教職員發展	* 教師素養
* 校外教師教育	* 教師素養
* 先存教師特徵	* 教師素養

多組份關係策略：這策略的研究理念，可牽涉教學效能結構三個或以上的組份。多組份的結合可能性甚多，舉例來說，我們會對甚麼組份影響教師素養、教師表現、學生學習經驗或學習結果有興趣。如表 7.3 所示，研究構想可涉及三個或以上組份的相互效應，影響另外的關注組份。

舉例來說，研究可探討學生學習經驗、課程特徵、先存學生特徵及它們彼此互動的主要效應，如何影響學生的學習結果。

又例如，研究學校組織環境、教師素養、課程特徵及它們的相互作用，如何影響教師表現的過程，是另一個選擇。

與前兩個策略比較，這策略的理念明顯比較複雜，研究結果有助增進對有效教學及學習動態過程的真實理解。

表 7.3　**多組份關係策略（例子）**

多組份的效應	受影響的組份
學生學習經驗＋課程特徵＋先存學生特徵＋相互作用	學生學習結果
教師表現＋課程特徵＋課室環境＋相互作用	學生學習經驗
組織環境＋教師素養＋課程特徵＋相互作用	教師表現
校外教師教育＋先存教師特徵＋校本教職員發展＋相互作用	教師素養

全面策略：全面策略是全面考慮教學效能結構的所有組份，分析的範圍擴展到教與學的全部過程，故此較能指引研究要關注的重要課題，例如不同的組份如何互相關聯、如何相互作用，又如何影響學生的學習經驗及成果，故此研究結果較能提供資料，知道藉着改變哪些組份或其中的相互關係，就可以提升或改善教與學的過程和效能。

由於這策略涉及的組份很多，而相關的變數及研究理念又是那麼複雜，所以數據收集要採用多元方法，無論質化或量化研究法都可能用於研究分析上。其中一個可能的研究方法，是以課室過程多度向或多元指標剖析圖，描繪出有效能或無效能的課室特徵（Cheng, 1994a, 1994b, 1997；鄭燕祥，2003，第一章）。

研究構想的層階：總的來說，上述的四種研究策略，是按構想複雜性層階（hierarchy of conceptual complexity）由簡至繁而改變，單組份策略是在層階的最低點（最簡），而全面策略在最高點（最繁），而雙組份關係策略及多組份關係策略則在兩者之間。為建立教師的教學效能的全面知識基礎，必須追求更加成熟及全面的研究；從簡單的單組份策略轉為複雜的關係策略及全面策略的迫切性，是不言而喻的。換言之，如果想充分發揮教師的教學效能，我們不但要知道個別組份的特徵，也必須知道它們與教與學過程和成果有甚麼關係。這樣才可以建立發展教師及提高他們教學效能的新知識基礎。

整體教學效能

長期以來，人們總是認為教學活動只是一件發生在個體層面的事情。換句話說，是單個的教師進行講授，學生個別地在聽講、個別地學習知識或

其他能力和態度。這種簡化的構想和方法反映在大多數研究和管理活動中，它們只關注教師個體層面的教學效能。不過隨着對教育過程的理解愈來愈深刻，這種認識也在改變當中（Baeten & Simons, 2014; Vangrieken, Dochy, Raes, & Kyndt, 2015）。首先，學校教育往往是經全盤規劃而整體實施的，學生不單是接受單個老師的教導，而是受到一群教師甚至是整體學校的教師的教導和感染。為了使學校效能最大化，對教師群體或全校老師的教學影響應給予更多關注。故此，要提升學生學習成果，不單要改善個別教師，更要改革整體學校管理，以提高學校的老師的整體教學效能。

其次，要發揮教學效能，往往要有系統幫助教師作專業發展，不僅要發展單個教師，更要發展教師群組和學校組織自身（Dixon, 2017; Illeris, 2016; Seashore & Lee, 2016）。因此，研究教師效能就不應僅僅着眼於個人層面，而是以教師群體和整個學校的層面考慮。顯而易見，針對單個教師的教學效能的傳統做法有其局限性，不足以將教師作為一個群體來提高水平。

整體效能的架構：考慮到傳統概念的局限性，我們可以創建一個嶄新的整體教學效能的概念架構，來說明教學效能的複雜性和特性。

傳統提高教師效能的項目着重教師在課堂上的個體表現，校長及其他管理人員試圖通過提高教師素養和改進教師表現，來達到學生行為結果的改進。他們相信，當教師個體表現有所提高，個別學生、全班甚至全校學生的成績皆會取得相應的進步。事實上，情況卻比之更加複雜。

單個教師水平的提高並不能保證整個學校的效能，因為各教師的努力和對學生的影響力不一定互相支持而不抵消。教師通常是在孤立的環境中單獨授課，很少會互相觀摩或聆聽別人的講課。這種孤立性和個別性，阻礙了同事之間相互學習和分享成功經驗。由於受到這些制約，教師在工作中必須獨立地發現問題，尋找解決方案，成就往往有限。

進一步來說，隨着學校環境日益複雜，對教師的責任要求愈來愈高，教師一個人的努力不足應付。反之，為了提高教師和學校的效能，要求的是群策群力。我們確信，一個集體的合力（synergy）大於所有個體單個力量的總和。事實上，通過在一個團隊中工作，教師不僅能把能量有效地發揮出來，同時還能挖掘出新的能量（Hargreaves, & O'Connor, 2018; Gutierez, 2015; Shaffer & Thomas-Brown, 2015）。顯然，當教師萬眾一心的時候，他們對於

內外部教學環境的制約，能產生更加積極的影響。因此，教師的效能問題，不僅應該考慮個體層面，還應該考慮到小組或者整個學校的層面。

不論教師個體或群體，他們的素養及表現都會包括情感（affective）、行為（behavioral）、認知（cognitive）等各方面，透過教學過程影響學生的學習體驗和結果，使學生在情感、行為和認知上發展、改變及成長（Ben-Eliyahu, & Linnenbrink-Garcia, 2015; Park & Lim, 2019; van Harreveld, Nohlen, & Schneider, 2015）。

從上面的討論，我們可以從情感、行為和認知三個範疇，以及個體、小組和學校組織三個層面入手，考慮教師影響學生的過程和效果。換言之，教學效能是一個多層面、多範疇研究的課題。借用 Cheng（1996a）關於學校教育過程的層塊理論及教學效能結構，我們可以建立一個新的「整體教學效能」（total teaching effectiveness）概念架構用以研究教師影響學生的複雜過程，如圖 7.2。

這個架構假定教學效能不可避免地與學校整體的教與學的過程相聯繫，因此這個教學概念涉及兩類學校行動主體（教師和學生）和三個層面（個體、群組和全校）。教與學的過程、效應和結果，可以在不同行動主體的不同層面和不同範疇上發生。具體來說，教師的整體教學效能高低，涉及到所有教師和學生在個體、群體和全校層面上的行為、情意和認知表現。這理念就與傳統注重個體層面、忽視多層性的觀念有明顯分別。這個新概念可稱為「整體教學效能」，因為它能夠將教師和學生在多個層面上、多個範疇中的能力和表現都考慮在內，為教學效能的深度研究，展開一個新的畫面。現詳述如下。

教學效能的層塊

如圖 7.2 所示，教師整體教學效能與不同層面上的教與學的過程有關，涉及到教師素養層塊（competence layer）、教師表現層塊（performance layer）、學生學習經驗層塊（learning experience layer）及學生學習成果層塊（learning outcome layer）。

圖 7.2 教師整體教學效能概念架構

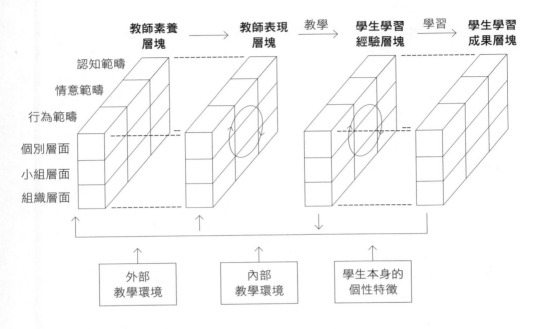

教師素養層塊，指教師分別在個體、群組和全校各層面上的整體行為、情感和認知的專業質素及能力，代表了教師的靜態質素（static qualities）。教師表現層塊，指教師在三個層面、三個範疇上的綜合表現，代表了教學過程中教師的動態質素（dynamic qualities）。一般來說，教師表現層塊的質素與教師素養層塊的質素有正面的相關，教師整體素養佳，那麼教師的整體表現和效果就傾向較好。它們之間的相互關係受到外部教學環境（如組織因素、學校領導和學校環境等）的制約，換言之，教師素養能否化為優良的教師表現，會受學校的整體環境因素影響。

當一名教師單獨工作，外部環境對其表現的影響往往易起主導作用，教師的角色比較被動，效能發揮也很有限。目前不少着眼於改變個別教師表現的措施並不成功，也在意料之中了。因此我們建議，教師素養應在多層面、多範疇上作為一個整體來改進，這樣才能幫助教師在一個小組中，或者在全校範圍內互相協作，產生強大的凝聚力和正面的教學文化，對外部教學環境的影響有效適應，甚至進而改變之，更有利教師的表現，提升學生的學習成

果（Cheng and Tam, 1994; Vangrieken, Dochy, Raes, & Kyndt, 2015）。

學生學習經驗層塊，代表學生在三個層面（個人、群組、全校）、三個範疇（行為、情意和認知）上的總體學習經驗。學生學習成果層塊，代表學生在三個層面、三個範疇上的總體學習成果。從總體來說，教師表現層塊作為一個整體，透過各種不同類型的教育活動過程，會影響學生學習經驗層塊的質素高低。這兩個層塊之間的相互關係，亦會受到內部教育環境（主要是教室）的影響，包括學生中的亞文化（subculture）、課堂氣氛、學生能力、分組方式、學習環境等（Baeten, Dochy, Struyven, Parmentier & Vanderbruggen, 2016; Fraser, 2015）。

目前，改進學生學習經驗和成果的通常做法，是希望在某一時段或者時間點改變個別教師的教學行為，以產生改變學生的效應。可惜，這種方法通常不會奏效。其中有兩個原因。首先，學生在某一時段的表現是很多教師教授下來積澱的結果。以中學為例，在中一級，一個班的學生有十至十二名教師，講授不同課程；到中二級有另外十至十二名老師講授這些課程；到其他年級，教授的教師組合又也許不一樣。明顯看出，一個學生在某一時段的學習表現，是體現出他／她從前的教師和現在的教師授課活動的一個積澱效應，而不是某一個教師單獨的影響。所以，若想逐步改進學生的學習體驗，我們應該長期改進整個教師表現層塊，包括那三個層面和三個範疇。

其次，在普通的教學環境中，教與學的過程均發生在教室之內，也就是說，在大部分時間中，教師是對一群學生同時施教的。如果我們把師生比例考慮在內的話，一個教師對一個學生的影響可能不如內部教學環境（例如學生同輩之間的影響、課堂氣氛和班級大小等）對之的影響強大。為了對內部教學環境和學生的學習體驗更有幫助，我們要改進教師表現的整體層塊，而不是單單改進個別教師。簡言之，當所有教師的表現能作為一個整體，對學生在同一時間、向同一方向起作用，就較能創造良好的學習環境、產生更好的學習體驗和帶來更好的學習成果。很顯然，學生本身具備的特徵（如智商、家庭背景等），也可能影響學生獲得的學習經驗及最後在行為、情意和認知上的學習成果。

對於整體教學效能的評估，應主要着眼於學生學習體驗和學習成果兩個層塊的質和量（Bennett, Desforges, Cockburn & Wilkinson, 2012; Goh, Leong, Kasmin, Hii & Tan, 2017; Hsu & Ching, 2015; Kyndt, Gijbels,

Grosemans & Donche, 2016），同時又兼顧在教師素養和教師表現層塊上的質素（Biesta, 2017; Guarino, Reckase & Wooldridge, 2015; Mohamed, Valcke & De Wever, 2017）。評估的結果可以用來改進學習體驗層塊、教師素養層塊和教師表現層塊。換句話說，學生層塊的反饋應對教師層塊的改進有幫助，如圖 7.2 所示。

教學效能的協調性

以上的架構（圖 7.2）展示了一個整體方法。為了使教學效能最大化，應該着眼提高教師素養和表現整體水平，以代替只關注片面而孤立的教師能力和表現的做法。換言之，研究及改進教師能力和表現的努力，應該涵蓋教師在個體、群組和全校層面上的情感、行為和認知等範疇。

依據系統內協調性（congruence）的概念（Molina, 2016; Nadler & Tushman, 1983; Vveinhardt & Gulbovaite, 2017），教師們是否在各層面上、各範疇內的能力協調一致，將影響教師素養層塊對教師表現的效應。協調程度愈高，前者對於後者的影響愈大。

* 「不同範疇間的協調度」代表了該教師的情感素養、行為素養和認知素養，都可以一致地支援和加強教師表現的程度（van Harreveld, Nohlen & Schneider, 2015）。
* 「不同層面間的協調度」代表了不同層面的教師相互支援，並一致地強化教師表現的程度。

不同範疇間及不同層面間的教師表現，若協調度愈高，則其對學生學習體驗層塊的影響愈大。同理，學生學習體驗層塊的協調性，對學生學習成果層塊亦有強化的作用。

教師整體教學效能的研究，應在理解了不同層塊之間的協調性，探討甚麼方法可確保教師及學生的層塊內部的協調性，以產生整體影響力，提高學生的學習經驗及成果。這種整體法將協調性納入教學效能研究領域中，與傳統割裂性地研究教師的績效表現大不相同。

教師專業取向研究

怎樣增強教師的整體教學效能呢？不同的學者和實踐家有不同的觀點和做法，都值得深入研究。

專業取向、協調性及效能：其中一種就由教學專業化（professionalization）、專業取向（professionalism）及專業標準（professional standards）入手，以提高教育果效（Bostock & Baume, 2016; Carter Andrews, Bartell & Richmond, 2016; COTAP, 2018; Forde, McMahon, Hamilton, & Murray, 2016; Hargreaves & O'Connor, 2018）。在頗大的程度上，這專業取向的強弱也代表教師層塊的協調性高低。教師專業守則是一套供教師遵守的行為準則，教師對守則贊同及依從的程度，可以是教師專業取向的重要量度。香港的教師、校長及校董等代表曾在 63 所教育機構贊助下，進行了多次討論及海外訪問，並參照了 20 份不同國家的教育專業守則後，完成了一份「香港教育專業守則」，並組織一個專業管理團體去實施這些守則（Preparatory Committee, Professional Code for Educational Works, 1990）。根據本章前面的討論，究竟以這守則為重心的教師專業取向，能否產生教師的協調性及整體效能，從而促進教師工作表現和學生學習？這是值得探討的有趣問題。

另外，如果我們相信教師間的倫理氣氛（ethical climate）就是專業精神的反映，而又可以在學校培養的話，探討教師專業取向如何與學校的領導、社會規範（social norms）、組織結構等組織特徵相關是重要的，希望由此找出提高教師專業取向的途徑。以香港的小學為研究對象，本章將報告一項古典研究結果，以探討上述問題（詳見 Cheng, 1996b）。

香港教育專業守則有六類行為準則：（1）對專業的承諾（13 項）；其中典型的一項是「盡力提供專業的服務，提高標準，促進鼓勵專業判斷的氣氛」。（2）對學生的承諾（24 項）；「視教育學生為主要任務」及「有責改進學習環境」是其中兩個典型例子。（3）對同事的承諾（16 項）；主要的一項是「為學生利益而與同事合作」。（4）對僱主的承諾（5 項）；「執行在教育上健全的學校行政及指示時，與校方保持一致」。（5）對家長／監護人的承諾（7 項）；其中一項是「尊重家長為其子女教育需要作出的合乎情理的要求」。（6）對社區的承諾（9 項）；其中一是「關注社區建設及參與社區活動」。香

港教師專業取向可從他們贊同遵守上述守則的程度估計出來。這研究從學校層面量度教師的專業取向，量度工具乃根據上述六類守則當中典型的 17 項發展出來。

一般人認為有了教育專業守則，強化了教師的專業取向，就可以保證學校的教育質素（Llewllyn et a1., 1982; Preparatory Committee, Professional Code for Educational Works, 1990）。但是究竟教師的專業取向與學生的教育過程及結果有何關係，這方面還是缺少實徵的研究。教育過程及結果的質素可有很多不同的指標。根據 Cheng（2005）的研究，學生的自我觀，對同學、教師、學校及學習的態度，對功課過重的感受，以及退學的意圖都是教育成果重要的情意指標；而班主任的領導及在課室管理上權力的運用則是課堂教育過程重要的指標。

不少研究顯示，教師的工作滿足感及動機會影響工作表現。Maslow（1943）的人性需要理論、McGregor（1960）的 X 理論及 Y 理論、Hackman 和 Oldman（1976）的工作設計理論及「工作生活質素」理論和研究（Cammann et a1., 1983），都關注人們的工作滿足感及動機，並且假定這些工作態度是他們工作表現的決定性因素。這樣看來，專業取向是一種認知及倫理（cognitive and ethical）的取向，潛在地影響着教師的情意表現 —— 工作態度。因此，這研究透過工作滿足感、對工作意義及責任的感受和角色認知，探討教師專業取向與工作態度的關係。

學校組織因素是學校組織環境的重要部分，可與教師個人的屬性產生相互作用及影響他們的專業取向和行為。校長的領導、學校的組織結構及教師的社會規範，都是影響學校運作及教師表現的重要組織因素（Bush, Bell & Middlewood, 2019; Carpenter, 2015; Tam, 2015）。但是它們如何在學校層面與教師專業取向相關則尚待研究。

研究方法：這研究採用橫斷式調查研究方法，數據取自鄭燕祥的「香港小學教育質素研究計劃」（Cheng, 2005）。為了減少不同辦學團體的背景對學校層面的教師專業的影響，只從一個辦學團體屬下選出 62 間小學、約 1,480 位教師及 7,970 名小學六年級學生作為研究對象。以「學校」作為分析單位。

教師專業取向之量表：是根據「香港教育專業守則」發展而成的七分量表，包括 17 項由教師回答描述校內教師對六類專業行為道德標準的遵從程

度。六類是指：（1）對專業的承諾、（2）對學生的承諾、（3）對同事的承諾、（4）對僱主的承諾、（5）對家長／監護人的承諾及（6）對社區的承諾。本量度工具的內在一致性信度係數高達 0.94。

學生教育結果之量表：是一份由學生填寫的五分尺度量表，教育結果根據以下幾項情意量度估計出來：自我觀（9 項，信度係數＝0.70）、對同學的態度（5 項，信度係數＝0.73）、對學校態度（6 項，信度係數＝0.77）、對教師的態度（5 項，信度係數＝0.80）、對學習的態度（10 項，信度係數＝0.76）、對功課過重的感受（1 項）及退學意圖（1 項）。信度係數均是內在一致性信度。學生的情意表現也是學校教育的重要結果，故上述的量度也應是學校教育結果的指標。

學生感知的教師課室管理量表：採自 Ho（1988）改寫 Halpin（1966）之領導行為描述問卷而製成的的五分量表，評估教師領導方式，由學生回答。本工具量度兩範圍：教師的關懷（consideration）（10 項）和教師的倡導（initiating structure）（9 項）。本研究得出此兩項之內在一致性信度係數分別為 0.71 及 0.68。至於教師課室管理之權力運用的量度工具則採自 Ho（1988）根據 French 及 Raven（1968）的權力構思而制定的五分量表，也是由學生回答，包括五項：專家權（expert power）（3 項，信度係數＝0.75）、職位權（position power）（3 項，信度係數＝0.57）、獎酬權（reward power）（3 項，信度係數＝0.61）、強制權（coercive power）（3 項，信度係數＝0.76）和參照權（reference power）（3 項，信度係數＝0.71）。

教師工作態度之量表：採用改自 Cammann et al.（1983）的七分量度工具，由教師回答，計有：外在滿足感（extrinsic satisfaction）（3 項，信度係數＝0.50）、內在滿足感（intrinsic satisfaction）（3 項，信度係數＝0.72）、群性滿足感（social satisfaction）（3 項，信度係數＝0.82）、影響滿足感（influence satisfaction）（2 項，信度係數＝0.60）、角色明確感（role clarity）（3 項，信度係數＝0.71）、公平角色負荷（fair role loading）（1 項）、工作意義（job meaning）（1 項）及工作責任（job responsibility）（1 項）。由於本量度的外在滿足感的內在一致性信度稍低，解釋結果時需特別留意。

組織因素之量度：校長領導分五方面量度：人際領導（7 項，信度係

數 = 0.94）、結構領導（7 項，信度係數 = 0.91）、政治領導（5 項，信度係數 = 0.91）、象徵領導（6 項，信度係數 = 0.88）和教育領導（5 項，信度係數 = 0.87）；前四項改自 Bolman 和 Deal（1991），而最後一項則根據 Sergiovanni（1984）提議的領導力量而制定。學校組織結構採用改自 Oldman 和 Hackman（1981）及 Hage 和 Aiken（1967）的三分量度工具：正規化（4 項，信度係數 = 0.70）、權威層構（2 項，信度係數 = 0.67）和決策參與（4 項，信度係數 = 0.71）。教師的群體規範（social norms）的四方面量度則採用改自 Halpin & Croft（1963）之組織氣候描述問卷，即士氣（5 項，信度係數 = 0.80）、親密（6 項，信度係數 = 0.72）、離心（5 項，信度係數 = 0.66）和妨礙（5 項，信度係數 = 0.74）。信度係數均為內在一致性信度。

事業取向和校長領導的量表合為一份，而教師工作態度、社會規範和組織結構的量表則合為另一份。這兩份問卷分別由每校隨機分成兩組的教師回答。同樣，學生教育結果及班主任權力運用合為一份，而班主任領導為另一份，分別由有關班別中隨機分成的兩組學生回答，然後得出該校教師和學生回答的平均數。學生的教育結果有 7 個變項，教師課室管理也有 7 個，而教師工作態度和組織因素則分別有 8 個和 12 個變項。

高、低專業取向學校：根據樣本學校教師專業取向的得分上下，最上 30% 被列為「高專業取向學校」（17 間），最底 30% 為「低專業取向學校」（18 間）。這兩組在各量表得分的標準分平均數列於表 7.4，分論於後。這樣分組的目的，在於強化教師專業取向在學校特性上可能引起的分異，有利於分析和觀察專業取向與教育結果、課室過程、工作態度及組織因素的關係。這樣的統計類屬「特異者研究」（outliers study）。

表 7.4　高、低專業取向學校之比較

特徵	低專業取向學校（組平均值）	高專業取向學校（組平均值）	t 值
學生教育結果			
自我觀	-.309	.174	-1.33
對同學態度	-.375	.375	-1.84
對學校態度	-.475	.262	-2.26*
對教師態度	-.480	.320	-2.69*
學習態度	-.598	.408	-2.80**
功課過重感（負指標）	.282	-.333	1.89
退學意圖（負指標）	.550	-.251	1.96
教師課室管理			
專家權	-.707	.381	-2.84**
獎賞權	-.178	-.124	-.15
強制權	.343	-.289	2.05*
職位權	-.468	-.056	-1.16
參照權	-.327	.063	-1.28
關懷	-.193	.038	-.66
倡導	.025	.230	-.56
教師工作態度			
外在滿足感	-.539	.438	-3.45**
內在滿足感	-.359	.287	-1.81
影響滿足感	-.547	.369	-2.89**
社交滿足感	-.401	.347	-2.29*
角色清晰	-.477	.261	-1.98
公平角色負荷	-.406	.483	-2.77**
工作意義	-.457	.217	-1.99
工作責任	-.262	.120	-1.03
教師社會規範			
親密	-.430	.263	-2.21*
工作士氣	-.559	.431	-2.93**
離心（負指標）	.617	-.377	2.86**
阻礙（負指標）	.164	-.277	1.19
組織結構			
正規化	-3.36	.308	-1.75
權威層構	.204	-.105	.93
決策參與	-.325	.306	-1.81

（續上表）

特徵	低專業取向學校 （組平均值）	高專業取向學校 （組平均值）	t 值
校長領導			
人際領導	-.702	.603	-3.84**
結構領導	-.786	.626	-4.42***
政治領導	-.761	.705	-4.72***
象徵領導	-.797	.609	-4.63***
教育領導	-.767	.529	-4.44***

註：低專業取向學校數目＝ 18
高專業取向學校數目＝ 17
將全部變項分數標準化，以 0 為平均值、1 為標準差
每項特徵之組平均值差異的 t 值
*p<.05　**p<.01　***p <.001

專業取向與教育結果：在學校層面上，教師專業取向與學生教育結果的關係經 Pearson 相關分析，簡列於表 7.5。

表 7.5　教師專業取向與學生教育結果（相關係數）

學生教育結果	教師專業取向
自我觀	.3500*
對同學態度	.4298**
對學校態度	.4211**
對教師態度	.3913**
學習態度	.5646**
功課過重感	-.0982
退學意圖	-.5213**
61 間學校　　　*p<.01,　　　**p<.001	

分析結果顯示，教師專業取向與學生的自我觀，對同學、教師、學校及學習的態度成正相關；與退學意圖則成負相關。學校裏，教師若較大程度贊同專業守則，學生則有較正面的自我觀，較願意與同學建立良好關係，對教師抱有較正面的態度，對學校較有歸屬感，喜愛學校生活，肯學習、較用功，退學意圖較低。

圖 7.3 的學生教育結果剖析圖顯示了高低專業取向學校學生教育結果的差異。高專業取向學校的學生有較高的自我觀，對同學、教師、學校及學習有較正面的態度；而功課過重感和退學意圖則較低。其中以對學校、教師及學習的態度方面，兩組之間有顯著差異。

圖 7.3　高低專業取向學校剖析圖：學生教育結果與教師管理

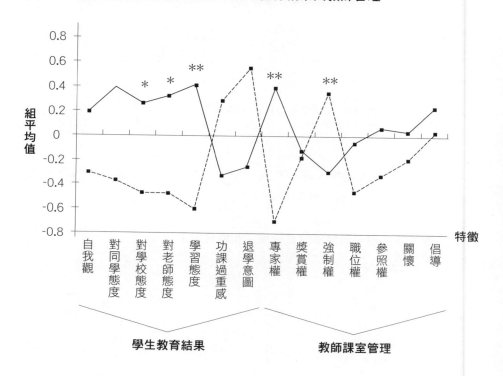

------- 低專業取向學校
——— 高專業取向學校

註：低專業取向學校數目＝ 18
　　高專業取向學校數目＝ 17
　　將全部變項分數標準化，以 0 為平均值、1 為標準差
　　每項特徵之組平均值差異的 t 值
　　*p<0.05　**p<0.01　***p<0.001

從學校教育的目的來看，我們傾向相信教師會影響學生，以上的研究結果支持這種信念。若一所學校的教師普遍能盡能力提供專業服務，視教育學生為首要任務，改善學習環境，與學校合作一致，與同事協力同心，則該校學生顯然較能受到學校教育的好處，情性發展均衡，對自己有信心，能努力學習，容易滿意與同學及老師的相處，對學校自然愛護留戀。故此，就學生的教育結果，尤其情意方面來說，研究結果支持「教師專業取向可以提高教育質素」的看法。

專業取向與課室管理：學校內教師的專業取向應影響其教學時所用的策略、對學生管理帶領之方法，本研究嘗試探討這個方面。班主任的課室管理方式，可由學生眼中班主任影響學生之權力運用及領導方式量度。若教師專業取向高低不同，學生感知的課室管理方式是否會有分別？Pearson 相關分析結果如表 7.6 所示。

表 7.6　教師專業取向與課室管理（Pearson 相關係數）

教師課室管理		教師專業取向
權力基礎		
專家權		.4621**
獎賞權		.0588
強制權		-.1557
職位權		.2278
參照權		.2288
領導方式		
關懷		.0980
倡導		.2817
60 間學校	*p<.01,	**p<.001

課室管理的七個指標中，只有「班主任的專家權」與學校層面上的教師專業取向有關。校內教師有較高的專業取向，在學生眼中班主任的課室管理是較多使用專家權的。表 7.4 及圖 7.3 顯示了高低專業取向學校的比較：高專業取向的學校使用專家權是明顯地高，使用強制權則是明顯地低。

研究結果顯示，若校內教師遵守專業行為之準則程度不同，班主任的管理風格會有所分別。換言之，教師對專業守則有較多的承諾，學生便覺得班

主任更能幫助他們解決問題、增加知識及獲取較佳成績，從而願意遵從教師的課室管理。在香港的小學，教師多兼任班主任，故此一所學校教師的專業取向，在很大程度上反映校內班主任的專業精神。可以説，具較高專業取向的班主任傾向使用本身的專業知識幫助學生成長，而少用威嚇懲罰的方法管制學生。至於在領導方式和其他權力運用之差異，則未達顯著水平。

專業取向與工作態度：教師工作上的情意感受（affective outcomes）非常重要，會影響工作行為和教學質素。而專業取向代表着「認知上」（cognitive）和「倫理上」（ethical）的一種價值取向，相信會影響教師在工作上的情意表現和感受，例如工作滿足感和角色責任感等。本研究亦試圖反映這種可能關係。

根據 Pearson 相關分析，教師的專業取向與不同的工作態度的相關係數如表 7.7 所示，教師專業取向與外在滿足感、影響滿足感、角色明確感、公平的角色責任感及工作意義感成正相關。專業取向愈高的教師，愈傾向滿足於已有的外在的報酬（如薪酬、福利及職業安全感）、工作自主權及決策機會，愈肯定自己的職責及期望，覺得目前工作職責分配合理，而較認同有工作意義感。高、低專業取向學校之教師工作態度的比較見表 7.7 及圖 7.4，進一步顯示高專業取向學校的教師抱有較正面的工作態度和感受。研究結果也加強了「教師的倫理取向可能潛在地影響他們的情意表現」這個信念。

表 7.7　教師專業取向與工作態度（Pearson 相關係數）

教師工作態度		教師專業取向
外在滿足感		.4007**
內在滿足感		.2428
影響滿足感		.3052*
社交滿足感		.2484
角色清晰		.3304*
公平角色負荷		.3670*
工作意義		.4413**
工作責任		.1797
62 間學校	*p<.01,	**p<.001

圖 7.4　高低專業取向學校剖析圖：教師工作態度

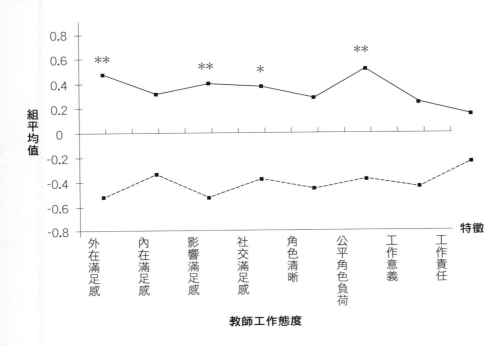

教師工作態度

-------- 低專業取向學校
———— 高專業取向學校

註：低專業取向學校數目＝ 18
　　高專業取向學校數目＝ 17
　　將全部變項分數標準化，以 0 為平均值、1 為標準差
　　每項特徵之組平均值差異的 t 值
　　*p＜0.05　　**p＜0.01　　***p＜0.001

　　專業取向與學校組織因素：雖然，文獻顯示教師的組織行為會受學校組織環境各因素影響（Bush, Bell & Middlewood, 2019; Carpenter, 2015; Tam, 2015），但是學校整體教師的專業取向是否真的與組織重要因素有關呢？

表 7.8 教師專業取向與組織因素（Pearson 相關係數）

學校組織特徵		教師專業取向
教師社會規範		
親密		.2492
工作士氣		.4552**
離心		-.4136**
阻礙		-.1290
組織結構		
正規化		.3730*
權威層構		-.1065
決策參與		.2816
校長領導		
人際領導		.5574**
結構領導		.5555**
政治領導		.5368**
象徵領導		.5550**
教育領導		.4668**
62 間學校	*p<.01	**p<.001

表 7.8 所示是 Pearson 相關分析結果，發現教師專業取向與教師士氣、學校正規化及校長領導有強的正相關，卻與教師的離心成負相關。看來，教師遵從專業守則的傾向與學校的下列幾項組織因素有關：

* 教師的社會規範：若教師普遍抱有較高工作熱誠、向心學校的目標及活動，則傾向有較高的專業取向；當然，相反來說也是可以的。專業取向與社會規範可說難於分割，因果不易劃分。

* 組織結構：若學校較明確規定各項工作的規則、程序及溝通的方式，則看來有利於教師對校方的承諾，在行政及教學工作上與校方保持一致，與同事合作，承擔教育責任，換言之，教師的專業取向會較高。

* 校長的領導可分為：（a）人際領導 —— 校長支持及鼓勵成員參與的程度；（b）結構領導 —— 校長的想法之清晰性、邏輯性的程度，發展明確目標和政策及使成員會承擔後果的程度；（c）政治領導 —— 校長推動及支持校內成員團結、化解矛盾衝突的有效程度；（d）象徵領導 —— 校長能啟發成員創意、激勵忠誠的程度；及（e）教育領導 —— 校長強

調及鼓勵成員專業發展及教學改進的程度。從研究結果來看，以上五種不同的領導作用，都可能正面助長或塑造校內教師對事業、學生、同事、僱主、家長、社區等各方面的承擔，有利於營造教師的專業精神。

本研究又採用分步迴歸分析探究各學校組織因素對教師專業取向的預測強度，結果如表 7.9 所示。12 項組織因素中只有校長的「人際領導」、「學校正規化」及「教師的離心」出現在最後的迴歸程式裏。迴歸程式達到 0.001 有意義的水平（F 值 = 20.45，d.f. = 3.58），預測強度 R 平方是 0.51。「人際領導」、「正規化」及「離心」的係數 t 值分別是 4.94、3.94 及 -2.98，均達到 0.001 及 0.01 的顯著水平。這研究結果顯示，上述三個組織因素是教師專業取向的最強預測項。換言之，校長對教師的支持鼓勵、學校行事溝通方式的明確性，以及教師對學校目標及活動的向心程度，通過三者能有效預測該學校教師專業取向之高低。

表 7.9　專業取向與組織因素之分步迴歸分析

	係數	S.E.	Beta	t 值	P
人際領導	.29656	.06006	.47031	4.938	.0000
正規化	.39304	.09970	.36094	3.942	.0002
離心	-.23139	.07766	-2.8367	-2.979	.0042
（常數）	3.56747	.53911		6.617	.0000
R 值 =.71700 R2 =.51409 F =20.45431 p =.0000 d.f. =3.58					

高、低專業取向學校的組織因素比較，如表 7.4 及圖 7.5 所示。比較的結果加強了本研究的發現。高專業取向學校的教師傾向有較高的熟絡親切程度和工作士氣、較少離心和妨礙感覺；而校長的人際、結構、政治、象徵及教育各方面的領導也較強。

近來不少學者強調領導的重要性，認為強的領導者可改變組織結構、人際關係及傳統習慣，創造發展新的組織文化，提升組織效能（Allen, Grigsby & Peters, 2015; Spillane, 2015）。若相信教師專業取向也是一種組織文化的表現，本研究結果也支持上述的看法，學校的校長可透過領導方式的改進，包括人際、結構、政治、象徵及教育各方面，嘗試影響教師的專業精神。

圖 7.5　高低專業取向學校剖析圖：學校組織特徵

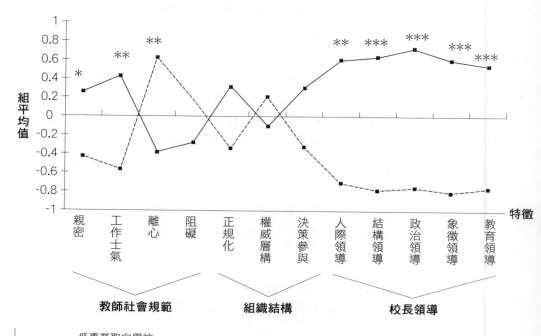

組平均值

特徵

親密　工作士氣　離心　阻礙　正規化　權威層構　決策參與　人際領導　結構領導　政治領導　象徵領導　教育領導

教師社會規範　　　組織結構　　　校長領導

-------- 低專業取向學校
———— 高專業取向學校

註：低專業取向學校數目 = 18
　　高專業取向學校數目 = 17
　　將全部變項分數標準化，以 0 為平均值、1 為標準差
　　每項特徵之組平均值差異的 t 值
　　*p<0.05　**p<0.01　***p<0.001

結論

　　教師效能無疑是目前教育研究的重要課題。從教師的教學效能結構，我們可以發展出不同的研究策略，包括單組份策略、雙組份關係策略、多組份關係策略及全面策略，有系統地研究各種與教師有關的因素如何影響學生的學習經驗與成果。在研究教學效能時，要有全面而整體的觀點，顧及教師與學生的個人、群組及全校不同層面，又關注其認知、態度及行為不同範疇的表現與果效。在不同層面及不同範疇的協調性，成為教師的整體教學效能的重要考慮因素。

教師專業取向作為教師整體協調性的重要表現，可用以體現教學效能。本章報告的研究結果顯示，教師專業取向與學生的教育結果有密切關係：教師的專業取向愈高，學生愈有正面的情意教育結果，即是有較高的自我觀，對同學、老師、學校及學習有正面的態度，而退學意圖也是較低的。在課室管理方面，由學生反映所得，高專業取向的教師較多使用專家權而少用強制權。由這些結果來看，教師專業取向是重要的。提高專業取向，對教育學生應非常有利。

教師的專業取向與工作生活質素亦有一定關係，研究結果支持這種關注教師情意需要方面的論點。高專業取向學校的教師抱有較正面的態度和感受，他們對已有的外在報酬、自主性、參與機會尤其感到滿足；對於角色是否明晰、角色責任是否公平及工作是否有意義，一般都較有正面的感受。若我們相信學校也是教師生活發展的地方，則教師的工作感受或態度也應受到重視。而教師的專業取向代表一種認知及倫理上的取向，可能導引着教師對工作本身及周圍環境的情意反應。若專業取向的提升，能引致教師有較良好的工作感受情意反應，這可說工作生活質素的改進，有助提高教師表現的協調性。但是怎樣提升教師的專業取向呢？在學校組織管理上可以做些甚麼呢？這些都是重要的課題。

從有關組織研究的文獻所得，學校的組織因素對教師的信念及行為應有實質的影響。本研究結果支持這個論點。教師的專業取向與幾個組織因素有高強度相關，就是教師群的士氣和向心程度、學校的正規化及校長不同面向的領導。顯然教師群的社會規範與專業取向實在難於分割，難別因果。學校的管理運作有明確規定，看來應有助於教師專業發揮。與目前強調領導重要性的文獻一致，為提高教師的專業取向，校長可考慮多支持教師的參與；發展明確的目標及政策，鼓勵承擔責任；化解同事的矛盾，推動團結合作；啟發教師的創意、激勵忠誠也很重要；更直接的是鼓勵教師的專業發展，強調教學改進。總言之，校長的領導角色非常重要，有助提升教師的整體教學效能。

這研究是一個橫斷式的探討，提供一個初步例子，以顯示教學效能研究的可能性。相信基於上述的教學效能構想，我們可以發展不同方法，從不同角度入手研究如何提升教師的素養及表現，以有效幫助學生獲得豐富的學習經驗及成果，邁向美好未來。

註：本章部分材料新修訂及譯改自作者的鄭燕祥（2006）、Cheng（1996b）及 Cheng & Tsui（1996）。

參考文獻

*

《香港教育專業守則》（1990）。香港：政府印務局。

鄭燕祥（2003）。《教育領導與改革：新範式》。台北：高等教育出版社。

鄭燕祥（2006）。《教育範式轉變：效能保證》。台北：高等教育出版社。

Allen, N., Grigsby, B., & Peters, M. L. (2015). Does Leadership Matter? Examining the Relationship among Transformational Leadership, School Climate, and Student Achievement. *International Journal of Educational Leadership Preparation*, 10(2), 1-22.

Amin, J. N. (2016). Redefining the Role of teachers in the Digital Era. *The International Journal of Indian Psychology*, 3(3), 40-45.

Baeten, M., Dochy, F., Struyven, K., Parmentier, E., & Vanderbruggen, A. (2016). Student-centred learning environments: an investigation into student teachers' instructional preferences and approaches to learning. *Learning Environments Research*, 19(1), 43-62.

Baeten, M., & Simons, M. (2014). Student teachers' team teaching: Models, effects, and conditions for implementation. *Teaching and Teacher Education*, 41, 92-110.

Bakx, A., Baartman, L., & van Schilt-Mol, T. (2013). Development and evaluation of a summative assessment program for senior teacher competence. *Studies in Educational Evaluation*. http://www.sciencedirect.com/science/article/pii/S0191491X13000667

Ben-Eliyahu, A., & Linnenbrink-Garcia, L. (2015). Integrating the regulation of affect, behavior, and cognition into self-regulated learning paradigms among secondary and post-secondary students. *Metacognition and Learning*, 10(1), 15-42.

Bennett, N., Desforges, C., Cockburn, A., & Wilkinson, B. (2012). *Quality of pupil learning experiences* (Vol. 231). Routledge.

Biesta, G. (2017). The future of teacher education: Evidence, competence or wisdom?. In Peters, M. A., Cowie, B., & Menter, I. (eds.), *A Companion to Research in Teacher Education* (pp. 435-453). Springer.

Bolman, L. G., & Deal, T. E. (1991). *Image of Leadership, Occasional Paper,* No. 7. The National Center for Educational Leadership, Harvard Graduate School of Education.

Bostock, S., & Baume, D. (2016). Professions and professionalism in teaching and development. In Baume, D., & Popovic, C. (eds.), *Advancing practice in academic development* (pp. 56-75). Routledge.

Brownell, S. E., & Kloser, M. J. (2015). Toward a conceptual framework for measuring the effectiveness of course-based undergraduate research experiences in undergraduate biology. *Studies in Higher Education*, 40(3), 525-544.

Bush, T., Bell, L., & Middlewood, D. (eds.) (2019). *Principles of Educational Leadership & Management*. SAGE Publications.

Cammann, C., Fichman, M. & Jenkins, G. J. (1983). Assessing the Attitudes and Perceptions of Organizational Members. In Seashore, Stanley E., Edward E. Lawler III, Philip H. Mirvis, and Cortlandt Ed Cammann (eds.), *Assessing organizational change: A guide to methods, measures, and practices* (pp. 71-138). John Wiley & Sons Inc..

Carpenter, D. (2015). School culture and leadership of professional learning communities. *International Journal of Educational Management, 29*(5), 682-694.

Carter Andrews, D. J., Bartell, T., & Richmond, G. (2016). Teaching in dehumanizing times: The professionalization imperative. *Journal of Teacher Education, 67*(3), 170-172.

Cheng, Y. C. (1994a). Teacher leadership style: A classroom-level study. *Journal of Educational Administration, 32*(3), 54-71.

Cheng, Y. C. (1994b). Classroom environment and student affective performance: An effective profile. *Journal of Experimental Education, 62*(3), 221-239.

Cheng, Y. C. (1996a). *School effectiveness and school-based improvement: A mechanism for development.* Falmer Press.

Cheng, Y. C. (1996b). Relation between teachers' professionalism and job attitudes, educational outcomes, and organizational factors. *Journal of Educational Research, 89*(3), 163-171.

Cheng, Y. C. (1997). *A framework of indicators of education quality in Hong Kong primary schools: Development and application.* Eugene, ERIC (No. EA 028358).

Cheng, Y. C. (2005). Monitoring education quality at multi-level. In Y. C. Cheng. *New paradigm for re-engineering education: Globalization, localization and individualization.* (pp. 343-368). Springer.

Cheng, Y. C., & Tam, W. M. (1994). A theory of school-based staff development: Development matrix. *Education Journal, 22*(2), 221-236.

Cheng, Y. C., & Tsui, K. T. (1996). Total teacher effectiveness: New conception and improvement. *International Journal of Educational Management, 10*(6), 7-17.

Preparatory Committee, Professional Code for Educational Works(1990). *Code for the Education Profession of Hong Kong.* Hong Kong: Government Printer.

Committee on Professional Development of Teachers and Principals (COTAP) (2018). *T-standard+:Unified set of standards for the teaching profession.* Cited at 1 August 2018. https://cotap.hk/index.php/en/t-standard.

Darling-Hammond, L. (2010). *Evaluating teacher effectiveness: How teacher performance assessments can measure and improve teaching.* Center for American Progress.

Darling-Hammond, L. (2013). *Getting teacher evaluation right: What really matters for effectiveness and improvement.* Teachers College Press.

Forde, C., McMahon, M. A., Hamilton, G., & Murray, R. (2016). Rethinking professional standards to promote professional learning. *Professional Development in Education, 42*(1), 19-35.

Fraser, B. (2015). Classroom learning environments. In Gunstone, R. (ed.), *Encyclopedia of Science Education,* (pp. 154-157). Springer.

French, J. R. P. & Raven, B. (1968). The bases of social power. In D. Cartwright & A. Zander (eds.), Group dynamics (3rd ed.) (pp. 259-269). Harper & Row.

Goh, C., Leong, C., Kasmin, K., Hii, P., & Tan, O. (2017). Students' experiences, learning outcomes and satisfaction in e-learning. *Journal of E-learning and Knowledge Society,*

13(2). Retrieved from: https://www.learntechlib.org/p/188116/.

Guarino, C. M., Reckase, M. D., & Wooldridge, J. M. (2015). Can value-added measures of teacher performance be trusted?. *Education Finance and Policy*, 10(1), 117-156.

Gutierez, S. B. (2015). Collaborative professional learning through lesson study: Identifying the challenges of inquiry-based teaching. *Issues in Educational Research*, 25(2), 118.

Hackman, J. R., & Oldman, G. (1976). Motivation through the design of work: Test of a theory. *Organizational Behavior and Human Performance,* 16(2), 250-279.

Hage, J., & Aiken, M. (1967). Program change and organizational properties: A comparative analysis. *American Journal of Sociology,* 72, 503-519.

Halpin, A. W. (1966). *Theory and research in administration*. Macmillan.

Halpin, A. W., & Croft, D. B. (1963). *The organizational climate of schools*. Midwest Administration Center University of Chicago.

Hargreaves, A., & O'Connor, M. T. (2018). *Collaborative professionalism: When teaching together means learning for all*. Corwin Press.

Harris, D. N. & Rutledge, S. A. (2010). *Models and Predictors of Teacher Effectiveness: A Comparison of Research about Teaching and Other Occupations*. Teachers College Record.

Hepsiba, N., Subhashini, A., Raju, M. V. R., & Rao, Y. P. (2018). Changing role of teachers in the present society. *International Journal of Health & Medical Sciences (IJHMS)*, 1(1), 39-44.

Hill, H. C., Kapitula, L. & Umland, K. (2010). A validity argument approach to evaluating teacher value-added scores. *American Educational Research Journal,* 48(3), 794-831.

Hinchey, P. H. (2010). *Getting Teacher Assessment right: What Policymakers Can Learn from Research*. National Education Policy Center.

Ho, M. S. (1989). The effect of leadership behavior and use of power of Hong Kong secondary school teachers on classroom climate. *Educational Research Journal*, 4, 57-66.

Hsu, Y. C., & Ching, Y. H. (2015). A review of models and frameworks for designing mobile learning experiences and environments. *Canadian Journal of Learning and Technology*, 41(3). Online, 22 pages.

Illeris, K. (2016). *How we learn: Learning and non-learning in school and beyond*. Routledge.

Kaendler, C., Wiedmann, M., Rummel, N., & Spada, H. (2015). Teacher competencies for the implementation of collaborative learning in the classroom: A framework and research review. *Educational Psychology Review*, 27(3), 505-536.

Kyndt, E., Gijbels, D., Grosemans, I., & Donche, V. (2016). Teachers' everyday professional development: Mapping informal learning activities, antecedents, and learning outcomes. *Review of educational research*, 86(4), 1111-1150.

Llewellyn, J., Hancock, G., Kirst, M., & Roeloffs, K. (1982). *A perspective on education in Hong Kong*. Hong Kong: The Government Printer.

Maslow, A. H. (1943). A Theory of human motivation. *Psychological Review,* 50, 370-396.

McGregor, D. (1960). *The human side of enterprise*. McGraw-Hill.

Medley, D. M. (1982). Teacher effectiveness. In H. E. Mitzel et al. (eds.), *Encyclopedia of educational research* (5th ed., pp. 1894-1903). Free Press.

Mohamed, Z., Valcke, M., & De Wever, B. (2017). Are they ready to teach? Student teachers' readiness for the job with reference to teacher competence frameworks. *Journal of Education for Teaching*, 43(2), 151-170.

Molina, A. D. (2016). Value congruence. In Farazmand, A. (ed.), *Global Encyclopedia of Public Administration, Public Policy, and Governance* (pp. 1-7). Springer.

Muijs, D., Kyriakides, L., van der Werf, G., Creemers, B., Timperley, H. & Earl, L. (2014). State of the art — teacher effectiveness and professional learning, *School Effectiveness and School Improvement*, 25:2, 231-256, DOI: 10.1080/09243453.2014.885451

Nadler, D. A., & Tushman, M. L. (1983). A general diagnostic model for organizational behavior: Applying a congruence perspective. In Hackman, J. R., Lawler, E. E., Porter, L. W. (eds.), *Perspectives on Behavior in Organizations* (pp. 112-124). McGraw-Hill.

Oldman, G. R., & Hackman, J. R. (1981). Relationships between organizational structure and employees reactions: Comparing alternative frameworks. *Administrative Science Quarterly, 26*, 66-83.

Paolini, A. (2015). Enhancing Teaching Effectiveness and Student Learning Outcomes. *Journal of Effective Teaching*, 15(1), 20-33.

Park, S., & Lim, C. S. (2019). Analysis of Elementary School Students' Self-Perception on the Affective, Behavioral and Cognitive Domains of Science Instruction. *Journal of Korean Elementary Science Education*, 38(3), 360-374.

Preparatory Committee, Professional Code for Educational Works (1990). *Code for the Education Profession of Hong Kong*. Hong Kong: Government Printer.

Sawchuk, S. (2011). *What studies say about teacher effectiveness*. US: *Education Writers Association Research Brief*.

Scheerens J. (2016a) An overarching conceptual framework. In Scheerens, J., *Educational effectiveness and ineffectiveness: A critical review of the knowledge base* (pp. 3-25). Springer.

Scheerens J. (2016b) Modelling teaching and learning. In Scheerens, J., *Educational effectiveness and ineffectiveness: A critical review of the knowledge base* (pp. 27-50). Springer.

Seashore Louis, K., & Lee, M. (2016). Teachers' capacity for organizational learning: The effects of school culture and context. *School Effectiveness and School Improvement*, 27(4), 534-556.

Sergiovanni, T. J. (1984). Leadership and Excellence in Schooling. *Educational Leadership,* 41(5), 4-13.

Shaffer, L., & Thomas-Brown, K. (2015). Enhancing teacher competency through co-teaching and embedded professional development. *Journal of Education and Training Studies*, 3(3), 117-125.

Spillane, J. (2015). Leadership and learning: Conceptualizing relations between school administrative practice and instructional practice. *Societies*, 5(2), 277-294.

Tam, A. C. F. (2015). The role of a professional learning community in teacher change: A perspective from beliefs and practices. *Teachers and Teaching*, 21(1), 22-43.

van Harreveld, F., Nohlen, H. U., & Schneider, I. K. (2015). The ABC of ambivalence: Affective, behavioral, and cognitive consequences of attitudinal conflict. In Mark Zanna & James Olson (eds.), *Advances in experimental social psychology* (Vol. 52, pp. 285-324). Academic Press.

Vangrieken, K., Dochy, F., Raes, E., & Kyndt, E. (2015). Teacher collaboration: A systematic review. *Educational Research Review*, 15, 17-40.

Vveinhardt, J., & Gulbovaite, E. (2017). Models of Congruence of Personal and Organizational Values: How Many Points of Contact are There Between Science and Practice?. *Journal of Business Ethics*, 145(1), 111-131.

第三部

教改政策

第八章
教育政策的經濟分析

　　自新世紀初，在全球化、科技創新、經濟轉型及市場競爭等國際浪潮引帶下，世界各地掀起了許多大大小小的教育改革，經歷三波浪潮（第一章）。由於教育改革需要投入龐大的資源，影響深廣，令從事政策分析的學者及其他有關人士，無不關注變革的經濟效益及相關的影響。在眾多關注者中，有些關注現行的教育是否能滿足新世紀的經濟發展，教育應如何邁向第三波，以新的教育範式培養新一代，迎接知識型經濟的來臨（Kruss, et al., 2015; Pinheiro & Pillay, 2016; Saviotti, Pyka, & Jun, 2016）；亦有關注應如何在教育系統中投入資源，使其發揮更高效率及獲取較佳效能，以迎合不同的教育需要（Levin et al., 2017; Levin, 2017; Pauw, et al., 2015; Scheerens, 2016）。在這兩類關注中，前者涉及教育對未來經濟發展的外在經濟效能（external economic effectiveness），而後者則涉及如何運用資源以資助不同教育服務的內在經濟效能（internal economic effectiveness）。

　　自 90 年代始，香港政府對教育的投資明顯地增加，推出不少新的教育政策（鄭燕祥，2017）。有關政策文件的討論相當多，然而其中多缺乏清晰及精確的分析，無法辨明有關政策所具備的外在及內在經濟效能為何。雖然許多人對教育政策涉及的經濟問題深感興趣，但經濟學理念相當抽象複雜，牽涉的層面又多，難作深刻及周詳的討論分析。無怪乎對許多人而言，一些過去或現正推行的教育政策的經濟效益，實在是一個謎團。

　　為了回應目前教育改革有關經濟方面的關注及分析需要，本章嘗試提供一個簡單的分析架構，方便教育工作者、學者、政策制定者、分析者及其他關注者進行相關的探討，以制定有效的政策。希望這架構有助推動新經濟發展的教育改革，讓資源更有效地投放在各項教育服務上，迎接新時代的挑戰。

系統觀點

教育系統（education system）是指不同層級、不同類型的教育機構、設施及人事體制。這系統從不同來源，接受不同的教育輸入（input）（包括人力、資源、人們的期望及國家的要求等），如圖 8.1 所示。透過系統的內部運作過程（process），形成教育產出（output），對社區及個人帶來直接或間接的利益或影響。從這系統觀點來看，一項新的教育政策，始於對教育產出有新的期望，擬出一連串對教育系統的資源投入，並對系統內部過程作出的新措施或變革。

圖 8.1 教育政策的回饋模式

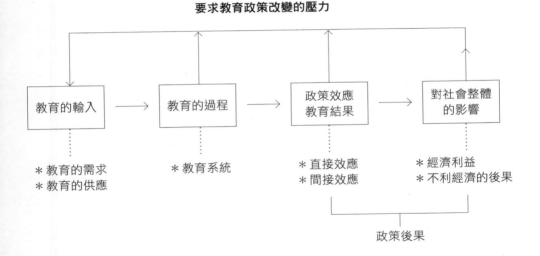

從經濟的角度看，教育政策需要有經濟的考慮，舉例如下：

* 滿足社會對教育不同層面的長、短期經濟需求。
* 辨別、獲得及分配合適的資源予教育系統的各重要部分。
* 製造適當的教育供應（例如學位、教師培訓、學校場地、教育設施，以及各級教育等）。
* 改變教育系統的內在結構，以迎合教育及其運作上不同的目標。

* 強化教育系統及其次級系統內部過程的效率（例如學校、設施等）。

所有這些考慮及努力，目的在促進教育服務及實踐，提升內在及外在的經濟效益，並衍生不同層面的其他社會利益（social benefits）（Heckman, Humphries, & Veramendi, 2018; Psacharopoulos & Patrinos, 2018）。

教育系統，一般是一個與外在環境交互作用的開放性系統（open system）。教育系統會對外在環境輸出一些產出，而環境亦因此對教育系統作出回饋，而這些回饋又可能會促成系統內部過程甚至輸入的改變。教育政策備受關注的問題，包括教育系統的內部表現及效率的高低、教育產出帶來的正負影響、相應的經濟利益能否滿足社會持者的期望或需要等。這些關注的多少，往往決定是否需要改變現行的教育政策。如教育系統表現不能滿足人們的需要及期望，自會有公眾壓力催促改變現行的教育政策，要求重整或推行新措施，引來對教育系統的新輸入。這構成一個教育政策改變的迴路（圖8.1）。改變對系統的輸入，觸發系統內部結構及過程的改革，期望在下一個政策循環有所改進，能為相關持份者及社會發展提供所需的產出及效益。

分析架構

由上述的系統觀點，可提出一個構想的架構，作為理解及分析教育政策經濟層面的工具，如圖 8.2 所示。

這個架構包括三個主要部分，首先是教育系統的輸入，其次是教育系統的結構及過程，第三部分是政策後果（policy results），包括政策效應（policy effects）及教育結果（educational outcomes）。在這節中，我們會先勾劃出系統的大綱，其細節內容則會在稍後章節中討論。

在眾多對教育系統輸入的項目中，教育需求（demand）及教育供應（supply）是兩個主要及基本的經濟考慮元素；而兩者配合與否，正是教育政策的一個核心課題。社會不同層面對教育有不同需求，例如教育需求可再分為「社會需求」（society demands）、「社區需求」（community demands）及「個人需求」（personal demands）三個類別。能否滿足這些不同需求，要看可提供的教育資源（education resources）有多少而類別是否合適而定。

在現實環境中，教育往往供求不均。有學位供應過度（over supply）的情況，也有學位供應不足（under supply）的情況出現。一般來說，教育的供應往往不能配合每類特定的教育需求，造成公眾失望。故此，教育的供求平衡正是教育規劃及理財的重要課題，假如供應與需求失衡，會導致分配不公及機會不等這些嚴重問題（Lynch, 2000; O'donoghue, 2017; Toutkoushian & Paulsen, 2016）。

除了關注供應、需求及兩者間的平衡關係外，為求教育產出能獲取最大的經濟利益及其他社會效益，有關政策課題也包括如何加強教育系統的效能、彈性、過程及結構的適切性等方面的分析和討論。從系統的正規程度來看，教育系統可分為正規系統（formal system）及非正規系統（non-formal system）兩大類。若再細分下去，又可分為不同等級、不同類別的教育子系統（sub-systems）。這些子系統的結構、組合、大小比例、資源分配等，都是教育政策規劃的重要課題。

教育系統產生的經濟效應及教育結果，大致可分為直接效應（direct effects）及間接效應（indirect effects）兩方面。直接效應是指教育系統在培養、維持，以及調節人力方面對人力結構及經濟結構的正面效果；而間接效應則多指在生產技術、人力質素、社會行為（social behaviors）、經濟行為（economic behaviors）等方面的效應。而不論屬直接效應或間接效應，政策的經濟效應最終可以經濟利益、經濟增長（economic growth）、社會收益率（social rate of return）、個人收益率（private rate of return）及收入再分佈（redistribution of income）等情況的高低顯示出來（Bowen, 2018; Heckman, Humphries, & Veramendi, 2018; Psacharopoulos & Patrinos, 2018）。

除正面的經濟效應外，如欠缺對輸入及過程的適當規劃和管理，教育系統亦可能產生不利的經濟後果。舉例來説，教育供應不能配合經濟需要，如受教育後不能就業（educated unemployment）或過度教育後就業（over-educated employment）（Borgna, Solga, & Protsch, 2018; Morgado, et al., 2016）。又例如人才外流，優良人才受過高等教育或培訓後，卻外流到其他國家或地區工作及發展（Cañibano & Woolley, 2015; Ha, Yi, & Zhang, 2016）。上面這兩種負面現象，均為教育利益損失的明顯例子，最終會對本土經濟產

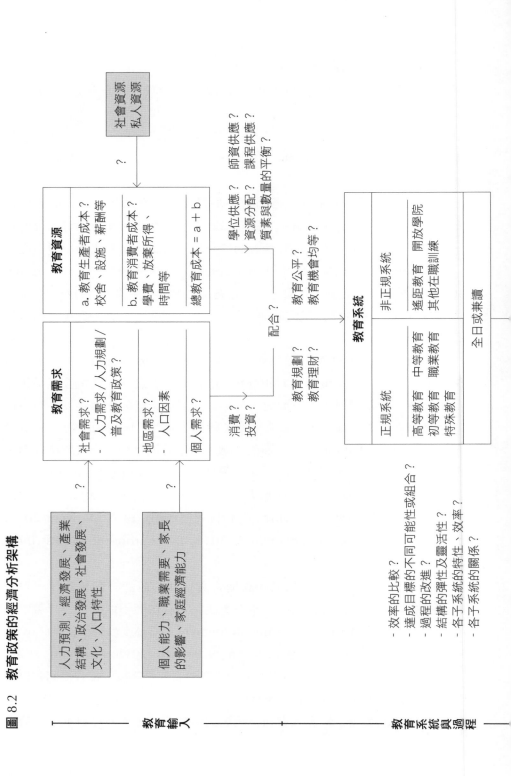

圖 8.2　教育政策的經濟分析架構

社會資源
私人資源

教育資源

a. 教育生產者成本？
校舍、設施、薪酬等

b. 教育消費者成本？
學費、放棄所得、
時間等

總教育成本 = a + b

學位供應？
資源分配？
師資供應？
課程供應？
質素與數量的平衡？

教育需求

社會需求？
- 人力需求/人力規劃/
普及教育政策？

地區需求？
- 人口因素

個人需求？

教育公平？
教育機會均等？

配合？

消費？
投資？

教育規劃？
教育理財？

人力預測、經濟發展、產業
結構、政治發展、社會發展、
文化、人口特性

個人能力、職業需要、家長
的影響、家庭經濟能力

教育系統

正規系統　　　　　　　非正規系統

高等教育　中等教育　　遙距教育　開放學院
初等教育　職業教育　　其他在職訓練
特殊教育

全日或兼讀

- 效率的比較？
- 達成目標的不同可能性或組合？
- 過程的改進？
- 結構的彈性及靈活性？
- 各子系統的特性、效率？
- 各子系統的關係？

教育輸入

教育系統與過程

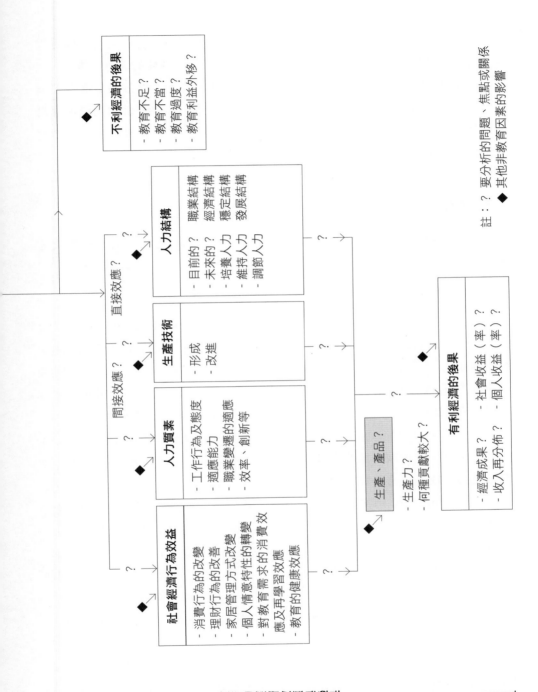

註：？　要分析的問題、焦點或關係
　　◆　其他非教育因素的影響

生不良的影響。所以，教育政策和規劃，往往需要關注教育輸入及運作過程與教育的經濟效益間的關係，尋求在眾多限制下，作出最佳的教育安排。

圖 8.2 顯示教育政策的經濟分析架構，列明教育政策在經濟層面上要關注的各個範圍及其間的關係。圖中的問號顯示一些可能要分析的問題、焦點或關係。以下的篇幅將就架構的各部分進行討論，說明這架構的用途及教育政策的關注要點。

教育輸入

如上討論，教育系統的輸入有不同形態。從經濟角度看，教育的需求及教育的供應兩者在制定教育政策及從事教育規劃上是重要的（見圖 8.2）。

（一）教育的需求

各國政府要利用一些基本政策，進行社會控制（social control），凝聚國民向心，以維持政權及社會穩定，同時發展社會結構，保持在國際上的良好經濟競爭力。一般來說，教育被看作維持和發展現存經濟、社會及政治結構的有效工具（Cheng & Yuen, 2017）。故此，各國政府都會在不同層面，大力發展教育（Brown, 2019; Zlatkin-Troitschanskaia, et al., 2017）。

社會需求：學校教育要發展具生產力的人力資源，以滿足社會經濟成長的需求。不少社會或國家實踐免費的初等及中等教育，透過教育與訓練，裝備大量國民成為生產勞動力量。在某個程度來說，教育之於社會，是一項龐大的產業（industry）。基於歷史、文化背景的不同，許多國家應用不同模式發展經濟及社會，是以其經濟結構及人力資源結構亦有很大差異。自然地，這些不同的人力資源結構及需求，都會反映在整體社會的教育需求上。

地區需求：在地區及整體社會方面，其人口數量及組成乃決定教育需要的重要因素。例如總人口或適齡學生的增減會直接影響教育的需求量；故此，在地區教育規劃及決策上，分析學生的入學需求是重要的（e.g. Klemencic & Fried, 2015）。

個人需求：自由社會提供了開放的勞動力市場，不同質素的勞動力，具不同的市場價格。人力質素往往由教育多寡來決定，這促使個人及其家庭盡

其所能，去爭取較高及較優的教育機會，期望得到較好的工作機會及報酬。當然，個人或家庭對教育費用的承擔能力、個人學習能力及其對教育的喜愛程度等因素，都會對個人的教育需求有一定的影響。

新經濟的需求：回應新世紀出現的全球化、資訊科技，以及國際競爭帶來的影響，社會經濟模式由過去重視傳統經濟轉為強調新知識導向及高科技的經濟。經濟結構及人力資源正經歷一些根本性的改變。人們期望教育革新能為這些劇烈改變帶來成功，通往未來（Kruss, McGrath, Petersen, & Gastrow, 2015; Szirmai, 2015）。正如本章前面所述，在世界不同角落正進行無數的教育改革，為迎合創新科技的經濟轉型，教育系統需提供高質素的勞動力，故此，正面臨範式轉變（第一章）。換句話說，新世紀新經濟變革要求新教育以配合。

根據 Cheng（2019）表示（第一章），在新世紀，教育範式正由傳統場地為限教育轉向新的三重化教育，即一方面強調發展學童情境多元智能，包括科技、社會、政治、經濟、文化、學習等方面的智能；另一方面着重教育的三重化，即所謂全球化、本土化及個人化。這新範式目的在發揮每個學童的多元潛能，透過三重化為他們創造無限的學習及發展機會，幫助他們面對新世紀新經濟及其他社會劇變帶來的挑戰。

從上述我們可以看到，教育政策的經濟分析應該關注社會、地區及個人等不同層面的教育需求，而這些需求有些是現存的、有些尚待浮現出來。無可置疑的是，這些教育需求及其相對重要性，亦成為教育計劃及制定制策時的關注要點。如何就有限資源權衡輕重地作適切的分配，為政策目標訂下優次是非常重要的（Samoff, 1996）。

消費和投資：根據教育產出的性質來說，教育需求可分為「消費性」（consumption）和「投資性」（investment）兩類，前者指所需的教育服務只能帶來短期的利益；舉例來說，許多人為休閒而修讀一些短期課程，這屬於一種教育消費。而所謂教育投資，則是指那些能帶來長期利益的教育投放；舉例來說，為取得教師資格而修讀教育專業文憑，便屬一種教育投資。傳統上，追求學歷資格屬於一種重要的教育投資。學歷與未來的工作機會、收入及回報等關係為何？這些都是制定教育政策時所要考量的經濟問題（Arkes, 1999; Benešová & Tupa, 2017）。

在規劃教育政策時，比較消費與投資兩種教育需求，判斷哪種該獲較高優次，是重要的課題。儘管投資教育的需求，會為社會及經濟發展帶來較大好處，但關注教育的民眾，一般認為應以公帑支付人民各種教育消費需求。

（二）教育的供應

每個社會的教育服務，均需滿足許多不同及相互競爭的需要。而教育供應（education supply）需視乎個人及社會可能提供資源的多寡而訂定，其數量及方式往往都是很有限的。由資源、成本的形式及提供的方法來看，我們可將教育資源（education resources）或教育成本（education cost），分為由生產者（producer）提供和由消費者（consumer）提供兩大類（見圖 8.2）。在教育政策來說，資源或成本是非常重要的課題（Levin & Belfield, 2015）。由生產者提供的資源又可分為教育生產者的直接成本（direct cost）和機會成本（opportunity cost）兩類。前者指由國家或社會直接承擔的教育費用，包括設施的造價、維修保養的費用、教職員薪酬等教育機構的成本項目；而後者則指由於教育所佔用的勞動力（包括教職員及學生）、土地、設施或建築物等，給國家整體生產帶來的可能性損失（假設原來的人力及土地等資源，可改為投放於其他生產功能上）。

由消費者提供的資源，又可分為教育消費者的直接成本及機會成本兩類，前者指由學生或其家庭負擔的教育費用，包括學費、雜費、書簿費、文具費、交通費等項目；而後者則指學生因在校學習而放棄就業的可能性收入。由此看來，所謂教育的總成本應該是上述這四項成本的總和。

教育供應的具體形式涉及多方面，例如各類學位的供應、師資的供應、學校設施的供應、課程內容的供應、資源分配等。在教育政策上，教育供應可分為數量（quantity）及質素（quality）兩方面來考慮。由於教育資源有限，供應的數量和質素之間便存在着矛盾：當致力追求數量，往往會在一定程度上犧牲質素的要求；而為要提升質素，往往需要投放更多資源。舉例來說，為了提升教師質素，除需要為教師提供專業培訓外，亦要改善薪酬架構，吸引高質素人才留任。而為回應眾多不同人士對教育的要求，在政治上及技術上看，數量較質素的要求容易滿足。是以數量的增長，往往是以犧牲質素作為代價的。比如說許多發展中國家均以落實普及教育政策為主要任務，以致

力增加小學學位為當務之急，相對地忽略其質素。80 年代的香港，基本上滿足了中、小學的學位需求，至 90 年代，市民轉而關注教育質素，日漸提高對教育的期望和要求（教育統籌委員會，1988，1990，1992，1997）。

從上述討論可見，受資源及時間的限制，教育政策需要解決數量和質素間的矛盾關係。即在滿足不同的教育需求時，尋求兩者的平衡，是不能迴避的課題。

（三）教育供求的配合

教育供應與教育需求的配合，可算是教育政策分析的核心課題。理論上，教育政策制定者會盡量避免「供過於求」或「求過於供」的情況出現，致力謀求兩者的配合。供求不配合會引致大量珍貴資源的浪費，或引帶出許多教育不公平的問題（BenDavid-Hadar, 2018; Darling-Hammond, 2015; Strunk & Locke, 2019）。不過，影響供求配合的因素有許多，例如人口或環境的變動、人們對教育需求的轉變、資源的限制等，都會改變兩者原來的關係，使供求失衡。

教育供應的實際問題：縱使是富裕社會，教育資源仍是有限的。除一些特殊情況外，公帑甚或私有資源往往難以完全滿足社會、社區或個人層面的教育需求（Tsang, 1994）。是以在分配教育資源的教育決策上，須先考慮以下三項實際問題：

（1）應提供何種組合的教育服務？就不同的服務對象、服務類別及服務形式等項目，政策規劃者需就一些政策目標擬出不同比重的服務組合。例如在 18 至 22 歲的年輕人中，該有多少百分比人口接受大專教育？多少百分比人口接受職業教育？為求集中資源，達至全面普及教育的目標，哪些教育服務可以減少？

（2）應用何種技術及設施來提供教育服務？配合不同的教育需要，可能要應用到不同的技術及設施。例如學校應是數千人還是數百人的規模？學生應在公立學校還是在私立學校受教育？應否以電視教學代替傳統的教師講授？

（3）應為何人提供教育機會？例如若不是所有兒童都有機會接受中等教育，那麼哪些兒童應優先呢？哪些學生或家庭應承擔高等教育的費用呢？他

們應負擔多少呢？

供求的公平及效率：無疑，上述三類問題可有多個不同答案或解決方案。然而，真正的關鍵是：哪些答案較佳？哪些方案較佳？這就涉及兩項基本議題——「公平」（equity）和「效率」（efficiency）。前者涉及「公平原則」，即誰受益誰便該付代價，公平對待每個人；後者關注「效率原則」，追求教育目標需符合經濟效率，以最低成本來達成目標。這兩項原則是教育理財上的重要指導性原則。在眾多達成教育供需的可能方案中，愈是能夠符合這兩項原則的方案愈是可取。在教育供應上，分析不同的政策，辨別何者為最佳選擇，能滿足這兩個基本原則，往往是政策分析的重要課題。

圖 8.3 勾劃出如何以不同方法來分析公平及效率的問題，並指出分析時應注意的元素及意念。

教育的成本—利益分析（cost-benefit analysis）：這項分析目的在找出在眾多教育投資中，何者最為有利，可以帶來最大的利益（Belfield, 2015）。這裏所指的利益，多以金錢作為計算單位。對不同的政策來說，所需的成本及期望的利益可能不同；舉例來說，校園教育及遙距教育需要不同的設施及營運成本，它們帶來的教育利益亦不一樣。在選擇哪一個政策時，需視乎在作相同的投入下，何者能帶來數量及質量上的較大利益，即最符合成本－利益原則。制定政策時，在資源分配上常以這分析的結果作為資源分配的指引。這裏所說的利益常常折合為金額單位作為分析，特別在不同教育投資的回報比較；亦即作回報率（rate of return）的比較。

教育的成本—效能分析（cost-effectiveness analysis）：這類分析是用以估計以不同途徑完成某教育項目或某項教育政策的成本，以決定何者涉及的成本最少（Belfield, 2015; Levin & Belfield, 2015）。試以一個假設個案説明，若政策目標要在三年內額外提供三萬個高中學額，要達至這目標會有不同的方法，包括：（1）每間學校每班學額由三十人增至四十人；（2）改裝某些學校的空間，增加教室數目，以增設高中班級；（3）將部分全日制學校轉為上、下午學校，倍增這些學校的高中學生名額。這分析有助在一定的資源條件下，找尋最佳的節約方法去完成計劃目標。

教育公平：公平是教育政策的核心課題。在分析教育政策的公平性時，有兩類需要考慮的問題：其一是教育機會均等（equality of educational opportunity）；其二是教育經費的承擔（responsibility of education cost）。根據高文（J. Coleman）的分析及其他學者對其界定所作的引申，教育機會平等的定義可分為：

1. 接受教育機會上的均等（equality of access to education），例如享受相同的在學年期。

2. 參與教育過程上的均等（equality of participation in educational process），例如接受相同內容及相同質素的教育。

3. 教育結果的均等（equality of educational results），例如獲得相同標準的教育結果。

4. 教育效果的均等（equality of educational effects），例如教育在個人發展上，發揮相同的長、短期效果等（曾榮光，1985）。

再者，有些人會關注那些條件欠佳的學童，建議向他們提供額外照顧，保證他們在接受教育機會、參與教育過程、教育結果及教育效果各方面，均具公平發展機會。亦有考慮那些能力較佳或資優的學生，能否為他們提供較多、較佳的教育機會，使他們得以完全地發展潛能。教育公平的研究一直是各國教育社會學家重視的課題（Darling-Hammond, 2015; Strunk & Locke, 2019）。

上述討論一般只涵蓋同群（same cohort）或同代（same generation）的學生。而許多教育公平的課題，是要進行跨群及跨代的比較，即會出現群間（inter-cohort）及代間（inter-generation）的教育公平問題。例如誰應承擔高等教育的經費？應由父母去承擔，還是由學生本人或政府來負責？若基礎教育以外的經費由學生來負擔，應由其本人支付，還是向父母或政府借貸來繳付呢？

在強調教育私有化（privatization）的改革浪潮中，教育成本責任這個課題日益顯得重要。一般來說，政府具有以財政資助教育的公共責任，理由如下：第一、教育在個人層面、社會層面，以至國際層面上，能為政府成就一些重要的發展目標，包括經濟、社會、政治及文化等功能的國家目標（Cheng & Yuen, 2017）。第二、政府具促進社會流動及消除社會不公平的主要責任，透

圖 8.3　教育政策的公平及效率之經濟分析

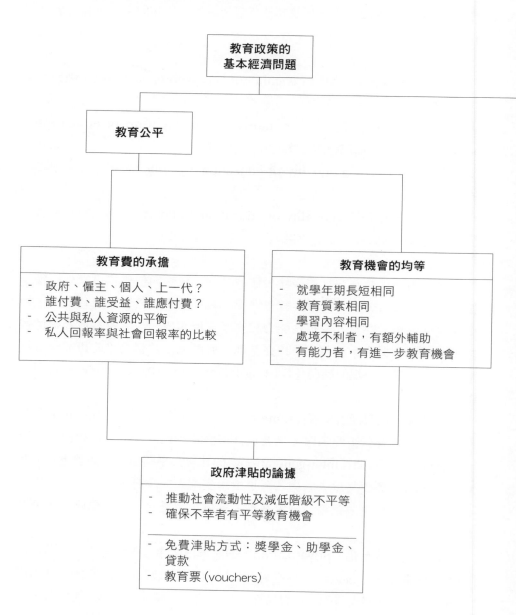

教育政策的
基本經濟問題

教育公平

教育費的承擔
- 政府、僱主、個人、上一代？
- 誰付費、誰受益、誰應付費？
- 公共與私人資源的平衡
- 私人回報率與社會回報率的比較

教育機會的均等
- 就學年期長短相同
- 教育質素相同
- 學習內容相同
- 處境不利者，有額外輔助
- 有能力者，有進一步教育機會

政府津貼的論據
- 推動社會流動性及減低階級不平等
- 確保不幸者有平等教育機會

- 免費津貼方式：獎學金、助學金、貸款
- 教育票 (vouchers)

```
                          ┌─────────────────┐
                          │  教育的經濟效率   │
                          └────────┬────────┘
                  ┌────────────────┴────────────────┐
          ┌───────┴────────┐               ┌────────┴────────┐
          │  教育的內在效率  │               │  教育的外在效率  │
          └───────┬────────┘               └────────┬────────┘
```

對教育過程或體制的分析	不同投資的效率比較
(1)達成同一目標或輸出，何者最省費用？ - 不同子系統的比較（例：初、中、高教育比較） - 不同體制比較（例：全讀、兼讀；全日制、半日制） - 不同學校比較 - 不同教程或教法比較（例：活動教學與傳統教學） - 不同教育媒介比較（例：電視、電腦、書本……等） (2) 相同輸入情況下，何者有較多較佳輸出？ （同上的比較）	(1)人力投資 - 教育 - 訓練 - 新移民 - 健康 - 管理　等 (2)物資投資 - 建設 - 工廠 - 機械、設施　等 (3)其他經濟投資（例：外國債券）

分析的方法

例子：
- 成本－利益分析
- 成本－效能分析
- 國際比較法
- 回報率法：

估計、分析 →

┌─────────────┐
│ 教育對經濟的 │
│   貢獻   │
└─────────────┘

過教育可支援那些社經地位低或條件欠佳的人士，讓他們有上流的機會。從經濟角度來看，由於家庭收入不相同，個人對教育具不同的投資能力，以至教育機會不均等。若政府不資助有需要的人受教育，則教育機會不等的情況仍會繼續存在。這意味着未來的個人收入仍會持續不均等，結果引致社會階層不流動，社會階層間的不公平仍會持續下去（Lipset, 2018; Marginson, 2018）。

從上述討論，我們可以看到由誰來支付教育費用，實在是一項關乎教育公平的重要政策項目。根據文獻記載，許多發展中國家的政府會給國民提供免費的初等教育，這措施有助國民收入的重行分配。不過研究顯示，政府資助高等教育發展的公平效應，並不明顯（Chabbott & Ramirez, 2000）。

教育消費者和教育生產者，各應負擔何種比例的教育成本責任呢？例如目前香港的高等教育政策，為成功通過選拔的高中畢業生提供四年政府資助大學學位，其他畢業生只能進入全自資的專上學院就讀。這樣分配部分資助及全自資學位，是否公平呢？可否有更多不同的資助選擇呢？對不同國家背景、不同教育層面來說，這些基本問題可有許多不同的答案，有關討論都涉及教育公平的問題。

教育過程 —— 教育系統

教育系統（educational systems）包括各種不同的教育機構、設施及其子系統。其中又可概分為正規教育（formal education）及非正規教育（non-formal education）兩個系統（見圖 8.2）。一般來說，正規教育與非正規教育之間，並無明顯的區分。而就不同國家來說，兩者的定義及分類亦可能有差別。正規教育一般指全日制、相對長期及較完備的教育，是有組織、有計劃的，由正規教育機構提供；在正規場所，由專職教學人員負責對學生進行有系統的教育，一般指學校教育。在香港，學校教育包括高等教育、中等教育、初等教育、職業教育和特殊教育五類。若以體制模式來區分，學校教育又可分為文法學校或職業學校、全日制或半日制、全讀制或兼讀制等多種形式。正如 Coombs（1985）所言，正規教育是一個真實的系統，至少在原則上，其所包含的各組成部分，是彼此互聯及相互支援的。

非正規教育一般是指那些在正規教育系統以外的具組織、有系統的教

育活動，為一些特定的人口群體，如成年人或兒童提供的特定學習機會。與正規教育不同，非正規教育活動間並不具備互聯性關係（Coombs,1985, p.23）。基本上，非正規教育是在校舍以外的場所進行的，其內容、方法、形式等均較學校教育靈活，較少規範。非正規教育系統包括遙距教育及一些由不同辦學團體提供的在職訓練班等。近年由於資訊科技在教育上的應用迅速發展，不論是正規教育或非正規教育系統，都採用了許多網上提供的課程（Davidson-Shivers, Rasmussen, & Lowenthal, 2018; Harasim, 2017）。在資訊科技協助下，正規教育亦愈來愈具彈性，已不再局限於面對面的授課模式，似乎正規教育及非正規教育之間，已再難作明顯區分了。

　　教育系統及其子系統，提供不同形式的教育服務，以滿足不同的教育政策目標。基於不同的歷史傳統及社會條件，教育系統可有許多不同組合形式。若教育系統表現欠佳，我們可據以改變其原來的內容及組合形式。由於社會資源有限，以經濟觀點分析教育系統更顯重要，有關分析包括下列數端：

　　分析系統的經濟效率：正如上面討論的，教育的經濟效率（economic efficiency）是制定教育政策的其中一個核心關注點，是以在教育規劃及政策制定上，需要對教育系統及其子系統作經濟效率的分析及比較。而比較經濟效率可進一步分為「外在效率比較」及「內在效率比較」兩類（圖8.3）。

　　外在效率（external efficiency）比較：以教育系統與其他非教育系統或社會系統作比較，探討對教育系統的投資是否具備較高的經濟效率。例如教育系統與其他「人力投資」項目的經濟效率比較，包括職業訓練、移民班、培訓課程、健康推廣及改善管理等。又例如以校舍、教學物資等投資與建設工廠、增添機械、設施等項目在效率上作比較。再一例，與其他經濟投資如購買外國股票比較，教育投資是否具較佳的社會回報。

　　內在效率（internal efficiency）比較：系統中各子系統相互間及不同教育模式間的比較，尋找何者較具經濟效率。有關比較例子如下：（1）藉比較如初等、中等及高等教育的成本效益來比較不同子系統的效率；（2）比較不同體制的經濟效率（例如比較全讀制與兼讀制、全日制與半日制間的效率高低等）；（3）比較不同教育單位的經濟效率（即個別學校的效率比較）；（4）比較不同教育媒體的效率（例如電視、電腦、書本等）；（5）比較不同教程或教法的效率（例如活動教學法與傳統教學法）。總括而言，以上的效率比較，

主要在回答兩個問題：達成同一目標或產出，何者費用最低？在相同輸入的情況下，何者有較多或較佳產出？

　　分析各子系統的特性：在進行教育改革時，如能明白各子系統的特性或其組成的單位所具的效能或效率，會有助檢選合適政策。故此，這是一項十分重要的分析。這包括一些主要的學校教育元素，如學校管理、學校規模、教職員結構、薪酬結構、設備及資助模式等項目的成本－效能分析。例如是否應以公帑開辦官立學校及應否由政府管理？官立學校及津貼學校的比例應各佔多少？學校規模以多少人一校為理想？應否多建立大型學校取代小規模學校？理由為何？傳統上，過去二十年來，學校因素的效果研究一直是政策分析重視的項目（Hanushek & Woessmann, 2017; Lafortune, Rothstein, & Schanzenbach, 2018; Woessmann, 2016）。

　　分析各子系統間的介面：分析可聚焦在垂直的子系統關係上，或在不同層面的介面（interface）連接上（圖 8.3），例如分析七年中學、三年大學與六年中學、四年大學兩個制度的經濟效率，何者較具成本效益？大專院校與中學間、中小學間的介面應如何，才較具效能？各子系統間資源分配的比重應如何？例如正規與非正規教育系統、基礎教育與高等教育系統間，在資訊科技及全球化世紀中，這些系統應如何相互補足？

　　分析系統的彈性：分析亦可針對子系統間的橫向連接（圖 8.3），目前的教育改革強調擴展受教育機會及終身持續學習（Goad, 2017; Verdier, 2018）。如何強化教育系統的彈性（flexibility），讓學生在不同學習階段獲取更多機會發揮潛能，是教育改革的重要課題。舉例來說，學生可否在文法中學與工業中學間、啟導班與資優班間、正規與非正規教育系統間、學位與證書課程間、全日制及部分時間制間作橫向移動？因應地區人口變化，可否把小學校舍改建為中學校舍，以滿足區內中學生人數的增加？

　　分析達成目標的不同組合／可能性：達到相同的政策目標，可有許多不同的方法及途徑。如上述所言，教育的子系統包括了許多不同的正規及非正規教育模式（圖 8.3）。這些子系統的強項、限制及成本效益各有不同。如何找出最佳成本效益的子系統組合及操作模式，是政策制定關注的問題。例如是否需要增加由政府資助的大專學位？綜合大學、科技大學、師範大學及公開進修大學的學位組合比例應是怎樣？應否以公帑資助部分私立專上學院？

應否資助公開進修大學或網上學習供應者？若答案是確定的，應以何種比重及形式來提供資助？私立與公立學校的組合又應怎樣？

從上述討論看，我們期望最佳的組合應具備以下特性：（1）能服膺教育平等原則；（2）具成本－效能地達成計劃目標；（3）能因應學生不同階段需要作彈性處理，讓他們獲得最佳的發展機會；（4）能減少限制，發揮子系統的長處。

分析教育系統的公平問題：除經濟效率議題外，在追求平等教育機會及解決教育成本承擔的前題下，如何保證高質素教育也是分析教育系統及其子系統的一個重要課題。例如就眾多子系統中，同齡兒童是否擁有平等機會入讀？就學習過程而言，兒童是否獲取公平的學習經驗及內容？換句話說，那些家庭環境欠佳的兒童求學時，在校舍設施、師資、教材、課程、學習經驗等方面的質素是否有公平的保障？教育系統能否保證每名學童的學習結果均能達到預期標準，確保他們未來擁有公平的發展機會？再而在其進修後，能否獲得公平的僱用及升遷機會？一直以來，這些都是教育社會學關注的課題（BenDavid-Hadar, 2018; Lipset, 2018; Marginson, 2018）。

教育效應

在新世紀，我們雖然較過往更肯定人力資源發展是經濟發展的關鍵，但教育投資並不能在短期內看到果效，需要經過漫長的人才培養階段，才能有經濟及社會方面的效益收成。教育成果一般要通過受教育者的實際生產活動，才能轉化為直接的生產力；再者，受教育者在學習、訓練期間所獲得的知識與技能，亦需經歷一個頗長的適應過程，才能滿足工作上的實際需要。故此，教育投資的效益，往往要在相當長時間後才能表現出來。

分析教育需要，制定教育政策，需要評估不同教育的結果及效應。意即要評估某項政策是否有效，需要由其政策效應（policy effect）及教育結果（educational outcomes）的多少與優劣來判斷（參見第九章）。如圖 8.2 所示，政策的經濟效應可分為兩大類：直接效應和間接效應，兩者對社會生產力、產品質素及社會對經濟的需求等都會有影響，進而影響整個社會不同層面的經濟發展。

直接效應：社會上各行各業的功能，實有賴不同能力的人士去分工完成。

投資教育，直接可穩定勞動力結構，滿足由於經濟結構及職業結構的轉變而引起的人力需求。Hinchliffe（1987）及 Vaughan（1991）提出，若要分析教育的直接經濟效應，可作以下三方面考慮：

人力的培養：基於對社會經濟形勢的估量及對人力需求的預測，預早培訓工商各界所需的人才。目前許多國家需要從傳統的製造業經濟模式，轉為全球化的知識經濟模式，對人力資源自有新的要求，這包括對高新科技知識及技術的掌握、持續學習的能力、創意能力、溝通能力、國際視野等。

人力的維持：原來勞動人口的老化、死亡、轉業或其他種種因素，都會引致人才流失、不足的現象，破壞原來的人力結構。教育政策需針對各行各業的人才流失情況，作出調適，培訓人力填補這方面的需要。

人力的調節：教育體系是一個龐大的職業體系，有調節社會人力的作用。在社會經濟不景時，為數眾多的工商從業員及大學畢業生爭相任教，在學校系統中尋求職位；也有人回到大專院校修讀較高學歷的課程，待社會經濟重新活躍時，才會回流到其他行業去。這種教育人力與非教育人力的進出調節，猶如湖對河水的調節作用，產生「湖」的蓄水調節效應。

間接效應：教育除了可為社會帶來直接的人力資源效益外，亦可在生產技術、人力質素及經濟行為各方面產生間接效應。因此，在分析教育政策時，亦不能忽略這多種來自教育系統的間接效應。

生產技術方面：隨着高科技及資訊科技迅速發展，在運輸、通訊、生產、市場推廣等多方面上應用，實在促進了原來的經濟生產效率，提升了產品質素（Elliott, 2000; Heyneman, 2000）。一般來説，教育 —— 特別是高等教育 —— 是促進科技知識的開發、傳遞及應用的場所，為高科技改良經濟生產及發展的主要管道（Klor de Alva, 2000）。遺傳工程、電腦、航太、能源等現代工業，其精密的生產技術的形成及技術的改進，都需要高等教育人才的參與才能有成就。故此，需要就各項經濟生產及服務項目，分析目前或將會提出的教育政策，能否改良現有技術、促進新技術的形成。

人力質素方面：回應新經濟之轉變，工作愈來愈富挑戰性，對個人質素及態度的要求也愈來愈高，故此，人力資源或資本的發展對經濟成長日顯重要。教育需要培養學生高水平的個人素養及才幹（Pelinescu, 2015）。舉例來説，Levin（1997）指出在新世紀，高增值工業要求學生具備十二項個人素養：

主動性、協作能力、團隊工作、同儕學習、評估能力、理解力、問題解決能力、決策能力、獲取及應用知識能力、計劃、學習技能及多元文化能力。

面對知識經濟及高增值社會轉型的紀元，教育及人力資源培訓高度重視人類的創造力。是以人們目前多期望學校教育能促進創造力，培養兒童的創意，以迎接未來的事業生涯及工作需要（Cheng, 2019, Ch. 3）。

再者，受過較高教育的人士，較能適應環境及職業的變遷，故若確要調整職務崗位、轉換服務機構甚或服務的行業，教育對個人自信心及適應力會起積極作用。這些由教育產生的人力質素良好效應，往往在教育政策規劃上佔重要地位。

<u>經濟行為的影響</u>：近期有研究指出，教育除產生個人和社會、直接及間接的可能效應外，對個人經濟行為亦有影響，產生其他多種經濟效益（Koch, Nafziger, & Nielsen, 2015; McMahon, 1987; Sutter, Zoller, & Glätzle-Rützler, 2019）。在這方面的討論，可有以下範疇：

* 消費行為的改變：消費者購物及付款的方式與教育程度有密切關係，教育程度較高的消費者，較易接受使用信用卡、分期付款、電話購物等消費模式。簡單來說，教育有助社化年輕人的經濟信念及行為（Weber, 1998）。

* 理財能力的改善：研究指出，在統計上控制工作類別及收入多少這兩個因素後，個人的教育程度與其理財能力具正相關，而受過較高教育的人士，在儲蓄及投資保值方面有較佳表現。透過教育，年輕人習得處理日常生活財務的知識（Varcoe, 2001）。

* 家居管理方式的改變：教育程度較高的人士，除有較佳的支付能力外，亦較能接受新事物，例如在家居生活中，購置新的家庭電器來替代原來由人力或舊型電器負擔的工作，如應用電腦程式的洗衣機、吸塵機等，這種改變家居管理的方式，可大大減輕原來的工作量。

* 個人情意特性的轉變：教育程度的提升會使人擴闊視野和興趣，較喜歡閱讀報刊、雜誌；對旅遊或參加文娛活動，如音樂會、畫展等的興趣，亦會相對提高。

* 對教育需求的消費效應及再學習效應：那些受了教育的人士，領略到學

習的樂趣而愛上進修，視教育為一種有意義的消費項目，願意付出代價去追求進一步的教育；另一方面，那些理解高學歷會為自己帶來好處的人士，亦會加入追求再教育的行列。

* 教育的健康效應：小學的健康教育和中學的生物課，在某程度上提供學童了解自己身體構造及促進個人健康的課題；此外，許多非正規教育的內容，亦涉及人類生活環境的資訊，這種種不同的學習歷程，都有助我們維持良好的健康，達至長壽的目標。在考慮教育政策時，教育與健康的關係，應受到人們關注（Hahn, R. A., & Truman, 2015; Sharma, 2016; Zimmerman, Woolf, & Haley, 2015）。

總括而言，從經濟層面來分析教育政策的好壞，無疑要全面探討這項政策在直接效應和間接效應各方面的可能得失。直接效應當然重要，但間接效應亦不應忽視。至於何者更為重要，往往難有定論，視乎該政策是針對甚麼背景需要而產生。

經濟後果

教育政策會影響教育的系統結構和運作，因而可能產生多種直接或間接、長期或短期的效應，最終影響整體經濟。根據 Cheng & Yuen（2017）和鄭燕祥（2017），新世紀的教育系統在個人、機構、社區、社會及國際層面上，應具備經濟、科技、社群、政治、文化、教育等不同功能。這些功能代表教育系統在不同層面對經濟發展、科技發展、社會發展、政治發展、文化發展、教育發展等的貢獻及影響。某程度來說，這些發展需長時間才能看到成效，這意味着某方面發展可帶來其他方面的好處，因此我們可考慮教育系統的經濟功能屬一種直接經濟效應，而其他功能則屬間接經濟及非經濟性效應。

總括而言，經濟或非經濟的效應均可視為有利的教育效應，若教育政策及相關新措施對這些效應有促進作用，可視之為有效的政策。

若教育系統缺乏完善計劃及管理，或受到意想不到的因素影響，亦會帶來一些不利的經濟效應。教育政策需要經常處理一些潛在的、不理想的後果，如下：

教育不足：教育規劃要求理想的穩態人口結構。但事實上，人口變化常受生育率、移民數目等許多外來因素影響，突發的學位需求衝擊原來的教育規劃。早年的教育規劃無法滿足目前需求，在數量或質量上可能出現教育不足（under education）的現象。另一個例子，為回應急劇變化及高度競爭的經濟環境，實在需要有一支高質素的工作隊伍，不過受資源所限，總是欠缺足夠的教育及培訓去滿足人力資源發展需求的增加。舉例來說，許多國家為回應高新科技及經濟轉型帶來的挑戰，都在考慮轉變目前的高等教育結構及人才培育方式（Benešová & Tupa, 2017; Kruss, McGrath, Petersen, & Gastrow, 2015）。

教育不當：若教育政策一旦淪為政治訴求的產品，會引致教育系統結構的混亂（Diem, Young, & Sampson, 2019），學制出現銜接與配套失當。不合理分配及使用教育資源，導致教育系統產出的人才結構與原來的經濟結構不能互相適應的情況，教育投資因而未能解決社會的需要，結果造成重大的浪費。舉例來說，設若原來的社會經濟結構以商業及輕工業為主幹，大學卻致力培養重工業及石化工業人才，則這既不能適應經濟建設的要求，又造成大學畢業生在就業上的困難。一方面是供不應求，另一方面又供過於求。人們一畢業，就要面對錯配（mismatch），成了重大浪費。

教育過度：在許多國家，由於高等教育的迅速發展，許多畢業生無法找到與其所學相關的合適工作，形成原來只需要中學生擔任的工作由大專生去擔當的情況，這種現象屬僱用上或經濟發展上的教育過度（over education）。更有甚者，許多畢業生根本找不到工作，即所謂「教育過度而失業」（educated unemployment）。這反映教育投資未能因應經濟發展需求，令人才錯誤積壓，使勞動力不能為社會所充分利用或只能在萎縮狀態下被使用，結果又是教育浪費。由此看來，教育過度亦是政策研究及討論的一項重要議題（Baert & Verhaest, 2019; Flisi, et al. 2017）。

教育利益外移：人才流失表示某地訓練的人才為其他地方所用，舉例來說，受訓的熟練工人由於移民或為其他地區高薪挖走，這會造成本地教育效益的損失，本地的經濟發展因而困難。目前，像中國及印度等發展中國家的大量知識份子流往發達國家工作的情況，正受到廣泛關注（Cañibano & Woolley, 2015; Ha, Yi & Zhang, 2016）。

教育政策的改變

如圖 8.1 所示，教育過程或產出對教育政策的檢討及制定，具有回饋作用。過程或產出的效果佳，有助強化概定政策；反之，則會修訂或尋求其他解決辦法。一般來說，在政策實踐過程中，若發現不符合「公平」或「效率」這兩項原則，政策會面對改革壓力，有關壓力可能來自民眾、教育界或社會的監察機制，亦可能來自政府內部本身的監察機制，要求修訂、更換甚至取消有關政策。故政策分析是幫助教育政策發展和改進的必要部分。

此外，教育政策除因公平和效率的原則要改變外，亦會因以下三種情況作出變革：

原來的規劃欠正確：從技術層面來看，預測學位及教師的需求、提供適切勞動人口數據等規劃性工作，不難達到精確要求。不過事實上，許多因素並不能預先估計。例如整體的學位雖然足夠，但個別地區學位不足或過多。又例如有不少畢業生接受了高等教育，但不獲就業機會。若情況嚴重，會促使教育規劃者修正各種學位供應的類別和數量。

內在環境的改變：社會內部結構改變，常會導致教育的供求失衡，例如本地經濟衰退或受資源所限，政府需要重新檢視每項政策的相對重要性及迫切性，調配資源予不同部分。若因此而減少在教育方面的投資，則會縮減原來的學位供應量或減少原來對教育質素的要求，例如師生比例會降低及取消某些補助項目。

外在環境的改變：經濟全球化必然影響本地經濟發展，再加上其他外在經濟環境的變動，影響更大。例如美國市場的盛衰、保護主義興起、各種關卡制度的產生、世界貿易組織的變動、新的國際勞力分工等。原來已受教育的勞動人口若不能滿足職業市場變動的需要，政府便要在教育政策上作出調整，增加相對應的職業教育項目。產業結構遞改的情況，使人們一生中可能變動四、五次職業。因此，年輕人需要持續終身學習，以適應職業的變動。由此可知，外在環境改變可能會引發教育政策及教育系統的修訂。

　教育新範式：第三波改革

結論

在世界各地教育改革浪潮中，人們無不關注經濟發展。從經濟角度來看，分析教育政策需顧及教育系統的內、外經濟效能。在內部經濟效能方面，關注如何有效資助教育系統，以滿足不同的教育需求。在外在經濟效能方面，關注現存的教育政策是否能滿足新世紀的經濟發展需要，又關注教育如何變革、如何裝備新一代去迎接知識型經濟。除教育的經濟效能外，教育公平、機會均等及教育成本責任等亦是一些值得重視的課題。

為協助政策討論及教育變革，本章嘗試提出一個簡單的經濟架構以便分析教育政策。這架構就教育供求關係、教育系統結構及經濟效應三方面，說明教育政策分析可能涉及的範疇及原則，幫助教育政策關注者或研究者掌握分析討論的範疇、方向及焦點。

教育政策分析不應只集中於人力資源結構及經濟發展的直接效應，同時亦要關注教育政策的間接及非經濟效應。故此，討論不應只局限於外顯的短期利益，同時亦應包括不同類型的長期效益；不應只關注一些期望的經濟後果，亦要同時關注一些期望以外的後果。圖 8.2 及圖 8.3 總結了進行複雜的教育政策經濟分析的指導原則及一些關注點。

再者，教育系統有多元功能（包括不同層面的科技功能、經濟功能、社群功能、政治功能、文化功能及教育功能等），為複雜的教育體系及其在新世紀經濟發展的角色，提供了進一步的分析架構。在考量教育效應時，不應只重視經濟功能，因上述多種非經濟功能除與長期的經濟發展有關外，與個人、社區、社會及國際社會發展均有莫大關連。

面對教育邁向第三波的挑戰，希望本架構有助政策關注者及制定者考慮及分析教育經濟的重要課題，進而有效制定合理的教育政策，為社會、地區及個人的多元發展和需要，提供適切的資源及服務，並藉教育改革促進經濟的轉變和發展，達至美好的未來。

註：本章部分資料翻譯及重新修訂自作者的 Cheng, Ng, & Mok（2002）、Cheng（2005），以及鄭燕祥（2003）。

參考文獻

*

教育統籌委員會（1988）。《第三號報告書》。香港政府。

教育統籌委員會（1990）。《第四號報告書》。香港政府。

教育統籌委員會（1992）。《第五號報告書》。香港政府。

教育統籌委員會（1997）。《第七號報告書》。香港政府。

曾榮光（1985）。〈大學教育機會的平等問題：一項香港與歐美國家的比較研究〉。《教育學報》。13(1)，頁 10-27。

鄭燕祥（2003）。《教育領導與改革：新範式》。台北：高等教育出版社。

鄭燕祥（2017）。《香港教改：三部變奏》。中華書局（香港）有限公司。

鄭燕祥、伍國雄（1992）。〈教育政策的經濟層面分析：一個初步的架構〉。《初等教育》。3(1)，頁 55-64。

Arkes, J. (1999). What do educational credentials signal and why do employers value credentials? *Economics of Education Review,* 18(1), 133-141.

Baert, S., & Verhaest, D. (2019). Unemployment or overeducation: which is a worse signal to employers?. *De Economist*, 167(1), 1-21.

Belfield, C. R. (2015). Cost-benefit analysis and cost-effectiveness analysis. In Ladd, H. F., & Goertz, M. E. (eds.), *Handbook of research in education finance and policy*, pp.141-156. Routledge.

BenDavid-Hadar, I. (ed.) (2018). *Education finance, equality, and equity* (Vol. 5). Springer.

Benešová, A., & Tupa, J. (2017). Requirements for education and qualification of people in Industry 4.0. *Procedia Manufacturing*, 11, 2195-2202.

Borgna, C., Solga, H., & Protsch, P. (2018). Overeducation, Labour Market Dynamics, and Economic Downturn in Europe. *European Sociological Review*, 35(1), 116-132.

Bowen, H. (2018). *Investment in learning: The individual and social value of American higher education*. Routledge.

Brown, L. M. (2019). Today's Demands on Education. In D. Williams and N. N. Harkness (eds.), *Diverse Learning Opportunities Through Technology-Based Curriculum Design* (pp. 42-68). IGI Global.

Cañibano, C., & Woolley, R. (2015). Towards a socio-economics of the brain drain and distributed human capital. *International Migration*, 53(1), 115-130.

Chabbott, C., & Ramirez, F. O. (2000). Development and education. In M. T. Hallinam (ed.), *Handbook of the sociology of education* (pp. 163-188). Kluwer/Plenum.

Cheng, Y. C. (2005). *New paradigm for re-engineering education: Globalization, localization and individualization*. Dordrecht, The Netherlands: Springer.

Cheng, Y. C., Ng, K. H. & Mok, M. M. C. (2002). Economic considerations in education policy making: A simplified framework. *The International Journal of Educational Management*, 16 (1), 18-39.

Cheng, Y. C. & Yuen, T. W. W. (2017). Broad-based national education in globalization: Conceptualization, multiple functions and management. *International Journal of Educational Management*. 31(3):265-279.

Coombs, P. H. (1985). *The world crisis in education: The view from the eighties*. Oxford University Press.

Darling-Hammond, L. (2015). *The flat world and education: How America's commitment to equity will determine our future*. Teachers College Press.

Davidson-Shivers, G. V., Rasmussen, K. L., & Lowenthal, P. R. (2018). *Web-based learning*. Springer.

de Alva, J. K. (2000). Remaking the academy in the age of information. *Issues in Science and Technology*, 16(2), 52-58.

Diem, S., Young, M. D., & Sampson, C. (2019). Where critical policy meets the politics of education: An introduction. *Educational Policy*, 33(1), 3-15.

Elliott, C. (2000). R&D and productivity: The econometric evidence. *Education Economics*, 8(2), 186-187.

Flisi, S., Goglio, V., Meroni, E. C., Rodrigues, M., & Vera-Toscano, E. (2017). Measuring occupational mismatch: overeducation and overskill in Europe—Evidence from PIAAC. *Social Indicators Research*, 131(3), 1211-1249.

Goad, L. H. (ed.) (2017). *Preparing teachers for lifelong education: the report of a multinational study of some developments in teacher education in the perspective of lifelong education* (Elsevier Book Series: Advances in lifelong education, Vol. 8). Elsevier.

Ha, W., Yi, J., & Zhang, J. (2016). Brain drain, brain gain, and economic growth in China. *China Economic Review*, 38, 322-337.

Hahn, R. A., & Truman, B. I. (2015). Education improves public health and promotes health equity. *International journal of health services*, 45(4), 657-678.

Hanushek, E. A., & Woessmann, L. (2017). School resources and student achievement: A review of cross-country economic research. In Rosén, M., Yang Hansen, K., & Wolff, U. (2017) (eds.), *Cognitive abilities and educational outcomes* (pp. 149-171). Springer.

Harasim, L. (2017). *Learning theory and online technologies*. Routledge.

Heckman, J. J., Humphries, J. E., & Veramendi, G. (2018). The nonmarket benefits of education and ability. *Journal of human capital*, 12(2), 282-304.

Heyneman, S. P. (2000). Educational qualifications: The economic and trade issues. *Assessment in Education*, 7(3), 417-440.

Hinchliffe, K. (1987). Education and the labour marker. In G. Psacharopoulos (ed.), *Economics of education: Research and studies* (pp. 315-323). Pergamon Press.

Klemencic, M., & Fried, J. (2015). Demographic challenges and future of the higher education. *International Higher Education*, (47), 12-14.

Koch, A., Nafziger, J., & Nielsen, H. S. (2015). Behavioral economics of education. *Journal of Economic Behavior & Organization*, 115, 3-17.

Kruss, G., McGrath, S., Petersen, I. H., & Gastrow, M. (2015). Higher education and economic development: The importance of building technological capabilities. *International Journal of Educational Development, 43,* 22-31.

Lafortune, J., Rothstein, J., & Schanzenbach, D. W. (2018). School finance reform and the distribution of student achievement. *American Economic Journal: Applied Economics, 10*(2), 1-26.

Levin, H. M. (1997). *Accelerated education for an accelerating economy.* Hong Kong Institute of Educational Research, the Chinese University of Hong Kong.

Levin, H. M. (2017). The economic payoff to investing in educational justice. In Pauli Siljander, Kimmo Kontio and Eetu Pikkarainen (eds.), *Schools in Transition* (pp. 161-188). Brill Sense.

Levin, H. M., & Belfield, C. (2015). Guiding the development and use of cost-effectiveness analysis in education. *Journal of Research on Educational Effectiveness, 8*(3), 400-418.

Levin, H. M., McEwan, P. J., Belfield, C., Bowden, A. B., & Shand, R. (2017). *Economic evaluation in education: Cost-effectiveness and benefit-cost analysis.* SAGE publications.

Lipset, S. (2018). *Social mobility in industrial society.* Routledge.

Lynch, K. (2000). Research and theory on equality and education. In M. T. Hallinam (ed.), *Handbook of the sociology of education* (pp. 85-106). Kluwer/Plenum.

Marginson, S. (2018). Higher education, economic inequality and social mobility: Implications for emerging East Asia. *International Journal of Educational Development, 63,* 4-11.

McMahon, W. W. (1987). Consumption and other benefits of Education. In G. Psacharopoulos (ed.), *Economics of education: Research and studies* (pp. 129-133). Pergamon Press.

Morgado, A., Sequeira, T. N., Santos, M., Ferreira-Lopes, A., & Reis, A. B. (2016). Measuring labour mismatch in Europe. *Social Indicators Research, 129*(1), 161-179.

O'donoghue, M. (2017). *Economic dimensions in education.* Routledge.

Pauw, J., Gericke, N., Olsson, D., & Berglund, T. (2015). The effectiveness of education for sustainable development. *Sustainability, 7*(11), 1-25. Retrieved from: https://doi.org/10.3390/su71115693

Pelinescu, E. (2015). The impact of human capital on economic growth. *Procedia Economics and Finance, 22,* 184-190.

Pinheiro, R., & Pillay, P. (2016). Higher education and economic development in the OECD: policy lessons for other countries and regions. *Journal of Higher Education Policy and Management, 38*(2), 150-166.

Psacharopoulos, G & Patrinos, H. A. (2018). *Returns to investment in education : A decennial review of the global literature.* Policy Research Working Paper; No. 8402. World Bank. https://openknowledge.worldbank.org/handle/10986/29672 License: CC BY 3.0 IGO

Psacharopoulos, G., Montenegro, C., & Patrinos, H. A. (2017). Education Financing Priorities in Developing Countries. *Journal of Educational Planning and Administration, 31*(1), 5-16.

Rumble, G. (2019). *The planning and management of distance education.* Routledge.

Samoff, J. (1996). Which priorities and strategies for education? *Int. J. Educational Development,* 16(3), 249-271.

Saviotti, P. P., Pyka, A., & Jun, B. (2016). Education, structural change and economic development. *Structural Change and Economic Dynamics,* 38, 55-68.

Scheerens, J. (2016). *Educational effectiveness and ineffectiveness: A critical review of the knowledge base* (pp. 1-389). Springer.

Sharma, M. (2016). *Theoretical foundations of health education and health promotion.* Jones & Bartlett Publishers.

Strunk, K. K., & Locke, L. A. (eds.) (2019). *Research methods for social justice and equity in education.* Springer.

Sutter, M., Zoller, C., & Glätzle-Rützler, D. (2019). Economic behavior of children and adolescents — A first survey of experimental economics results. *European Economic Review,* 111, 98-121.

Szirmai, A. (2015). *Socio-economic development.* Cambridge University Press.

Toutkoushian, R. K., & Paulsen, M. B. (2016). Demand and Supply in Higher Education. In Toutkoushian, R. K., & Paulsen, M. B. (eds.), *Economics of Higher Education* (pp. 149-198). Springer.

Tsang, M. C. (1994). Private and public costs of schooling in developing nations. In T. Husén & T. N. Postlethwaite (eds.), *The international encyclopedia of education* (2nd ed., Vol. 8, pp. 4702-4708). Pergamon/Elsevier Science.

Varcoe, K. P. (2001). What teens want to know about financial management. *Journal of Family and Consumer Sciences,* 93(2), 30-35.

Vaughan, R. J. (1991). The new limits to growth: Economic transformation and vocational education. *Phi Delta Kappan,* 72(6), 446-449.

Verdier, É. (2018). Europe: Comparing lifelong learning systems. In Milana, M., Webb, S., Holford, J., Waller, R., & Jarvis, P. (eds.), *The Palgrave International Handbook on Adult and Lifelong Education and Learning* (pp. 461-483). Palgrave Macmillan.

Weber, W. L. (1998). Economic socialization: The economic beliefs and behaviours of young people. *Economics of Education Review,* 17(2), 231-232.

Woessmann, L. (2016). The importance of school systems: Evidence from international differences in student achievement. *Journal of Economic Perspectives,* 30(3), 3-32.

Zimmerman, E. B., Woolf, S. H., & Haley, A. (2015). Understanding the relationship between education and health: a review of the evidence and an examination of community perspectives. *Population health: behavioral and social science insights. AHRQ publication,* (15-0002), 347-84.

Zlatkin-Troitschanskaia, O., Pant, H. A., Lautenbach, C., Molerov, D., Toepper, M., & Brückner, S. (2017). Demands in higher education. In Zlatkin-Troitschanskaia, O., Pant, H. A., Lautenbach, C., Molerov, D., Toepper, M., & Brückner, S. (2017) (eds.), *Modeling and measuring competencies in higher education* (pp. 27-58). Springer.

第九章
教育政策的綜合分析

面對新世紀的挑戰，國家要成功發展，就需改革教育，邁向第三波，讓年輕一代接受更適切的教育，裝備自己，迎接未來（第一章）。在內外複雜多變的環境中，要教育改革成功，無可避免要檢討目前及過去的策略成敗，重新制定有效的教育政策及相關新措施，順應世界潮流，配合本地長短期需要，調動資源，分配人手，在教育系統的不同層面合力推動新政策，達成教改目標，提升教育成效（第八章）。

教育政策的檢討、改變及再發展，目前已成為不少地區及國家教育改革的重要課題（Bowe, Ball, & Gold, 2017; OCED, 2015）。在此背景下，大量新的教育政策先後推出，引起公眾及教育界的關注和討論。新政策的投資往往巨大，但質素參差，加上發展及實施步伐太快，對教育制度及社會造成廣泛的衝擊，很具爭議性（Cheng, 2019, Ch. 10; Yeom, 2016; 鄭燕祥，2017）。

目前的教育政策討論，多為即時反應式的言論，流於片面零碎、理據不足或片面，難以令人信服。又因缺乏專為分析教育政策的全面架構，大大限制了教育政策的發展及討論，香港如是，亞太區其他地方亦如是，故有需要發展全面的分析架構（Sidney, 2017; Wu, Ramesh & Howlett, 2015）。本書除第八章聚焦在教育政策的經濟分析外，本章將提供一個全面綜合架構（comprehensive frame），方便決策者及關注者在檢討、辯論及發展教育政策時，有較全局的觀點，然後深入探討其中的關鍵部分，制定新策略、新政策，推動不同層次的教改。

一般來說，政策發展過程包括辨認問題、設立政策目標、制定達至目標的方法及其成本效益分析、選用最合適的工具、實施政策，以及評估後果（Howlett, Mukherjee, & Woo, 2015; Turnpenny, Jordan, Benson, & Rayner, 2015; Wilder, 2017）。政策分析焦點，一般都是與這個過程有關。本章循這思路發展出一個專為分析教育政策的綜合架構，如圖 9.1 所示。這架構包

圖 9.1 綜合分析架構：四間架

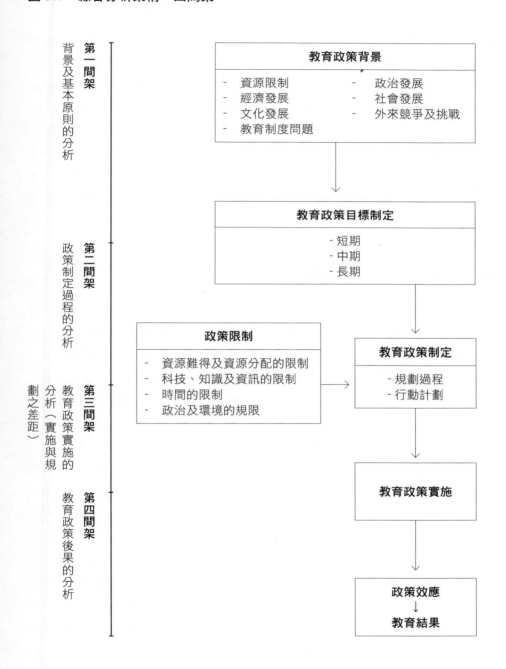

括四個間架（frames）：第一間架分析聚焦在教育政策背景、政策問題，以至政策目標設定的內在原則。第二間架關注教育政策目標、策劃過程、各種不同的約束或限制，以及其後的行動計劃。第三間架重點在政策實施的分析及找出實施與計劃間的差距（gaps）。第四間架集中在政策成果的研究，包括在不同層面的預期政策效果（policy effects）與教育結果（educational outcomes），以及可能隱藏的政策後果（hidden policy consequences）。

　　以下分別就四個間架詳盡描述、解釋及討論其在政策分析上的應用。文中除引用不同教育政策案例外，還會選用一個典型的香港案例「目標為本課程」（Target Oriented Curriculum, TOC）政策（Education Commission, 1990; Advisory Committee on Implementation of TOC, 1994），輔助説明本架構的應用及分析效力。

第一間架：背景及基本原則分析

　　間架一的重點在分析影響教育政策發展的背景及其背後原則。本間架可分作兩部分：一是辨認現存的問題，二是分析教育政策目標所用的原則。

　　辨認現存問題：重點在如何辨認及證實教育政策範疇裏現存的問題。與教育政策有關的問題有多種：有些與現存教育制度有關；有些來自資源限制、資源爭奪；有些與政治結構轉移、經濟發展、社會轉變、社會問題管理及文化發展有關；另一些則直接與本地以外的競爭及挑戰有關。所以，一個全面的觀點，需要考慮以下出現的問題的層面：教育制度內、社會層面上及本地以外。

　　教育制度內的問題（例如學制、師資、課程等），通常直接涉及前線教育工作者及制度內人士的利益，較為容易得到關注及迴響。社會層面的問題可能由社會經濟發展、政治需求及相關因素引起，例如經濟轉型的人力需求、政治態度的培養、階級與機會平等等問題。至於外來的問題，則往往由外在競爭及全球化趨勢的衝擊引發（第一章）。

　　現以香港「目標為本課程」政策為例説明。在 90 年代，香港的常模為本（norm-referenced）教育評估制度，本質上是以考核及甄選為目標，並不能為學生及教師提供真實的學習進展資料及作出發展性（formative）的評估（Education Commission, 1990）。故此，當時香港教育工作者也多認為，該

評估制度並不保證小學畢業生一定達到小六學業水平的客觀標準。社會層面上，僱主時常埋怨畢業生中英文水平下降，問題根源就是班級高低與學業成績不符，畢業也不代表學業已達水平。即當時的評估制度不能清楚反映學生的真實學業成績。結果，僱主不能因材任用，間接對香港的經濟發展產生負面衝擊。外來因素也有影響，90 年代世界各地掀起的教育改革熱潮，效標為本評估（criterion-based evaluation）或目標為本評估（target-based evaluation）就是其中一項，也迫使香港不得不反思本身教育服務的不足或限制。

根據第一間架，在制定 TOC 政策前，首先要找出問題的不同根源，加以調查研究，得出較闊的觀點，辨明及證實真正的問題所在。事實上，當時政策制定者找出的問題只是與評估制度有關，並不理會教學的問題及其與評估的關係。公眾並不同意這評估取向的政策，批評者眾。終於，原來的政策經過修訂，使教學與評估取得平衡的比重。不過，已修訂的 TOC 政策文件，則尚未檢討在當時中小學課程教學模式出現了甚麼問題，還是把所有教育問題簡單歸結到評估制度上。故此，不足以證明，修訂後的 TOC 政策能夠恰當地同時着重課程教學與評估制度。由此可見，在 TOC 政策目標制定前，有必要先證實課程教學上存在着與評估有關的重要問題，然後才需要進行相應的評估改革。

分析政策目標所用的原則：政策目標所用的原則是甚麼？目標設定的分析，有助制定政策者澄清要達到甚麼目的（Dunn, 2015; Jreisat, 2019; Pülzl & Treib, 2017）。需考慮的基本要點，如表 9.1 所示。

傳統信念價值：在設定教育政策目標時，社會人士對教育、學校及社會本身的傳統價值信念，往往支配了政策制定者的思路（Fischer, 2019; Weimer, & Vining, 2017）。他們假定這些信念價值反映了一個社會裏大部分人的取向，理應作為該項教育政策發展的指引。因此，當政策制定者確定了現存的問題，需制定政策目標時，這些價值觀念必然影響他們的判斷。舉例來說，傳統上，公眾相信在香港這個國際城市，英語比其他語言更有利於獲取高薪厚祿。這流行信念導致香港的教育局（Education Bureau）及教育統籌委員會（Education Commission）過往遲遲未能確立以中文 —— 絕大部分學生的母語 —— 作為主要學校教學語言，在教學語言政策上長期陷入爭論（鄭燕祥，2017）。

表 9.1　第一間架

政策目標所用的原則分析

* **辨別現存的問題**：來自教育制度的？社會層面的？外來的？性質？
* **設定政策目標的內在原則**：關於教育本質、學校過程本質、教育與社會需要等的傳統信念價值？
* **教育功能（功能主義觀點）**：
  個人方面：生存、個人成長及發展？
  社會方面：整合、控制、挑選、分類、分配、教化、社會流動、社會改革、平等化？
  政治方面：教化、合法化、挑選、控制、平等化、政治改革？
  經濟方面：人力結構改變、人力質素、人口控制、經濟發展？
  文化方面：繼承、發展及創造文化？
* **教育隱藏功能（衝突理論）**：
  社會階級結構及文化資產的產生和維持？
  階級不平等的延續？
* **哲學的取向**：
  對教育及學校的理想學習環境、輸入、過程及結果的想法？
  教育哲學、教育目標與政策目標間的統一性？
* **法律的制約**：
  法律價值如人權、自由、公平、利益平衡等？
  現存法律的制約等？
* **可能的實踐制約**：
  需考慮制約因素，如資源、時間？
  政治現實環境、人力資源等？

　　教育功能及隱蔽功能：教育功能的信念，也影響設定教育及教育政策目標的原則。功能主義（functionalism）的觀點認為，教育有個人、社會、政治、經濟及文化層面的功能（見表 9.1）（Blackledge & Hunt, 1985; Cheng, 2019, Ch. 4 & 5; Parsons, 1966）。不少政府頒下的學校教育目標，都與功能主義觀點吻合。在個人層面方面，教育在幫助下一代的生理、心理及社化發展。在社會及政治層面，教育是挑選、控制及整合市民的手段。在經濟層面，教育可穩定經濟發展的人力結構及質素。在文化層面，教育可創造、發展及傳遞社會的文化（Cheng, 2019, Ch. 5; Education & Manpower Branch, 1993）。但激進觀點或衝突理論（conflict theories）認為，教育除了外顯的功能外，還有隱藏的功能，例如社會階級的維持、文化資本（cultural capital）的分配及社會不平等的延續。在制定政策時，有關教育功能的辯論，

衝突論者與功能論者往往各執己見，引起激辯。的確，對教育功能抱有不同的假設及信念，在設定政策目標及制定行動計劃時，自然會有不同的取向。所以，分析教育政策時，首先要澄清教育功能的信念。政策制定者雖然比較接受功能主義觀點，亦要考慮不同觀點的重要性（Blackledge & Hunt, 1985; Gross & Davies, 2015; Kelly, 2017）。

從政策的目標反映出來，「目標為本課程」政策的制定，也受功能主義觀點的影響。政策制定者認為學校課程可發展學生的認知，因此相關的評估制度本質，應該是幫助學習發展的形成性評估（formative evaluation）。再者，教育制度的評估，應能為僱主提供準確資料，以招聘適當人選，切合社會經濟發展的利益，故此，評估也是總結性的（summative）（Dixson, & Worrell, 2016; Lau, 2016）。

哲學的取向：政策制定者及其他有關人士的取向，也受他們本身的教育哲學影響。哲學思想影響人們對教育本質（包括輸入、過程及結果）及學校環境的想法。常見的哲學思想包括：理想主義（idealism）、多元主義（perennialism）、存在主義（existentialism）、要素主義（essentialism）、重構主義（reconstructionism）及現實主義（realism）（Bigge, 1982; Mead, Biesta, & Trohler, 2015; Noddings, 2018）。人們各抱不同的哲學觀點，以此提出教育目標及理想、解釋教育過程及診斷相關問題。他們並根據不同的假設，提出迥然不同的方法，以設定政策目標，因而發生爭論實在不足為奇。所以，在分析政策目標設定的內在原則時，要考慮教育哲學、教育目標及政策目標間的統一性，避免互相矛盾，這一點非常重要。

法律的制約：在法治社會裏，一切公共行政都受法例、章則、規條所制約。教育服務也不例外，教育政策目標及計劃的制定，均需在法律架構之內。若制定的政策並非在法律架構內，則必須在設定政策目標前先考慮立法的問題。同時必須考慮的是一些重要的法律價值，例如人權、平等、自由、利益平衡等，會否與所提的政策目標互相矛盾，影響政策將來的認受性（Oliva & Helen, 2018; Welner, Kim, & Biegel, 2017）。

可能的實踐制約：制定政策目標時，會考慮可能的實踐制約（practical constraints），不能忽略包括資源、時間、理念、政治、環境各方面的制約。政策制定者因應這些制約或約束而擬出短期、中期或長期目標，或訂立一些

優先次序來分步進行，以減輕可能制約的影響。再舉香港的 TOC 為例，由於物質資源、人力資源及技術問題的制約，TOC 需分期實施，1995 年開始在70 間小學的最低班級實施，到 2001 年才擴展到所有小學的全部班級。

　　總的來說，政策目標制定所用原則的不同，很可能引致目標訂定的分異。此外，可能的實踐制約會妨礙長遠政策目標的設定，分析時也不能忽略。

第二間架：政策制定過程分析

　　政策目標制定後，要分析制定教育政策的過程。過程分析包括以下幾個範疇：政策制定者的特性、決策過程的特性、所採用之不同觀點與技術及最後定案的政策質素。（見表 9.2）

表 9.2　第二間架

政策制定過程分析

教育制定者的特性：
* 利益團體的認受性及代表性？
* 個人質素、專長等？
* 政策制定部門的成立及成員？

決策過程特性：
* 諮詢程度？
* 合作程度？
* 討論的開放程度？
* 不同利益團體達成共識的程度？

採用的觀點及技術：
* 生態分析：顧及全面、各行動間的互動性？
* 制度分析：制度的目標、結構、過程及輸出？
* 經濟分析：資源分配，供求估計，經濟成果、成本利益分析？
* 管理分析：策劃、實施及改革的管理？
* 理念建立：研究，實驗，先導研究等？
* 決策技術：資訊獲取、處理及發放，決策工具等？

教育政策全面質素：
* 適切性：目標、範圍及利益與未來發展的適切相關？
* 可行性：在已知的制約內可行，達到基本要求？
* 接受性：為大部分持份者或利益團體接受？

政策制定者特性：教育政策的制定對教育制度有深遠影響，所以需具平衡的觀點，俾能代表各有關方面的利益。所以，探究政策制定部門的組成是有意義的。如果成員是由中央政府委派，例如香港教育統籌委員會，他們如何代表教育制度裏有關人士的利益及意見，而代表性又有多大，值得思考。若成員不是委派的，則需要研究他們被挑選出來的途徑及代表性為何。此外，政策制定者的專長、經驗及其他個人質素，對教育政策發展也是同樣重要的。例如教育政策制定部門裏，若缺乏中學教育的專家成員，就不利於發展與中學教育相關的政策。

以香港為例，制定目標為本課程（TOC）政策時，香港教育統籌委員會七位委任成員中只有兩位來自小學教育界，在後來成立的 TOC 實施諮詢委員會（advisory committee）二十席委員中，小學代表也只佔四席。小學前線工作者的代表人數太少，帶來兩個弊處：首先，這政策是在小學實施的，但小學前線工作者的關注未必能得到全面照顧。其次，實施的困難未必能得到充分反映。難怪當年這政策由公佈到實施，一直受到公眾及學校的批評和抗拒。

決策過程特性：教育政策的決策過程是另一個要分析的範疇。政策是如何制定出來的？完全由政策制定者決定？有沒有公眾參與？例如以往 60、70 年代，香港的教育政策一直由政府直接發展出來，在發展階段並不向公眾（或持份者）諮詢（Llewellyn, Hancock, Kirst, & Roeloffs, 1982），後來在政治氣候轉變下，公眾要求參與民主公開的決策過程。政策制定者應集思廣益，使公眾的參與成為教育決策中的一股重要力量。自 80 年代中，教育統籌委員會發表的報告（Education Commission Reports No. 1-7），就較重視公開諮詢。

不過，單是給公眾參與討論的機會是不足夠的，政策制定所用的理論及研究都應提供給公眾，否則由於缺乏這些基礎，公眾的討論將不如預期的有效。理想的情況是，政策研究結果應視作決策的基本依據，也是在公眾諮詢中理性討論的資料庫。只有這樣，公眾才能得到政策制定的所有相關而不偏倚的資料，這樣做能使政策制定者分別從實際及道德上受惠。從實際來說，透過有效地與公眾溝通，政策制定者可減少決策過程中不必要的分裂，為最後議決的教育政策爭取到支持。道德上，政策制定者需給予機會，讓公眾提出對教育政策的意見，因為這些政策對他們將有深遠的影響。所以，公眾至

少能藉着説出自己的意見，作為一種參與（Coburn, Hill, & Spillane, 2016; Darling-Hammond, 2016; Eryaman & Schneider, 2017; Steiner-Khamsi, 2016; Weiss, 1991）。

再以目標為本課程政策為這個焦點分析，我們發現 TOC 的政策制定者並沒有提供足夠的一手資料，以啟動有意義的討論。再者，在後來的 TOC 實施報告，政府採取了有限的諮詢策略：諮詢期前段，報告只發給學校贊助團體，並非所有前線教育工作者都有機會閱讀（Advisory Committee on Implementation of TOC, 1994）。這樣無疑阻止了教師及家長參與諮詢過程的討論。事實上，若向公眾發表更多一手資料，相信能夠提高諮詢階段討論的質素，讓政策制定者獲得更多有意義的回饋資料，減少實施時受到的批評，並可提高政策的可行性。

除了諮詢過程分析以外，研究也可集中在政策制定過程中，如何尋求政治談判及社會共識，讓代表不同團體利益的成員達成最後的教育決策。

採取的觀點及技術：政策制定過程的分析，也包括其中所採取的觀點及技術。可考慮以下幾方面：

生態分析：在制定新政策時，政策制定者會否以生態觀點（ecological perspective）來看待教育制度？現行的改變會否觸發起制度其他方面相關的改變，引起預期以外的不利效應？所以，需仔細研究新提出的政策與現行做法的互動效應，這也包括政策的實施次序及其可能效應的分析。全面整體的生態分析，可以有效評估教育政策在教育制度及實踐上預期與隱蔽的效應（Cheng, 1985）。再以香港為例，政策制定者考慮推行小學混合模式學校（mixed mode schooling，同一間小學同時包含全日制及半日制）政策，可能忽略制度的全面生態互動。鑒於學校半日制的不利影響，香港教育統籌委員會出於好意又礙於財力限制，主動提出所有小五、小六學生可以全日上課，而較低年級則維持半日制（Education Commission, 1990）。不過這樣做，政策制定者或會低估了現行做法與新政策間的互動。很明顯的一點，就是新政策會使現時很多校長職位降為副校長職位，威脅他們的利益，因而引發不少學校校長的猛烈批評。對教師及學校行政人員來說，實施這政策將面對不少行政上的困難，當然也是反對。若多花功夫探討新政策與現行政策間可能的互動，或會找出更好的解決方法。

制度分析：教育政策分析的另一方面，就是政策實施時所需的教育制度，包括有關的輸入、結構及過程的安排和配合。忽略這點，會造成制度失效，無法推行政策，給學生帶來不利影響。在 90 年代初，香港政府意圖改進教育質素，將每班學生人數由 40 人減至 35 人（Governor's Policy Address, 1992）。配合這政策，需要培訓更多教師，於是把以前的師範學院的入學資格降低，增加教師供應。這使人懷疑政策是否低估了新的教育制度對教師的需求。無論如何，在更多教師完成培訓之前，小學還是要面臨新政策帶來合格教師短缺的問題。政策結果就是學校需聘用更多短期的代課教師，這是質素的升格還是降格？若規劃前多加考慮輸入條件與政策目標的關係，將可避免上述問題，政策也會更成功。

再看 TOC 政策，若新建議的目標為本評估制度，能清晰顯示學生的學術水平，則一班內學生的成績，在不同的範疇內，差距將會較大，但教師卻未必有時間和能力去處理這些學生的差異。有關的政策文件並未提出應付學生差異問題的方法，似乎政策制定者低估了實踐情況對正常的課堂教學造成的衝擊。這當然會引發教育界的批評。若在政策制定過程中能比較透徹地考慮各方要求，相信不會引起教師的不滿，影響實踐的效果。

經濟及管理分析：經濟及管理方面的考慮是需要的。分析政策制定過程，要注意各種資源如何供應及分配、政策的成本效益高低如何；實踐推行方面，則要考慮實際的管理問題，例如「如何實施已計劃的政策？」、「如何監管政策運作？」、「如何廣泛宣傳推廣？」、「學校、教師及相關持份者將碰到哪些管理困難？」等。

若以上述焦點分析 TOC 政策，會發現原本的政策建議先行在小學四年級（而非小學一年級）推行新架構，這個安排次序在教學及政策推行上並不順暢健全，受到質疑。幸好經修訂後的 TOC 政策把實施計劃改為由小一開始。不過，一些預期的管理困難，例如新增的工作量，在建議的計劃中並未得到處理，這無疑會引起前線工作者的憂慮及抵抗。

理據建立與決策技術：教育政策的認受性（legitimacy）往往以理性（rationality）為基礎，理據愈充實，政策的認受性則愈強，持份者及公眾愈能接受這項新政策，改變教育的現狀。在所提的政策內涵與設定的目標之間，需確立其中的因果關係，從而建立政策的認受性。因此，需有研究、試

驗或先導研究，作為支持政策的理據。換句話說，教育政策的理據建設，不可缺少由研究產生的知識（Glewwe & Muralidharan, 2016; Oelke, Lima, & Acosta, 2015）。研究知識的運用，包括決策技術、資料獲得、處理及發放的過程。所以，教育政策制定過程分析的另一焦點，就是它的理據建立及資料運用。不過，不是單靠科學方法就能建立教育政策的認受性，政策制定者也要考慮公眾諮詢的結果。

香港 TOC 政策是說明這方面需要的好例子。首先，TOC 的理論基礎不夠強，因為沒有研究作為基礎。這個推論的理據有二：其一，若教育統籌委員會在政策制定前有進行科學研究，肯定 TOC 與正面學習成果有因果關係的話，研究結果一定要在第四號報告書發表，以支持這個建議（Education Commission, 1990）。其二，報告發表的資料及論據不足，公眾無法進行理性討論。雖然教育署提出一個試驗，但這只強調了一個事實：政策需要研究的支持。就連 TOC 實施諮詢委員會也承認：「……是否適用於所有科目……這架構及其原則如何在課室實行……TOC 如何解答小學教育的問題……」（Advisory Committee on Implementation of Target Orientation Curriculum, 1994, p.8）是未知之數。這正好解釋了為何學術界對 TOC 政策的實施有所保留。

所制定的教育政策的整體質素：除了技術方面，也要研究制定的教育政策的整體質素。根據第二間架所列的重點，質素的考慮包括政策的適切性（relevance）、可行性（feasibility）及接受性（acceptability）。適切性，是從政策目標、範圍、內涵及所得的利益來看政策與未來發展的適切程度。可行性是該政策能處理已知制約，而將政策推行的能力，包括在資源、時間、知識、資訊、法例及政治的限制。在種種的制約下，政策制定須訂立實施的優先次序，以達到既定的目標。接受性是指政策被公眾及有關持份者接受的程度（Bryman, Becker, & Sempik, 2008; Torrance, 2017）。

再看 TOC 政策，其制定有兩個缺點：實踐上，政策欠缺實地試驗及理念基礎，所以其適合性是否像預期一樣，值得懷疑。由於制定政策前沒有公開諮詢，欠缺大眾理性討論及民主參與，所以教育工作者及公眾對這項新政策接受性不高。政策要求教學隊伍有能力推動評準為本測驗（criterion-referenced testing）（Burkett, T., 2018），以及有能力組織通達學習活動（mastering learning activities）（Lineberry, Park, Cook & Yudkowsky, 2015），香港的教學隊伍多未受過這兩方面的訓練，卻要在緊迫時限實施這政策，實在不可能。

總言之，若政策制定者在特性、決策過程、所用之觀點與技術及政策的整體質素等任何一方面出現差距（discrepancies），則最後作出的政策，將未必能達到預期的目標。

第三間架：政策實施分析

不管教育制定者在規劃階段認為該政策有多好，政策的規劃與實施間，往往存在差距。所以，需作較深入探索，找出造成差距的原因，而主要的範圍就是教育政策實施的準備與涉及變革的層面。以下先簡列這兩方面的重點，如表 9.3 所示，再分段討論。

政策實施的準備：教育政策實施的準備，可從幾方面分析，包括有關人士的準備、資源的準備、實施期限及法理的準備。

有關人士的準備：為了成功及順利實施一項新教育政策，教育官員、學校行政人員、教師、學生、家長及其他有關的專業人士都應在認知上（cognitively）、心理上（psychologically）及技術上（technically）準備好面對政策的轉變及實施。認知上的準備，包括明白政策的目標及其實施的可能後果。有關人士在認知上做好準備，認同這政策對教育發展有深刻意義和作用，會有助推動他們心理上的準備，願意支持及參與政策。如果認知上及心理上未準備好，教師及有關人士未必願意主動參與教育政策的實施。未做好準備而被迫實施一個政策，只是負面的順從，最終會帶來負面後果。再者，若政策要求前線教育工作者有能力運用某些技術和知識來推行一項新政策（例如 TOC 架構的評準為本測驗），他們在心理及認知層面做好準備是非常重要的，因為有了這基礎才進行技術的準備，會比較容易。

在 1992 年，香港引入一項學校管理改革，名為「學校管理新措施」（School Management Initiative）（Education and Manpower Branch and Education Department, 1991）。這案例可用以說明如何準備新政策的推行。首先，學校可選擇自願參加先導計劃（Pilot Scheme）。第二，召開為數不少的簡報會議及研討會，使學校在認知上有了準備，明白新措施是呼應世界潮

表 9.3　第三間架

<table>
<tr><td colspan="2" align="center">**教育政策實施分析**
（實施與策劃間的差距）</td></tr>
</table>

教育政策準備的分析

有關人士的準備

* 認知準備：明白政策的意義及其可能後果？
* 心理準備：願意支持及實施政策？
* 技術準備：有足夠訓練及技術以實施政策？

資源的準備

* 人力資源？
* 設施？
* 財力資源？
* 地方／空間資源？
* 其他有關資源？

政策實施的期限

* 可用的時間？
* 實施階段？
* 實際進度表？

法理的準備

* 有關人士的法律權利？
* 政策的立法？

教育政策改變的層面

系統制度層面

* 教育制度的改變？
* 對不同教育階段的影響及資助有否偏頗？

組織層面

* 教育機構／學校的改變？
* 內部的管理方法、組織結構及物質環境的改變？

課室／個人層面

* 課室或個人的轉變？
* 課室安排、教學、學習、輔導及其他學生活動的改變？

層面間協調

* 來自其他層面的呼應及支持？
* 跨層面的相應改變？

流的，會帶來更多教育及管理的自主。教育署資源中心展出有關資料，例如實際的校本發展計劃樣本，加強教師對整個計劃的了解。第三，也是最重要的，是學校可以選擇做好各方面準備才加入該計劃，免除顧慮。相反，早期的 TOC 政策就可能忽略了有關人士的認知及心理準備。至於後來修訂的 TOC 政策，較能考慮教師的情意、認知及技術方面的準備。若政策制定者多做功夫，協助有關人士包括家長做好準備，政策的實施將更有成效。

資源的準備：在實施政策時，政策制定者往往受制於有限的可用資源。若資源的需求及其運用未充分計算好，在實施階段就會遇到困難。與教育政策有關的重要資源，包括人力資源、裝備及設施、空間及財力資源，都是實施成功的重要因素。不同的教育政策可能需要不同類型的資源，所以新政策的實施，需要準備合用的資源（第八章）。

以下是一個例子。香港曾有一項新政策，是加倍供應電腦給中學（SAR Chief Executive's Policy Address, 1997），以配合教育上多使用電腦、迎接新時代的需要。財力及設施的資源顯然已準備好，不過要達到學校更多使用電腦的政策目標，學校也要有「地方」資源來安置電腦。所以，在制定這政策時，需充分了解學校電腦室是否有足夠空間安放加添的電腦，避免造成擠迫，妨礙正常學習。

另一個案例，就是為改進香港學生的中英文水平而設立的語言基金。政策的第一階段，是組織更多密集的訓練課程，提高語文教師的能力（Governor's Policy Address, 1993）。為成功推行此重要政策，必須有足夠的培訓人員及培訓地方。由於中英文教師數目龐大，所需的培訓人員及地方也很多，需作實際估計，使訓練週期不會拖得太長。必須注意，培訓計劃的期限，也需因應可用的資源而決定。

說回 TOC 政策的推行，主要資源是熟悉通達教學及評準為本測驗的教師。在未有足夠能勝任的教師之前，補救方法就是給學校及教師提供多些支援服務。針對這點，TOC 政策的做法是建議成立一個資料庫，在教師當中散佈有效的實踐方法，並提供參考及輔助資料，幫助課室教學。這些正面措施，對政策的實施很有幫助。

政策實施期限：期限方面，要考慮可用的時間、實施階段的層次及進度表的可行性等三方面，目的是讓有關人士有足夠時間做好準備。香港很多

教育政策都分階段實施，也容許學校自行選擇，例如在小學採用活動教學政策、SMI 計劃及教學媒介／語言政策。TOC 政策方面，原來的實施進度雖然有分段進行，但還是操之過急（Advisory Committee on Implementation of TOC, 1994）。修訂後的進度是改進了，但由於覆蓋層面廣，對師生的影響又大，仍是很緊迫。

　　<u>法理的準備</u>：實施教育政策時，政策制定者也有責任保護及尊重各有關人士的法律權利。若新政策不在現存的法律架構以內，或未能得到現有條例章則的足夠法律保障，政策制定者得先為新政策進行立法（見前法律的制約）。

　　總的來說，有關人士、資源及設施的準備，恰當的推行期限，以及必要的法理準備，對教育政策的實施至為重要。

　　教育政策的改革層面：教育政策究竟計劃在哪些層面作出改變？第一個層面是教育系統的制度，它影響重大，故這方面的分析相當重要。改變制度時，應留意其成本效益，分配到教育不同階段的社會資源也應力求公平，避開偏頗。第二個層面是組織或機構層面，包括其內部的管理方法、組織結構及物質環境的改變。第三個層面是課室／個人層面，關注的有課室安排、教學、學習、輔導及其他學生活動等的改變問題。

　　這三個層面的改變策略可能並不一樣，但也應互相呼應協調，讓每個層面的政策實施有最優的支持和配合。反之，若各層面的運作或改變並不協調，例如課堂教學的改革不能獲得學校管理的支持及教育制度的認許，這些教學新政策的實踐也會困難重重。所以，分析教育政策時，層面間的協調也是一個重要的焦點。

第四間架：教育政策效果分析

　　教育政策的實施，會產生政策後果，包含政策效應及教育結果（圖 9.1）（參見第八章）。第四間架分析教育政策實施與政策後果之間的關係，有些教育政策的目標，可能只是解決一個行政或政治問題，政策後果就是這個問題的解決。例如半日制上課是香港多年前的一個臨時措施，主要目的在解決學位不足的問題。開始時，這政策的主要目標未必是為了提高教育成效，反而是解決政府學位不足的問題。另一個例子是香港的「學校管理新措施」

政策，主要目的是權責下移給學校，使學校管理得更有效、對社會更負責（Education and Manpower Branch and Education Department, 1991），問題重心在學校管理模式的改變；除此之外，才是期望提高學校的輸出，得出更正面的教育結果。

有些教育政策，是直接為得到某些教育結果而訂定的。香港的例子有TOC政策、學校電腦數目加倍政策，以及增加小學學位教席政策。若前三個間架的分析結果都是負面的話，即政策背景或目標、政策制定及政策實踐的分析結果都不理想，那麼政策的最後後果就未必會是健全的。

也可以從三個不同層面來看政策結果。若第一層面制度改變成功，學生可直接受惠於政策，在生理、心理、學業、認知及社群上有良好的發展。若第二層面機構管理有效革新，學校運作因而受惠，教師投入，就能培育出好學生。若第三層面教學有效轉變，成功培育新一代學生，社會將有良好的人力支援、技術發展、經濟發展及負責的市民。這些都是成功的教育政策取得的正面政策效果及教育結果。

政策實施也可能在不同層面帶來不利及隱藏的後果，這些亦應在分析之列。評估教育政策的效能及效率，需研究實施過程、後果及代價。評估過程需計算政策實施可能帶來的得與失。評估政策後果，包括上述的政策效應、教育結果及隱藏後果。評估代價，即找出政策實施中付出或失去的成本或利益。教育政策就算得到預期的政策效應或教育結果，也往往要付出沉重代價或面對不利的後果。顯然，代價多少直接影響評估政策效率的高低（第八章）。

評估教育政策的成敗，就要看成功實現多少正面政策效應或教育結果，而付出的代價又是多少。更重要的是，這項政策不應帶來嚴重的不利後果（Begley, et al., 2019）。有時即使達成政策目標的程度很高，但若代價太大，政策仍不算成功而有效率。所以，分析教育政策時，需嚴加注意政策的成本效益（Cost-Effectiveness）（Levin & Belfield, 2015; Levin, et al., 2017）。

結論

世界各地急速變化，帶動了近年教育政策的連串發展。現時，政策制定者、學者、教育工作者、公眾及社會領袖都十分重視教育政策的討論及發

展，以應對未來的挑戰。然而，由於欠缺一個有力的綜合架構，幫助相關的討論和分析有所依據地進行，目前不少教育政策的討論往往流於表面及零碎；不少具有良好意願的教育政策又招來批評、誤解及抵制。故此，不少教育政策的發展受到很大限制，難於推展。

為回應這方面的困難，本章介紹了四個分析間架，提供一個全面的架構，教育界的政策制定者及有興趣人士可用於分析教育政策。這個綜合架構涵蓋教育政策的重要部分，系統化地提出一系列要考慮的研究課題，幫助有關人士分析背景問題、政策目標背後的原則、政策制定過程、實施過程、實施與計劃的差距及政策的後果。希望這個初步架構能促進高質素的政策分析及發展，鼓勵有意義而理性的政策討論，有助目前的教育改革邁向未來。

註：本章部分資料譯改及更新自作者的鄭燕祥（2003）及 Cheng & Cheung（1995）。

參考文獻

*

鄭燕祥（2003）。《教育領導與改革：新範式》。台北：高等教育出版社。

鄭燕祥（2017）。《香港教改：三部變奏》。中華書局（香港）有限公司。

Advisory Committee on Implementation of Target Orientation Curriculum (1994). *Report on the implementation of TOC*. Hong Kong: Government Printer.

Begley, P., Bochel, C., Bochel, H., Defty, A., Gordon, J., Hinkkainen, K., ... & Strange, G. (2019). Assessing policy success and failure: targets, aims and processes. *Policy Studies*, 40(2), 188-204.

Bigge, M. L. (1982). *Educational philosophies for teachers*. Merrill.

Blackledge, D., & Hunt, B. (1985). *Sociological interpretations of education*. Croom Helm.

Bowe, R., Ball, S. J., & Gold, A. (2017). *Reforming education and changing schools: Case studies in policy sociology*. Routledge.

Bryman, A., Becker, S., & Sempik, J. (2008). Quality criteria for quantitative, qualitative and mixed methods research: A view from social policy. *International Journal of Social Research Methodology*, 11(4), 261-276.

Burkett, T. (2018). Norm-Referenced Testing and Criterion-Referenced Testing. In Liontas, J. I., & TESOL International Association. (eds.), *The TESOL Encyclopedia of English Language Teaching*, pp. 1-5, John Wiley & Sons.

Cheng, Y. C. (1985). The issue of teacher quality in Hong Kong: An educational-ecological perspective. *New Horizons, The Journal of Hong Kong Teachers' Association*, 26, 36-41.

Cheng, Y. C. (2005). *New paradigm for re-engineering education: Globalization, localization and individualization*. Springer.

Cheng, Y. C. (2019). *Paradigm shift in education: Towards the 3rd wave of effectiveness*. Routledge.

Cheng, Y. C. & Cheung, W. M. (1995). A framework for the analysis of educational policies, *International Journal of Educational Management*, 9(6), 10-21.

Coburn, C. E., Hill, H. C., & Spillane, J. P. (2016). Alignment and accountability in policy design and implementation: The Common Core State Standards and implementation research. *Educational Researcher*, 45(4), 243-251.

Darling-Hammond, L. (2016). Research on teaching and teacher education and its influences on policy and practice. *Educational Researcher*, 45(2), 83-91.

Dixson, D. D., & Worrell, F. C. (2016). Formative and summative assessment in the classroom. *Theory into practice*, 55(2), 153-159.

Dunn, W. N. (2015). *Public policy analysis*. Routledge.

Education & Manpower Branch (1993). *School education in Hong Kong: A statement of aims*. Hong Kong: Government Printer.

Education and Manpower Branch and Education Department (1991). *The school management initiative Setting the framework for quality in Hong Kong schools.* Hong Kong: Government Printer.

Eryaman, M. Y., & Schneider, B. (eds.) (2017). *Evidence and Public Good in Educational Policy, Research and Practice* (Vol. 6). Springer.

Fischer, F. (2019). *Politics, values, and public policy: The problem of methodology.* Routledge.

Glewwe, P., & Muralidharan, K. (2016). Improving education outcomes in developing countries: Evidence, knowledge gaps, and policy implications. In Hanushek, E. A., Machin, S. J., & Woessmann, L. (eds.), *Handbook of the Economics of Education* (Vol. 5, pp. 653-743).

Governor's Policy Address. (1992). Hong Kong: Government Printer.

Governor's Policy Address. (1993). Hong Kong: Government Printer.

Gross, Z., & Davies, L. (eds.) (2015). *The contested role of education in conflict and fragility.* Springer.

Howlett, M., Mukherjee, I., & Woo, J. J. (2015). From tools to toolkits in policy design studies: The new design orientation towards policy formulation research. *Policy & Politics,* 43(2), 291-311.

Jreisat, J. E. (2019). *Comparative public administration and policy.* Routledge.

Kelly, D. H. (2017). Comparative education: Challenge and response. In Kelly, D. H. (ed.), *International Feminist Perspectives on Educational Reform* (pp. 89-111). Routledge.

Lau, A. M. S. (2016). 'Formative good, summative bad?' — A review of the dichotomy in assessment literature. *Journal of Further and Higher Education,* 40(4), 509-525.

Levin, H. M., & Belfield, C. (2015). Guiding the development and use of cost-effectiveness analysis in education. *Journal of Research on Educational Effectiveness,* 8(3), 400-418.

Levin, H. M., McEwan, P. J., Belfield, C., Bowden, A. B., & Shand, R. (2017). *Economic evaluation in education: Cost-effectiveness and benefit-cost analysis.* SAGE publications.

Lineberry, M., Park, Y. S., Cook, D. A., & Yudkowsky, R. (2015). Making the case for mastery learning assessments: Key issues in validation and justification. *Academic Medicine,* 90(11), 1445-1450.

Llewellyn, J., Hancock, G., Kirst, M., & Roeloffs, K. (1982). *A perspective on education in Hong Kong: Report by a visiting panel.* Hong Kong: Government Printer.

Mead, G. H., Biesta, G. J., & Trohler, D. (2015). *Philosophy of Education.* Routledge.

Noddings, N. (2018). *Philosophy of education.* Routledge.

Oelke, N. D., Lima, M. A. D. D. S., & Acosta, A. M. (2015). Knowledge translation: translating research into policy and practice. *Revista gaucha de enfermagem,* 36(3), 113-117.

Oliva, J. G., & Helen, H. A. L. L. (2018). *The Legal Framework on Education in England: Complexities and Shortcomings* (No. 1810). CIRIEC-Université de Liège.

Organisation for Economic Co-operation and Development. (2015). *Education policy outlook 2015: Making reforms happen*. OECD Publishing.

Parsons, T. (1966). *Societies*. Prentice Hall.

Pülzl, H., & Treib, O. (2017). Implementing public policy. In Fischer, F., & Miller, G. J. (eds.), *Handbook of public policy analysis* (pp. 115-134). Routledge.

SAR Chief Executive's Policy Address. (1997). Hong Kong: Government Printer.

Sidney, M. S. (2017). Policy formulation: design and tools. In Fischer, F., & Miller, G. J. (eds.), *Handbook of public policy analysis* (pp. 105-114). Routledge.

Steiner-Khamsi, G. (2016). New directions in policy borrowing research. *Asia Pacific Education Review*, 17(3), 381-390.

Torrance, H. (2017). Evidence, Criteria, Policy and Politics: the debate about quality and utility in educational and social research. In Denzin N. & Lincoln Y. (eds.), The *SAGE Handbook of Qualitative Research* (5th ed.), pp. 766- 795, Sage.

Turnpenny, J. R., Jordan, A. J., Benson, D., & Rayner, T. (2015). The tools of policy formulation: an introduction. In A. J. Jordan & J. R. Turnpenny (eds.), *The tools of policy formulation* (pp. 3-32). Edward Elgar Publishing.

Weimer, D. L., & Vining, A. R. (2017). *Policy analysis: Concepts and practice*. Routledge.

Weiss, C. H. (1991). The many meanings of research utilization. In D. S. Anderson & B. J. Biddle (eds.), *Knowledge for policy: Improving education through research* (pp. 173-182). Falmer.

Welner, K., Kim, R., & Biegel, S. (2017). *Legal issues in education: Rights and responsibilities in US public schools today*. West Academic.

Wilder, M. (2017). Policy paradigms and the formulation process. In Howlett, M., & Mukherjee, I. (eds.), *Handbook of Policy Formulation* (pp. 433-448). Edward Elgar Publishing.

Wu, X., Ramesh, M., & Howlett, M. (2015). Policy capacity: A conceptual framework for understanding policy competences and capabilities. *Policy and Society*, 34(3-4), 165-171.

Yeom, M. H. (2016). Critical reflection on the massification of higher education in Korea: consequences for graduate employment and policy issues. *Journal of Education and Work*, 29(1), 48-63.

第十章
教改的多元矛盾

自 1990 年代以來，教育改革已成為世界性現象（worldwide phenomenon），帶來強烈的政策投入及影響（Zajda, 2015）。不同國家地區有各自的文化、社會及經濟背景，教育改革的制定及推行，以及讓教育系統變革的方法，也會有所不同。但總的來說，世界各地的改革，特別是在亞太區，例如澳洲、柬埔寨、中國、香港特區、印度、日本、韓國、新西蘭、菲律賓、台灣、泰國、新加坡等（e.g. Baker, 2001; Caldwell, 2001; Castillo, 2001; Cheng, 2001a, 2001b; Rajput, 2001; Rung, 2001; Sereyrath, 2001; Shan & Chang, 2000; Sharpe & Gopinathan, 2001; Suzuki, 2000; Tang, 2001; Townsend, 2000; Yu, 2001），有九大趨勢，分別在教育系統的宏觀層面、中觀層面、機構層面及操作層面上。

教改九大趨勢

基於作者在新世紀初的研究工作（Cheng, 2005a, Ch. 7; Cheng & Townsend, 2000），教育系統性變革的九大主要趨勢如下：（見圖 10.1）

在宏觀層面，包括重新建立新的國家願景及教育目標、重新建構在不同層面上的教育系統，以市場帶動（market-driving）、私營化（privatizing）及多元化（diversifying）教育的供應。在中觀層面，增強家長社區參與教育的管理及監察，是一項明顯的趨勢。在機構層面，主要的趨勢是保證教育質素（quality）、標準（standards），以及問責（accountability）、增強下放權力及校本管理、提升教師質素、教師與校長的持續終身專業發展。在操作層面，主要的趨勢包括在學習及教學上使用資訊科技、應用新的技術進行教育管理、推動在教學、學習及評估上的範式轉變。

這些趨勢涵蓋教育系統的主要方面，而每一項趨勢本身，也可包含許多

圖 10.1　教改九大趨勢

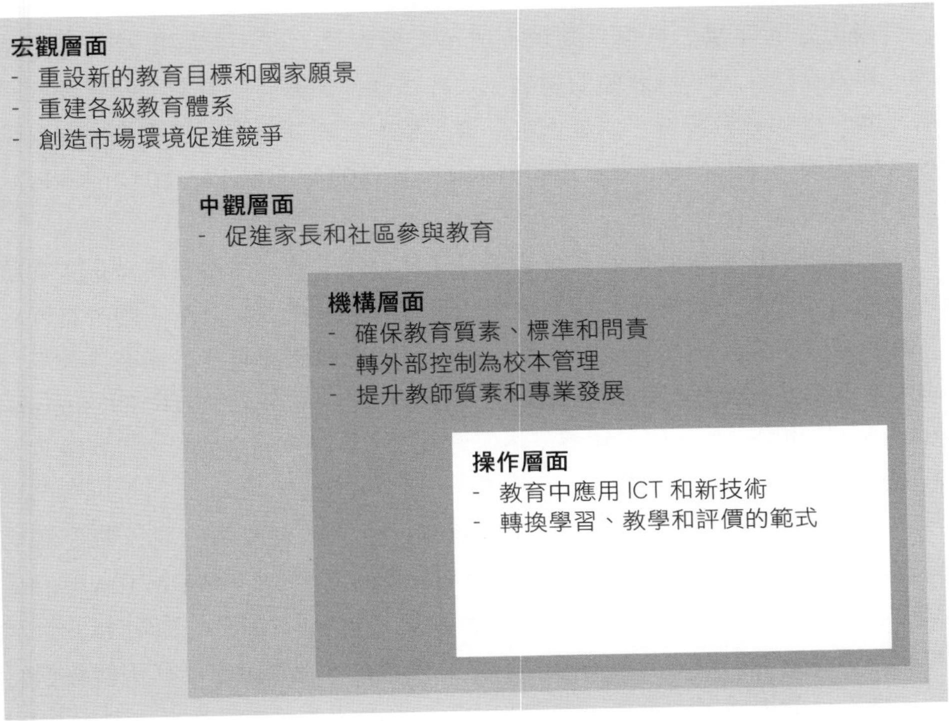

宏觀層面
- 重設新的教育目標和國家願景
- 重建各級教育體系
- 創造市場環境促進競爭

中觀層面
- 促進家長和社區參與教育

機構層面
- 確保教育質素、標準和問責
- 轉外部控制為校本管理
- 提升教師質素和專業發展

操作層面
- 教育中應用 ICT 和新技術
- 轉換學習、教學和評價的範式

修訂自鄭燕祥（2017）和 Cheng 2005a

在政策制定、推行及評估上的新改變。這表示系統性教改將會有大範圍的新措施和改革，在執行時，教改作為一種國際現象或趨勢，多少有其普遍性及共同性，即有一些重要的特性、課題和挑戰，對不同教育系統的改革，可互相參考及分享，以下詳細討論。

在全球化及知識經濟的背景下，當一個國家開始教育改革，藉此提升其人力資本及競爭力，其地域競爭對手亦會推行改革，提出更多新措施改革教育系統。隱藏的目的，可能是希望比競爭對手在人力資源方面做得更出色（Beetham & Sharpe, 2013; Longworth 2013; Ramirez & Chan-Tiberghein, 2003）。學校教育系統的表現（例如 OECD-PISA, 2006, 2009, 2012 等）或高等教育機構的表現（例如 Times Higher Education 2014-15 的世界大學排

名等）在國際的排名，過去二十多年加速了這種競爭趨勢，並在本地或國際層面上帶動公眾關注及政策討論有關教育的表現及改革。

由上述的背景，可以見到教育改革影響廣泛，在不同國家及地區中擴散。作為全球化及國際運動的趨勢，這些教改都擁有一些共同的特質及相類的行為。例如教育問責、質素保證評審、校本管理及教育市場化等，都是世界各地教改常見的措施（e.g. Figlio & Loeb, 2011; Gawlik, 2012; Keddie, 2015; PISA 2011）。

假設所有這些新改革的意圖都是良好且可達成的，而沒有將文化或實踐的條件加入考慮，政策制定者常常在各個層面推動根本性改革，同時實行許多新的措施，並計劃在一個短期間內達成。或者他們憂慮若不能盡快改革，國家就會失去競爭力（Amdam, 2013; Baumann & Winzar, 2016; Fitzsimons, 2015）。這也是一個原因，解釋了為何過去二十年許多國家推動大量新改革，涵蓋大多數教育改革的趨勢。

經過差不多二十年，大量國家的資源已投入教育改革。亞太區很多地區都期望，教改能在社會的不同方面帶來實質的改變（Cheng & Townsend, 2000; Lee & Gopinathan, 2018; Savage & O'Connor, 2015）。很可惜，直至現在許多地區對他們的教改成果，或是對教育系統在準備新一代面對新世紀的挑戰方面的表現感到失望。例如 1995 年台灣開始大規模教育改革，2000年香港推動教育改革藍圖，但是經過實踐後，兩個地區都報告，在系統變革中不同方面都遭遇嚴重的挫敗及困難（鄭燕祥，2017；周祝英，2003）。

在香港，不少家長或社區人士對教改成果未達至原來的承諾感到不滿，對實行的新措施感到混亂和失望，甚至失去對學校教育的信心。對一些家庭來說，如果經濟上能夠負擔，最簡單的解決方法就是將孩子送往海外接受教育。同時，許多教師和校長感到挫折，甚至耗竭（burnout），在巨大的壓力下極之勞累。由市場化帶來的過度競爭、問責制度及措施帶來的緊密監控、眾多同步推行的改革措施帶來不斷增加的工作負荷、過分的管理及監察帶來教師工作非專業化（de-professionalization）、教育環境的不確定性（uncertainties）和模糊性（ambiguities）帶來的高壓等等，會損害教師正常工作的環境及條件（例如耗竭及過度負荷不必要的繁重工作、教師專業地位下降、教與學的質素損耗等），這些都變成典型的教改關注問題（鄭燕祥，2017）。

過去二十多年，世界各地都推行教育改革，帶來深遠的影響。在政策分析上，這是有趣和有意義的課題，可以藉此了解為何教育改革開始的時候，雖然有美好的願景和目標，卻不一定能帶來期望中的結果，到最後甚至遭遇挫敗。這些教改現象帶來甚麼教訓？在未來的政策規劃及執行上，怎樣可以避免重複類似的失敗？特別地，甚麼是最主要的教改關注問題？張力（tensions）及矛盾（dilemmas）在哪裏？教育政策制定者、教師、學者、變革推行者及其他持份者，在制定及推行教育政策時，應如何理解及解決這些矛盾和困難？

本章嘗試探索這些問題，目的在提供一個初步的分析架構，說明影響教育改革特性的可能矛盾及張力，討論它們如何影響教改推行的成敗。希望能找出一些啟示，以填補目前在理論及實踐上的間隙（gaps），有助本地及國際教育政策的研究、制定及實踐。

基於作者自 90 年代至今對世界教育改革現象的長期研究（鄭燕祥，2007; Cheng, 1996; 2005a, b; 2007; 2009; 2014; 2015a, b; 2018; Cheng, Cheung & Ng, 2016; Cheng & Greany, 2016; Cheng, Ko, & Lee, 2016; Cheng & Townsend, 2000），以下提出一個分類架構，包含教育改革的七種基本矛盾：（1）全球化與本地化的取向矛盾（orientation dilemmas）；（2）三波教改的範式矛盾（paradigm dilemmas）；（3）公眾利益與私營化的財政矛盾（financial dilemmas）；（4）多重並行改革的資源矛盾（resource dilemmas）；（5）規劃及推行的知識矛盾（knowledge dilemmas）；（6）不同持份者的政治矛盾（political dilemmas）；及（7）校本管理與中央平台的功能矛盾（functional dilemmas）。若沒有充分理解及管理好這些多元的矛盾及相關的張力，即使教育改革有良好的願景，推行時最終也會失敗。

全球化與本地化的取向矛盾

急速全球化，是新世紀過去二十多年最明顯的現象。教育如何回應全球化的趨勢及挑戰，成為政策制定的重要關注點（Stromquist & Monkman, 2014; Verger, Lubienski, & Steiner-Khamsi, 2016; Zajda, 2015）。除此之外，政策也要面對不斷增加的個人及本地社區的多元發展需要。如第二章所論的

三重化，不單是全球化，在教育改革中亦需關注本地化及個別化。教育需要範式改變，邁向全球化、本地化及個別化，已逐漸明顯成為國際潮流。

全球化創造許多機會分享知識、科技、社會價值及行為規範，推動各層面（包括個人、組織、社區、社會及國際等）的發展，影響跨越不同國家及文化（Brown, 1999; Cheng, Cheung, & Ng, 2016; Spring, 2014; Waters, 1995）。它的優點包含以下的功能：

1. 全球分享知識、技能及智性資產（intellectual assets），有助個人、社區、社會及國際的多元發展；

2. 增加機會互相支持，以產生協同效應，促成不同層面的發展；

3. 透過以上的全球分享及互相支持，創造價值，提升效率和生產力（productivity），服務本地所需及人才發展；

4. 提升國際理解、合作、和諧及接受不同國家和地區的文化差異；及

5. 在不同組別、國家及地域中，協助多管道溝通及多文化欣賞。

作為全球化的重要證據，教育的國際化（internationalization）—— 特別在高等教育 —— 吸引了中心性重視及策略性優先，自新世紀初，不論在國際宣言、國家政策文件、大學策略計劃甚至學術文章，都受到高度關注（Knight, 2014a）。一般來說，國際化的過程及結果，會貢獻發展全球能力（global competence）、經濟競爭力、收入增長、國家軟實力建設、高等教育的現代化，以及邁向知識型或創新型社會（Altbach & Knight, 2007; Knight, 2014b; Mohsin & Zaman, 2014; Yeravdekar & Tiwari, 2014）。

在海外大學就讀的國際學生數目，世界各地均大幅上升。在過去二十年，國際教育已成為一項不斷成長的事業，根據最近的預測，國際學生的數目會由 2012 年約 450 萬，提高至 2025 年約 800 萬（OECD, 2014）。

全球化或國際化看來是不可避免，許多相關的新措施在教改中已經提出，目的是在全球化的過程中增加更多機會發展社會和人才。無論如何，有關全球化對本地及國家的發展的負面影響，近年亦引起世界性關注（Cheng, 2005a, Ch. 3）。世界各地發生不同形式的社會運動和示威，反對全球化的威脅，特別是對發展中國家的不利影響（Fominaya, 2014; Martell, 2016; Porta, et al., 2015）。一般相信，全球化會帶來危險的後果，包括政治、經濟及文化方面的殖民化，或是先進國家對發展中國家的巨大負面影響，又或是快速擴大富裕地區與貧窮地區的差距。總的來說，潛在的負面全球化影響，可包括以下各點（Brown, 1999; Martell, 2016; Stiglitz, 2002; Waters, 1995）：

1. 在進步國家與發展中國家之間，增加科技間隙（technological gaps）及數碼分離（digital divides），妨礙全球公平分享的平等機會；
2. 創造更多有表面認受性的機會，讓少數先進國家在經濟上、政治上對其他國家進行殖民化侵奪；
3. 剝奪發展中國家的本地資源，包括物質資源及人力資源，並破壞他們的本地文化，讓少數先進國家得益；
4. 在地區與地區之間、文化與文化之間，增加不平等及矛盾；
5. 提升一些先進國家的主流文化及價值，並加速由先進國家對發展中國家的文化移植（cultural transplantation）。

許多人相信，在不可避免的全球化過程中，教育是其中一個重要因素，可以用來調節全球化的影響，由負面轉向正面，將威脅變為機會，讓個人及本地社區能夠有利發展（Green, 1999; Henry et al., 1999; Jones, 1999）。但從以上討論可知，發展中國家的教育改革過程中，政策取向在全球化與本地化之間，會有矛盾和張力。例如如何優化全球化的正面效應，減少其負面影響，將是目前為本地或國家發展的教改所面對的重要矛盾。

特別是在教育過程中，我們如何透過全球化助長本地知識及人才培養，以促進個人及本地發展，又能免除全球化的負面影響？本地的教育系統和相關操作，如何能將全球知識（global knowledge）、世界級技術（world class skills）進行本地化，以發展學生 21 世紀能力（21st century skills），在強大全球化的背景下追求未來（Finegold & Notabartolo, 2010; Salas-Pilco, 2013）？不幸地，過去數十年雖然有不少本地及國際的教育改革，但在政策制定及願景建設方面，沒有太多研究探索這些重要的矛盾及課題。

三波教改的範式矛盾

如第一章所論，自 80 年代，世界性的教育改革經歷三波變化，包括第一波的「有效能教育運動」、第二波的「高質素教育運動」，以及第三波的「世界級教育運動」。每一波教育改革都有它本身的理念範式，以構想教育的本質、制定相關的措施，來改變操作、機構、系統等層面的教育運作（見第一章）。當由一波的教育實踐轉移到另一波，就會發生教育範式的轉變，於是構想學習、教學及領導力的理念，也會有基本性的改變。

這些教育範式的內涵各有不同，包括關於環境的假設、主要的改革運動、效能的構想、教育機構的角色、學習及教學的本質等（詳見第一章，表1.1）。由於三波教育改革的教育範式根本不同，所以在制定及推行教育改革政策時，要留意是否有範式矛盾，如下面所論。

有些政策制定者、實踐者和學者會忽略不同範式的主要特性，誤用教育改革措施來追求不同範式的教育，例如用第二波的改革措施（市場競爭、監管問責、持份者滿意等）來追求第三波的教育目標和過程（21 世紀能力、多元思維能力、自主終身學習、創造力等）。他們常常直接採用一些流行的新措施來改革，但並沒有明白其中的範式是否適合現有的背景、發展階段及其他本地社會條件。換言之，在採用的變革與背景之間，可能有範式的矛盾，最後教育改革在不同層面執行時，就會遭遇挫折或失敗。

在計劃的目標與執行的變革之間，往往存在範式的矛盾，妨礙教改的成功。例如香港政策制定者曾忽略第二波和第三波之間的範式間隙，推行大範圍的第二波改革（包括市場化、學校競爭、用家滿意等），希望能達成第三波的目標。這樣的教育改革，在過去二十多年的推行間產生大量矛盾和挫折（鄭燕祥，2017；Cheng, 2018）。如何減少這類範式矛盾或間隙，保證新改革措施與目標在同一範式中相符，應是規劃和推行教改革的重要課題。

教改由一波到另一波的範式轉變，不單包含技術或操作的改變（operational changes），同時在個人、小組、機構及系統等層面上，也有意識型態（ideological）和文化的改變（cultural changes）。這樣的轉變是相當複雜和動態的，包含不同形式的矛盾和張力，需要管理和解決。例如怎樣幫助涉及的持份者改變原有的想法及運作模式，由第一波、第二波範式，轉至第三波範

式？讓這樣的範式轉移變為可能及成功的主要條件或帶動力是甚麼？在本地及國際上的學習、教學及領導上，甚麼是範式轉移最重要的特性和最好的做法？在教育不同層面上帶動範式轉移，主要的困難是甚麼？所有這些或類似的問題，都顯示有不少有關範式的範疇尚未探索（Cheng, 2015b）。

公眾利益與私營化的財政矛盾

在全球化、國際競爭及社會轉型的年代中，制定政策以面對本土及國家發展快速增長的需要，一般來說，政策制定者經常面對財務的制約。因為珍貴的公共資源實在非常有限，服務不同目的的財務模式（financial models）會有不同。例如服務公共利益的理財模式，與服務私人利益的並不相同（Bloom, Hartley, & Rosovsky, 2007; Labaree, 1997; Le Grand, & Robinson, 2018）。在教改過程中，會有教育財務的矛盾及爭論，例如哪些教育服務應屬於公共利益，而不單是個人利益。

在教育改革中，常常看到政策制定者嘗試改變理財模式，由公眾資助模式轉為私人自負模式或市場取向模式，作為擴展資源來源的主要方法，以改進教育，提升服務多元化，來面對不斷增加的期望（Adamson, Astrand, & Darling-Hammond, 2016; Levin, 2018）。例如中國要推行市場經濟，面對更複雜及更大的財務制約，以發展其教育系統，滿足巨大而多元的教育需要（Smith & Joshi, 2016; Tang & Wu, 2000）。

在一個競爭性的工作市場，愈來愈多人需要追求高等教育。在亞太區，高等教育的私營化，無可避免更加廣泛。一般相信，私營化容許教育機構增加使用物質資源和人力資源的彈性。怎樣創造一個市場或半個市場（semi-market）環境，來鼓勵不同教育機構的競爭，在教改已變成一個突出的課題。一些國家（例如澳洲）重視用不同的撥款模式，來鼓勵自我改進，同時又與其他學校競爭。有些地區也嘗試用不同類型的家長選擇計劃來產生市場效應（Böhlmark, Holmlund, & Lindahl, 2016; Taylor, 2018）。

理財模式轉移是否能保證學生（特別是弱勢學生）的教育公平（equity）及平等（equality），在教育改革的決策過程中是一個關鍵的關注課題。在公眾的印象來說，市場化及私營化在教育上有利於那些富有的學生，讓他們獲

得較好的學習機會，但對弱勢學生不利。所以在新的撥款政策中，怎樣保證弱勢學生能獲得同等機會接受優質教育，是一個典型的課題，引發不少辯論和關注（Cheng, Ng, & Mok, 2002）。

公眾教育有多元角色，除了裝備學生面對未來之外，也要服務不同的國家目標和願景（例如促進政治穩定、社會流動、民族團結等）（Cheng & Yuen, 2017）。但是私營化的教育主要由市場力量帶動，而非國家目標。所以，在市場力量與國家目標之間，可能存在矛盾或張力。正因如此，政策制定者及教育工作者如何保證在本地層面的市場運作，是與國家發展同向而行？在多大的範圍內，一個政策架構應要求教育私營化，與國家發展同一方向，而不妨礙市場發展學校教育的積極性？

在規劃有關撥款模式的改革時，應研究及處理以上的課題及矛盾，以期在公共利益與私人權益、教育公平與質素之間取得恰當的平衡。

多重並行改革的資源矛盾

如前面所論，教育改革在四個層面有九大趨勢，其中包括大量新的改革措施。在過去二十年，許多政策制定者熱衷推動教育系統變革，在短期間內推行了許多新的改變和措施。

推行教育改革，往往需要大量資源。改革規模愈大，所需的資源就愈多。但是，可提供的資源往往是有限的，特別是珍貴的人力資源、專家經驗及可用的時間。例如大規模的課程與考試改革，若需要在一段短時間內推行，當然需要更大更高的執行成本。但是，誰來付出這些成本呢？

除此之外，教育改革往往要同時達成多項並行新措施的高尚目標，例如既要達成教育的平等、公正、效率、效能、包容、問責等，也要配合每個學生的個人需要。人們期望前線教師和學生達成這些漂亮的目標，但所給的資源和支持卻非常有限。即師生需要推行許多新的措施，他們擁有的時間和能力卻並不足夠。最後的結果是，他們變得耗竭和挫敗，無法應付這些變革，而教改也變得混亂，甚至失敗。可以說，在多重並行的新措施之間若存在資源的矛盾，會影響教育系統變革的成敗。

香港教育改革的樽頸效應（bottleneck effect），可作為一個很好的案

例，説明資源矛盾對系統變革中多重並行的措施造成的影響（Cheng, 2009; 2015a; 鄭燕祥，2017，第四章）。樽頸效應説明一種境況：任何新的教育措施，就算有良好的願望，也會變成壓在教師和學校上面的額外負擔，同時新措施本身也會淤塞在樽頸，妨礙其他新措施的推行。即愈多改革，就引發愈多障礙，堆塞在樽頸，對教師和學校產生更大的壓力（圖10.2）。為何這樣的樽頸效應會在香港的教改發生呢？

圖 10.2　資源矛盾與樽頸效應

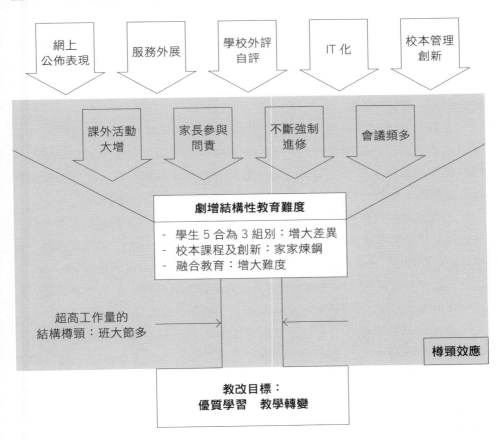

課外活動大增　家長參與問責　不斷強制進修　會議頻多

網上公佈表現　服務外展　學校外評自評　IT 化　校本管理創新

劇增結構性教育難度

- 學生 5 合為 3 組別：增大差異
- 校本課程及創新：家家煉鋼
- 融合教育：增大難度

超高工作量的結構樽頸：班大節多

樽頸效應

**教改目標：
優質學習　教學轉變**

修改自鄭燕祥（2017，第四章）

在教改之前，香港教師的工作量已經非常大，每星期負擔約三十教節，每節四十分鐘；每班的學生人數，一般在三十五到四十人之間。這麼繁重的工作和大班的教學，對香港教師的教學法及教學策略，已造成一個很緊的結構限制。不幸的是，提出的教育改革並無直接關注現有的結構限制，已變成樽頸的結構部分，妨礙教與學的改變及對高品質教育的追求（Cheng, 2015a）。

為減少標籤效應，香港教改將學生入學的學術質素分類，由五級改變為三級，於是在每一間學校、每一班的學生的個別差異，在短時期內劇增。無可否認，這結構的改變大量增加教師教學及輔導學生的難度和負擔，令新範式的第三波教育更難推行。

作為新改革的一部分，香港大力推行融合教育，將有特殊需要的學生融入主流課室及學校一起學習，卻沒有充足的配套支持，很快就大大增加班上的個別差異及相關的教學工作的難度。這結構的改變，進一步要求教師付出更多努力、時間和能量。

在履行校本管理、校本課程、校本創新及綜合課程等新措施時，香港要求差不多所有教師放棄他們熟悉的教學資料、方法、課程和風格，根據新的課程大綱和校本需要，從頭開始準備新的教學課程和材料，教師面對的挑戰、困難和工作壓力無可避免地大量增加，超乎他們能負擔的範圍。

因存在樽頸效應和資源矛盾，許多新的教改措施就算有很好的意圖，都變成教師及學校的重重負擔，最後堆塞在樽頸，如圖 10.2 所示。這些新措施，包括學校自我評估（self evaluation）、外在學校評審（external school review）、家長參與學校管理、市場推廣、給家長及社區的伸延服務、更多聯課活動的責任、質素保證的執行、不同形式的問責報告、校本管理的參與及發展等。

由於改革新措施多重並行，教改要求教師付出更多時間和努力推行，政策制定者和推行者如何化解上述的資源矛盾及相關挑戰，應該是一個關鍵的課題，與系統教改的成敗有關。

規劃推行的知識矛盾

如上面所論，教育改革往往改變整個教育系統的主要方面，涉及許多新措施。系統改革的範疇是那麼巨大、特質是那麼基本，所以需要有一個強

大、綜合的知識基礎，來支持制定及推行這樣大範圍的改革及不同層面的相關措施。不幸的是，教改往往欠缺這樣強大的知識基礎，來支持政策的規劃及推行。為甚麼？

在運用知識作改革方面，讓作者以香港的個案來說明問題所在。香港本來有策略意願，在大規模教育改革之前，用研究來支持政策制定。教育統籌委員會第七號報告書曾說明，會着重在香港和其他地區汲取不同經驗及研究材料，以研究相關的改革課題（Education Commission, 1997）。

在香港實踐上，以研究為本的政策發展是罕有的、奢侈的（Cheng, Mok & Tsui, 2002）。例如教育統籌委員會有一個緊迫的一至兩年時間表，但需要審視整個教育系統，並在 1999 至 2000 年提出許多建議。在大規模教改與急切推行之間，如何可以真正有效地使用研究及知識作規劃？這真是一個矛盾。除了自身的經驗或一些海外的經驗，他們可以期望甚麼樣的研究和知識？所以，教改往往缺乏綜合相關的知識基礎，在一段短時期內支持政策發展和推行大規模的改革（鄭燕祥，2017）。

香港是一個小地方，人口七百萬，高等院校不多，其中只有四間設有教育學系或教育學院。不同教育領域的學者、專家及研究者的數量實在太少，更何況大範圍的教育變革涉及許多範疇。換言之，教育專家在每一個範疇，都沒有足夠的關鍵質量（critical mass）以提供所需的專業知識、智能及技術基礎，來支持教育變革。特別是沒有中央建立的研究機構，來調協這些分散的研究機構服務多重並行的教改新措施發展。

香港的教育顧問委員會，成員一般包含專上學者、學校工作者及社會領袖，他們會為教育改革的政策制定，貢獻專業知識及意見。委員會主席往往是商界或非教育界領袖，由政府委任。這樣的安排是一個傳統，鼓勵非教育界人士參與及貢獻政策制定。近年，教育及相關改革的範疇和本質變得愈加複雜和不定，委員會的工作變得非常有挑戰性，對成員的要求也愈來愈高，可能不少於委員的全職工作。許多主要成員本身是成功的社會及商界領袖，在全職工作外已有不少其他實質的社會承擔。由這點來看，在這樣大規模的改革中，政策制定竟是以「兼職或外行的智力」（part-time or lay intelligence）為主導。

90 年代初，教育署的高層領導曾經頻繁轉換，由數月至兩三年不等；其

他高級教育官員也多重新安排到別的非教育部門。在過去的歲月慢慢積累起來的科層知識，由於人事及領導的流動改變而快速地流失。正因為科層知識（bureaucratic knowledge）及智能的損失，教改措施的發展和推行變得隨機、不穩定，以及不一致，在政策環境中往往忽略一些重要的生態關係，最後影響教改及相關措施的成敗（Cheng & Cheung, 1995; Cheng, Mok & Tsui, 2002）。

由上面的討論，我們可以看到政策規劃及推行上使用知識的矛盾及制約。影響教改成敗的不單是相關的研究及知識、教改及多重措施的規模，以及教改推行的急切性，教育專家的關鍵數量、兼職／全職智能的領導，以及科層知識和智能，也有重要影響。

多元持份者的政治矛盾

教育改革涉及不同長短期利益和不同持份者的關注，例如家長、學生、教師、校長、校監、教育官員、教育學者、變革執行機構、社區領袖、僱主、大眾傳媒及其他人士等。在變革過程中，這些多元的持份者各有不同的關注利益、競爭性的要求，甚至互相矛盾的期望。他們會運用其政治影響力或社會權勢，影響政策的制定以符合自身利益。

例如香港學校授課語言（medium of instruction, MOI）政策改革，持份者之間有高度矛盾的觀點，在過去多年對香港發展產生巨大的影響。所以，教改過程中出現的政治矛盾和掙扎，往往會影響教改的方向、推行和成果（鄭燕祥，2017，第七章）。怎樣才能讓多數持份者有理性的、全面的理解，雖然各有意見和立場，但在政策改革上願意達成共識？這是必須考慮的問題。

又例如，教師和教育工作者多強調畢業生的公民質素，家長較多關注子女能否在公開考試取得所需的學術或聘任資格，僱主多憂慮畢業生是否具備職場上所需的知識和技能。綜合以上的觀點，在系統層面，怎樣辨認出主要持份者的期望，並能排出優先次序，訂立教改政策？在機構層面，當要改變教育的目的、內涵、過程及成果時，如何讓學校工作者管理好不同持份者多元及矛盾的價值？以下有些例子說明在不同層面上政治掙扎的境況，需要管理及解決。

過去數十年，家長及社區對教育的期望不斷增加、要求不斷提高；同時

亦增強對教育機構的問責，要求學校的教育物有所值。由於教育往往由公帑資助（Figlio & Loeb, 2011; Gawlik, 2012; Keddie, 2015），無可避免在學校、社區及國家等層面，需要提供一些直接的途徑，讓家長及社區參與學校管理。

在一些已發展地區例如加拿大和美國，有較長的傳統讓家長參與學校管治。在亞洲地區例如香港、韓國、馬來西亞、台灣及泰國，人們愈來愈強調家長及社區參與學校的重要性（Wang, 2000），雖然很少會用立法的程序來保證家長參與學校管治，但總的氣氛和傾向，是在鼓勵家長擁有這些權利。

除家長外，本地社區及工商界也是教育的直接持份者。他們的經驗、資源、社會網絡及識見，都對發展教育很有用處。從正面的觀點來看，社區參與學校能讓機構得益，提供更多本地資源支持和智力投入（intellectual input），特別是面對增加中的多元的優質教育要求和服務，家長和社區領袖可以分擔管理責任，強化家庭、社區和學校的溝通，鼓勵教師，監察學校操作，甚至幫助學校對抗外來的負面影響（Goldring & Sullivan, 1996）。

雖然家長及社區參與有很多好處，但如何有效管理多元持份者間的政治矛盾，仍是目前教育改革一個核心的課題。增加家長及社區參與學校，同時會增加校內政治的複雜性、不穩定性和模糊性，如何幫助學校領袖準備好帶領多元持份者，建立聯盟，在不同持份者間平衡多元利益、解決矛盾？這樣的參與涉及很大的政治矛盾及相關的困難，會否浪費老師和學校領袖珍貴的時間和能量，使他們無法專注學生為中心的教育工作？

多數亞洲國家缺乏一種接受和支持家長及社區參與的文化。傳統上，教師受到社區的尊重，人們往往相信學校教育應該是校長和老師的責任，傾向視校長和老師為教育專家，所以將家長及社區參與看作對教師校長不信任的行為；鼓勵或容忍家長參與，被視為一件失去專業面子的事情。如何讓決策者和教育工作者改變這種文化，解決政治的矛盾，鼓勵更多家長及社區正面參與，在政策制定及改革推行方面，仍然是一個重要的課題。

校本管理與中央平台的功能矛盾

自 90 年代，世界有一項重要的學校改革潮流，由傳統的外在控制管理（external control management）邁向校本管理（school-based management），目的在提高學校在校內決策、使用資源、配合學校需要、解決困難及改進表現上的彈性（flexibility）和自主性（autonomy）。

在學校管理的實踐，存在着一些功能上的矛盾：校本自主與外在控制。例如由中央下放權力至學校層面，怎樣可以肯定學校會對其提供的教育質素或使用的公帑負責（Keddie, 2015）？下放權力與問責之間，在決策及改革上時常是一項功能矛盾。

另外一項功能矛盾，一般會出現在校本管理與教育質素之間（Keddie, 2016）。人們常常相信，更大的自主性，讓表現好的學校有更多機會招收更好的學生和教師，於是得到更好的機會及更多的資源來服務教育。這樣會增加學校之間的教育不平等性，對弱勢學生更加不利（Townsend, 1996）。

再有一例關於功能的矛盾，是在校本創新與零碎知識（piecemeal knowledge）之間。自開始實踐校本管理，學校要自己解決、發展、管理及改進本身的活動和操作。特別當許多學校和教師要進行任何校本創新，他們往往要重新從頭做起，積累經驗和知識。舉例來說，香港有不少學校為了教與學的需要，發展本身的多媒體教材和軟件，雖然老師非常投入，花費很多時間去準備和製作，但很可惜，這些教材的質素往往不是那麼好，所用的科技和知識實在太單薄、零碎，多是重複別人做過的東西。這不是有效的方法，老師卻為此耗費了寶貴的時間和努力，反而沒有足夠功夫去幫助和輔導學生。

若能建立一個中央知識平台（central knowledge platform），裝備最新的科技和軟件（the state of art technology and software）、世界級教育資源（world class education resources）和配套、先進的專家指引、知識和經驗，以及互動的支援隊伍來支持校本創新，教師可以在一個更高的專業水平上，發展及推動教學創新，同時可以節省大量時間來培養學生。如何克服校本管理與零碎知識間的功能矛盾？應該發展一個高層次的中央知識平台，服務以下的功能：（Cheng, 2005a, ch.8）

* 在實踐校本創新及教育活動方面，教師與學生可以從一個較高水平的智力平台，獲得最新的知識和技術。他們可以集中力量及時間，使用中央平台作教育實踐及學校操作，避免浪費時間從低水平開始工作。當然，以校本管理的精神，他們可以有彈性和自主性來決定如何使用這平台，

以更有效滿足校本的需要；

* 聯繫着不同的全球及本地網絡平台，可在教育的主要範疇上，形成專家及教育學者的關鍵數量，產生新的意念、知識和技術，支持教育改革和學校教育的進行，並確保政策的發展和教育的實踐，與未來息息相關；

* 這平台本身可以是個別化、本地化及全球化的，網絡聯繫起來，擴展在主要領域的智能關鍵質量（critical mass of intelligence）、優化智力資源（intellectual resources）的提供，並創造許多機會，讓教育不同層面上的智能持續發展。

如何發展這些中央平台，以協助學校和教師在一個較高的水平上表現，這是一個關鍵的策略問題，在目前的教育改革中值得進一步探索。成立這樣的中央平台，是資本密集（capital intensive）、智能密集（intellectual intensive），也是技術密集（technology intensive）的，難度及挑戰也很大，所以需要國家、地域甚至國際的合作。

中央平台方法和校本自主方法同樣重要，有它們各自的強項和限制性。前者可用來提高智能、知識及技術水平，由所有教育實踐者應用，並避免零碎、重複及失效的操作，不用從頭開始做起。後者可用作推動人本積極性，在學習、教學和管理的過程中，滿足校本多元發展需要。總言之，中央平台和校本自主，兩者都是需要和重要的。

結論

我們可以看到，世界各地許多教育改革，在政策制定及推行方面，正經歷不同形式的矛盾，最後演變為不同形式的挫敗。在過去二十多年，因沒有明白這些矛盾的本質和動力，不少教育改革雖有最好的願望，實踐時卻困難重重。為探討這方面的關注，本章討論本地及國際教改會發生的不同矛盾。總結以上七種教改矛盾的分析，可得出一個多元矛盾的分類架構（typology），如表 10.1 所示。教改矛盾可分為三個組合：第一組合可以定名為「方向組合」（direction cluster），包括在全球取向和本地關注間的取向矛盾，以及在三波改革間的範式矛盾。這些矛盾涉及教改的主要方向、取向、

願景、目標及教育的範式等。分析這些矛盾，可以總結出主要的啟示如下：

* 透過全球化過程，發展本土知識（local knowledge）和本地人才，但避過全球化的負面影響；
* 將全球（global）或世界級（world class）的知識、技術、行為模式等進行本地化，以服務本地社會；
* 要管理所行的變革與其背景間的隙縫；及
* 在推行教改時，減少範式轉變的間隙。

教改矛盾的第二組合，可稱為「支持組合」（support cluster），包含公眾利益與私營化間的財務矛盾、多重並行變革間的資源矛盾、在規劃與推行中的知識矛盾。這組合的矛盾，主要在資源和撥款的分配、多重變革的罕有資源競爭、使用知識和研究支持教育改革及相關措施。對政策分析及推行的啟示，包括以下各點：

* 當轉變撥款模式，邁向私營化和市場化，應保證教育的公平和質素；
* 決策時，應在市場力量和國家計劃之間保持適當平衡；
* 透過減少改革措施數量，並進行優先排序，避免造成樽頸效應的負面影響；
* 重整及減少並行的改革措施，以符合教師及學生的執行能力；
* 確保供應相關的知識和研究，支持教育改革，特別是大規模的改革；
* 在重要的改革範圍，建起相關的專家關鍵數量，以支持教育改革；及
* 在領導及科層中，應保有強大的知識／智能力量，以規劃及進行教育改革。

第三組合是「執行組合」（execution cluster），包括多元持份者間的政治矛盾、校本管理與中央平台間的功能矛盾。這組合的矛盾，主要關注涉及多元的持份者及教改實踐的矛盾、困難、效能、效率等功能問題。其中對政策規劃和推行的啟示，包括以下幾項：

* 管理多元持份者的需求及矛盾的期望；
* 優化來自家長及社區參與的正面貢獻，但減少他們的負面影響；
* 管理校本自主與問責／平等之間的張力；
* 用高水平的中央知識平台，來支持及發展校本創新；及
* 促成本地、區域及國際合作，建立起一個知識密集及技術密集的中央平台。

表 10.1　多元教改矛盾的分類架構

矛盾組合	矛盾類別	主要因素	管理矛盾的啟示
方向組合	取向矛盾	全球取向 vs 本地關注	* 透過全球化過程，發展本土知識和本地人才 * 將全球或世界級的知識、技術、行為模式等進行本地化，以服務本地社會
	範式矛盾	第一、二、三波變革	* 要管理所行的變革與其背景間的隙縫 * 在推行教改時，減少範式轉變的間隙
支持組合	財政矛盾	公眾利益 vs 私營化	* 當轉變撥款模式，邁向私營化和市場化，應保證教育的公平和質素 * 決策時，應在市場力量和國家計劃之間，保持適當平衡
	資源矛盾	多重並行新措施	* 透過減少改革措施數量，並進行優先排序，避免造成樽頸效應的負面影響 * 重整及減少並行的改革措施，以符合教師及學生的執行能力
	知識矛盾	不同層面的規劃和實踐	* 確保供應相關的知識和研究，支持教育改革 * 在重要的改革範圍，建起相關的專家關鍵數量，以支持教育改革 * 在領導及科層中，應保有強大的知識／智能力量，以規劃及進行教育改革
執行組合	政治矛盾	多元持份者	* 管理多元持份者的需求及矛盾的期望 * 優化來自家長及社區參與的正面貢獻，但減少他們的負面影響
	功能矛盾	校本管理 vs 中央平台	* 管理校本自主與問責／平等之間的張力 * 用高水平的中央知識平台，來支持及發展校本創新 * 促成本地、區域及國際合作，建立起一個知識密集及技術密集的中央平台

譯改自 Cheng（2020）

上述多元教改矛盾的分析，提供了一個初步的架構，幫助教育學者、決策者、研究者及變革機構探究和理解多元矛盾的本質及其複雜的影響。視乎政策研究的目標，教改矛盾的分析可以集中在個別的矛盾，或研究一些組合的矛盾。希望這分類架構及相關分析，有助未來教改的研究、規劃和推行。

註：本章主要譯改自作者的 Cheng（2020），部分資料修改自鄭燕祥（2017）及 Cheng（2005a, 2015a, b）。

參考文獻

*

鄭燕祥（2017）。《香港教改：三部變奏》。中華書局（香港）有限公司。

Adamson, F., Astrand, B., & Darling-Hammond, L. (eds.) (2016). *Global education reform: How privatization and public investment influence education outcomes.* Routledge.

Altbach, P., & Knight, J. (2007). The internationalization of higher education: Motivation and realities. *Journal of Studies in International Education, 11*(3/4), 290-305.

Amdam, R. P. (2013). *Management, education and competitiveness: Europe, Japan and the United States.* Routledge.

Baker, R. (2001, February 14-16). *A challenge for educational transformation: Achieving the aim of "thinking and acting locally, nationally and globally" in a devolved education system.* Plenary speech presented at the International Forum on Education Reforms in the Asia-Pacific Region "Globalization, Localization, and Individualization for the Future", Hong Kong, China.

Baumann, C., & Winzar, H. (2016). The role of secondary education in explaining competitiveness. *Asia Pacific Journal of Education, 36*(1), 13-30.

Beetham, H., & Sharpe, R. (eds.) (2013). *Rethinking pedagogy for a digital age: Designing for 21st century learning.* Routledge.

Bloom, D. E., Hartley, M., & Rosovsky, H. (2007). Beyond private gain: The public benefits of higher education. In Forest, J. J., & Altbach, P. G. (eds.), *International handbook of higher education* (pp. 293-308). Springer.

Böhlmark, A., Holmlund, H., & Lindahl, M. (2016). Parental choice, neighbourhood segregation or cream skimming? An analysis of school segregation after a generalized choice reform. *Journal of Population Economics, 29*(4), 1155-1190.

Brown, T. (1999). Challenging globalization as discourse and phenomenon. *International Journal of Lifelong Education, 18*(1), 3-17.

Caldwell, B. (2001). *Setting the stage for real reform in education.* Plenary speech presented at the International Forum on Education Reforms in the Asia-Pacific Region "Globalization, Localization, and Individualization for the Future", Hong Kong, China.

Castillo, E. S. (2001). *Educational reform: The PCER strategy and findings/recommendations.* Plenary speech presented at the International Forum on Education Reforms in the Asia-Pacific Region "Globalization, Localization, and Individualization for the Future", Hong Kong, China.

Cheng, Y. C. (1996). *School effectiveness and school-based management: A mechanism for development.* Falmer.

Cheng, Y. C. (2001a). *Towards the third wave of education reforms in Hong Kong: Triplization in the new millennium.* Plenary speech presented at the International Forum on Education Reforms in the Asia-Pacific Region "Globalization, Localization, and Individualization for the Future", Hong Kong, China.

Cheng, Y. C. (2001b). *Education reforms in Hong Kong: Challenges strategies, & international implications*. Country report at the First International Forum on Education Reform: Experiences of Selected Countries, Bangkok, Thailand, 30 July-2 August 2001.

Cheng, Y. C. (2005a). *New paradigm for re-engineering education: Globalization, localization and individualization*. Springer.

Cheng, Y. C. (2005b). Globalization and educational reforms in Hong Kong: Paradigm shift. In J. Zaida, K. Freeman, M. Geo-JaJa, S. Majhanovich, V. Rust, & R. Zajda (eds.), *The international handbook on globalization and education policy research* (ch. 11, pp. 165-187). Springer.

Cheng, Y. C. (2007). Future developments of educational research in the Asia-Pacific Region: Paradigm shifts, reforms and practice. *Educational Research for Policy and Practice*. 6:71-85.

Cheng, Y. C. (2009). Educational reforms in Hong Kong in the last decide: Reform syndrome and new developments. *International Journal of Educational Managmenet*. 23 (1): 65-86.

Cheng, Y. C. (2011). Towards the 3rd wave school leadership. *Revista de Investigacion Educativa,* 29(2), 253-275.

Cheng, Y. C. (2014). Measuring teacher effectiveness: *Multiple conceptualizations and practical dilemmas*. In Oonseng Tan & Woonchia Liu (eds.), *Teacher effectiveness: Capacity building in a complex learning era* (pp. 17-50). Cengage.

Cheng, Y. C. (2015a). Globalization and Hong Kong educational reforms. In J. Zajda (ed.), *Second international handbook on globalization, education and policy research* (pp. 219-242). Springer.

Cheng, Y. C. (2015b). Paradigm shift in education: Towards the third wave research. In L. Hill and F. Levine (eds.), *World Education Research Yearbook 2014* (pp. 5-29) . Routledge.

Cheng, Y. C. (2018). What impact systemic education reforms have made on key aspects of the education systems? In J. Zajda (ed.), *Globalization and education reforms*. Springer.

Cheng, Y. C. (2020). Education reform phenomenon: A typology of multiple dilemmas. In G. R. Fan & T. Popkewitz (eds.), *The Handbook of Education Policy Studies: Values, Governance, Globalization, and Methodology* (Vol. 1. Ch. 5, Open access). Springer. https://www.springer.com/gp/book/9789811383465

Cheng, Y. C., Cheung, A. C. K., & Ng, S. W. (2016). Internationalization of higher education: Conceptualization, typology and issues. In Cheng, Y. C., Cheung, A. C. K., & Ng, S. W. (eds.), *Internationalization of higher education: The case of Hong Kong* (pp. 1-20). Springer.

Cheng, Y. C. & Cheung, W. M. (1995). A framework for the analysis of educational policies, *International Journal of Educational Management*, 9(6), 10-21.

Cheng, Y. C. & Greany, T. (2016). International study of school autonomy and learning: An introduction. *International Journal of Educational Management*, 30(7):1166-1170.

Cheng, Y. C., Ko, J. & Lee, T. (2016). School autonomy, leadership and learning: A reconceptualization. *International Journal of Educational Management*, 30(2): 177-196.

Cheng, Y. C., Mok, M. M. C., & Tsui, K. T. (2002). Educational reforms and research in Hong Kong: A request for comprehensive knowledge. *Educational Research for Policy and Practice*. 1(1), 7-21.

Cheng, Y. C., Ng, K. H., & Mok, M. M. C. (2002). Economic considerations in educational policy making: An simplified framework. *International Journal of Educational Management*, 16(1):18-39.

Cheng, Y. C. & Townsend, T. (2000). Educational change and development in the Asia-Pacific region: Trends and issues. In T. Townsend, & Y. C. Cheng (eds.), *Educational change and development in the Asia-Pacific region: Challenges for the future* (pp. 317-344). Swets & Zeitlinger.

Cheng, Y. C. & Yuen, T. W. W. (2017). Broad-based national education in globalization: Conceptualization, multiple functions and management. *International Journal of Educational Management*. 31(3): 265-279.

Chou, Chu-Ing (2003). *The great experiment of Taiwan education (1987-2003)*. Taiwan Psychology Publishing.

Education Commission (1997). *Education Commission Report No. 7: Quality school education*. Hong Kong: Government Printer.

Figlio, D. & Loeb, S. (2011), School accountability. In E. A. Hanushek, S. Machin, & L. Woessmann (eds.), *Handbook of economics of education*, Vol. 3, pp. 383-421. Elsevier.

Finegold, D., & Notabartolo, A. S. (2010). 21st century competencies and their impact: An interdisciplinary literature review. *Transforming the US workforce development system: Lessons from research and practice*. http://www.hewlett.org/uploads/21st_Century_Competencies_Impact.pdf

Fitzsimons, P. (2015). Human capital theory and education. In M. A. Peters (ed.), *Encyclopedia of educational philosophy and theory* (pp. 1-4). Springer.

Fominaya, C. F. (2014), *Social Movements and Globalization: How Protests, Occupations and Uprisings ...*, Palgrave MacMillan.

Gawlik, M. A. (2012). Moving beyond the rhetoric: Charter school reform and accountability. *The Journal of Educational Research*, 105 (3), 210-219.

Goldring, E. B. & Sullivan, A. V. (1996). Beyond the boundries: Principals, parents, and communities shaping the school environment. In K. Leithwood, J. Chapman, D. Corson, P. Hallinger, and A. Hart (eds.), *International handbook of educational leadership and administration* (pp. 195-222). Kluwer Academic Publishers.

Green, A. (1999). Education and globalization in Europe and East Asia: Convergent and divergent trends. *Journal of Education Policy*, 14(1), 55-71.

Henry, M., Lingard, B., Rizvi, F., & Taylor, S. (1999). Working with/against globalization in education. *Journal of Education Policy*, 14(1), 85-97.

Jones, P. W. (1999). Globalisation and the UNESCO mandate: Multilateral prospects for educational development. *International Journal of Educational Development*, 19(1), 17-25.

Keddie, A. (2015). School autonomy, accountability and collaboration: a critical review. *Journal of educational administration and history*, 47(1), 1-17.

Keddie, A. (2016). School autonomy as 'the way of the future' Issues of equity, public purpose and moral leadership. *Educational management administration & leadership*, 44(5), 713-727.

Knight, J. (2014a). Is Internationalisation of Higher Education Having an Identity Crisis? In Maldonado-Maldonado, A., & Bassett, R. M. (eds.), *The Forefront of International Higher Education* (pp. 75-87). Springer.

Knight, J. (2014b), International education hubs: collaboration for competitiveness and sustainability. *New Directions for Higher Education*, 168 (83-96).

Labaree, D. F. (1997). Public goods, private goods: The American struggle over educational goals. *American educational research journal*, 34(1), 39-81.

Le Grand, J., & Robinson, R. (2018). *Privatisation and the welfare state*. Routledge.

Lee, M. H., & Gopinathan, S. (2018). Fostering Economic Competitiveness, National Identity and Social Equity Through Education Reforms: The Cases of Singapore and Hong Kong. In Zajda J. (ed.), *Globalisation and Education Reforms* (pp. 181-203). Springer.

Levin, H. M. (2018). Studying privatization in education. In Levin, H. M. (ed.), *Privatizing Education* (pp. 3-19). Routledge.

Longworth, N. (2013). *Lifelong learning in action: Transforming education in the 21st century*. Routledge.

Martell, L. (2016). *The Sociology of Globalization*. (2nd ed.), John Wiley.

Mohsin, A., & Zaman, K. (2014). Internationalization of Universities: Emerging Trends, Challenges and Opportunities. *Journal of Economic Info*, 3(1), 1-21.

OECD (2014). *Education at a glance: OECD indicators*, Paris: OECD. http://dx.doi.org/10.1787/eag-2014-e

OECD-PISA (2006, 2009, and 2012). *Programmes for International Student Assessment* (PISA). http://www.oecd.org/pisa/

PISA in Focus (2011). *School autonomy and accountability: Are they related to student performance?* OECD Publishing.

Porta, D. D., Andretta, M., Calle, A., Combes, H., Eggert, N., Giugni, M. G., Hadden, J., Jimenez, M., & Marchetti, R. (2015), *Global Justice Movement: Cross-national and Transnational Perspectives,* Routledge.

Rajput, J. S. (2001, February 14-16). *Reforms in school education in India*. Plenary speech presented at the International Forum on Education Reforms in the Asia-Pacific Region "Globalization, Localization, and Individualization for the Future", Hong Kong, China.

Ramirez, F. O., & Chan-Tiberghein, J. (2003). Globalisation and education in Asia. In J. P. Keeves & R. Watanabe (eds.), *International handbook of educational research in the Asia-Pacific region* (pp. 1095-1106). Kluwer Academic Publishers.

Rung, K. (2001, February 14-16). *Educational reform in Thailand: Implementation and strategy*. Plenary speech presented at the International Forum on Education Reforms in the Asia-Pacific Region "Globalization, Localization, and Individualization for the Future", Hong Kong, China.

Salas-Pilco, S. Z. (2013). Evolution of the framework for 21st century competencies. *Knowledge Management & e-Learning: An International Journal (KM&EL)*, 5(1), 10-24.

Savage, G. C., & O'Connor, K. (2015). National agendas in global times: Curriculum reforms in Australia and the USA since the 1980s. *Journal of Education Policy*, 30(5), 609-630.

Sereyrath, S. (2001). *Major movements of education reform in Cambodia*. Country report at the First International Forum on Education Reform: Experiences of Selected Countries, Bangkok, Thailand, 30 July-2 August 2001.

Shan, W. J., & Chang, C. C. (2000). Social change and educational development in Taiwan, 1945-1999. In T. Townsend, & Y. C. Cheng (eds.), *Educational change and development in the Asia-Pacific region: Challenges for the future* (pp. 185-206). Swets & Zeitlinger.

Sharpe, I., & Gopinathan, S. (2001, February 14-16). *After effectiveness: New directions in the Singapore school system?* Plenary speech presented at the International Forum on Education Reforms in the Asia-Pacific Region "Globalization, Localization, and Individualization for the Future", Hong Kong, China.

Smith, W. C., & Joshi, D. K. (2016). Public vs. private schooling as a route to universal basic education: A comparison of China and India. *International Journal of Educational Development*, 46, 153-165.

Spring, J. (2014). *Globalization of education: An introduction*. Routledge.

Stiglitz. J. E. (2002). *Globalization and its discontents*. Penguin.

Stromquist, N. P., & Monkman, K. (2014). Defining globalization and assessing its implications for knowledge and education, revisited. *Globalization and education: Integration and contestation across cultures*, 1, 1-21.

Suzuki, S. (2000). Japanese education for the 21st century: Educational issues, policy choice, and perspectives. In Townsend, T. & Cheng, Y. C. (eds.), *Educational change and development in the Asia-Pacific region: Challenges for the future* (pp. 57-82). Swets & Zeitlinger.

Tang, X. & Wu X. (2000). Educational change and development in the People's Republic of China: Challenges for the future. In T. Townsend, & Y. C. Cheng, (2000) (eds.), *Educational change and development in the Asia-Pacific region: Challenges for the future* (pp. 133-162). Swets & Zeitlinger.

Tang, X. (2001, February 14-16). *Educational reform and development in the People's Republic of China: Issues and trends*. Plenary speech presented at the International Forum on Education Reforms in the Asia-Pacific Region "Globalization, Localization, and Individualization for the Future", Hong Kong, China.

Taylor, C. (2018). *Geography of the 'new' education market: Secondary school choice in England and Wales*. Routledge.

Times Higher Education (2014-15). World University Rankings 2014-2015. http://www.timeshighereducation.co.uk/world-university-rankings/2014-15/world-ranking

Townsend, T. (1996). The self managing school: Miracle or myth, *Leading and Managing*, 2(3), 171-194.

Townsend, T. (2000). The challenge to change: Opportunities and dangers for education reform in Australia. In T. Townsend, & Y. C. Cheng, (eds.), *Educational change and development in the Asia-Pacific region: Challenges for the future* (pp. 229-266). Swets & Zeitlinger.

Verger, A., Lubienski, C., & Steiner-Khamsi, G. (eds.) (2016). *World yearbook of education 2016: The global education industry*. Routledge.

Wang, Y. (ed.) (2000). *Public-private partnership in the social sector*. Asian Development Bank Institute.

Waters, M. (1995). *Globalization*. Routledge.

Yeravdekar, V. R., & Tiwari, G. (2014). Internationalization of Higher Education and its Impact on Enhancing Corporate Competitiveness and Comparative Skill Formation. *Procedia-Social and Behavioral Sciences*, 157, 203-209.

Yu, F. Z. (2001). *Education development and reform in China*. Country report at the First International Forum on Education Reform: Experiences of Selected Countries, Bangkok, Thailand, 30 July-2 August 2001.

Zajda, J. (ed.) (2015). *Second international handbook on globalization, education and policy research*. Springer.

責任編輯　張佩兒
裝幀設計　黃希欣
排　　版　楊舜君
印　　務　劉漢舉

教育新範式：第三波改革

鄭燕祥　著

出版　　中華書局（香港）有限公司
　　　　香港北角英皇道 499 號北角工業大廈 1 樓 B
　　　　電話：（852）2137 2338　　傳真：（852）2713 8202
　　　　電子郵件：info@chunghwabook.com.hk
　　　　網址：http://www.chunghwabook.com.hk

發行　　香港聯合書刊物流有限公司
　　　　香港新界荃灣德士古道 220-248 號
　　　　荃灣工業中心 16 樓
　　　　電話：（852）2150 2100　　傳真：（852）2407 3062
　　　　電子郵件：info@suplogistics.com.hk

印刷　　美雅印刷製本有限公司
　　　　香港觀塘榮業街 6 號海濱工業大廈 4 樓 A 室

版次　　2021 年 5 月初版
　　　　© 2021 中華書局（香港）有限公司

規格　　16 開（230mm×170mm）

ISBN　　978-988-8758-67-8